PSYCHOLOGICAL RESEARCH ON
FOREIGN LANGUAGE TEACHING AND
LEARNING FROM THE PERSPECTIVE OF
POSITIVE PSYCHOLOGY

李　倩◎著

积极心理学视角下
外语教与学的心理研究

经济管理出版社
ECONOMY & MANAGEMENT PUBLISHING HOUSE

图书在版编目（CIP）数据

积极心理学视角下外语教与学的心理研究／李倩著.
北京：经济管理出版社，2025.4. -- ISBN 978-7-5243-
0236-0

Ⅰ．H09

中国国家版本馆 CIP 数据核字第 2025QR4629 号

组稿编辑：王　洋
责任编辑：王　洋
责任印制：张莉琼
责任校对：王淑卿

出版发行：经济管理出版社
　　　　　（北京市海淀区北蜂窝 8 号中雅大厦 A 座 11 层　100038）
网　　址：www.E-mp.com.cn
电　　话：（010）51915602
印　　刷：唐山玺诚印务有限公司
经　　销：新华书店
开　　本：720mm×1000mm/16
印　　张：15.25
字　　数：258 千字
版　　次：2025 年 4 月第 1 版　　2025 年 4 月第 1 次印刷
书　　号：ISBN 978-7-5243-0236-0
定　　价：98.00 元

前　言

本书旨在对三十年来（1994~2024 年）外语教学特别是高校英语教学的心理研究做较为全面、细致的回顾。在文献研究的基础上，梳理了外语教师心理研究中常用的理论框架，分类总结外语心理研究中的主要话题，分析此类研究中常见的研究方法和范式，并对未来此类研究的发展做出了展望。为保持研究视野的开阔，所研究的文献不仅仅局限于国内期刊的重要文章，更包括了这一时期、这一领域发表在顶级国际学术期刊的重要文章。

外语教育是中国教育改革的重要组成部分。外语教师通过不断更新教学方法和内容，推动教育创新，提高教育质量，外语教师是教育改革的推动者。在中国推动教育公平的过程中，外语教师通过提供优质的外语教学资源，帮助不同地区和背景的学生获得平等的教育机会，促进教育公平化。随着信息技术的不断发展，外语教师利用在线教育平台和工具，提供更多样化的学习方式，满足不同学习者的需求，促进技术与教育的融合。

外语教师在中国社会生活中扮演着多重角色，对于促进国家发展、提升国际竞争力、实现教育目标等方面都具有不可替代的作用。外语教师作为语言和文化的传播者，帮助学生了解和学习外国的语言和文化，促进不同文化之间的交流与理解。在全球化的今天，具备国际视野至关重要，外语教师通过教学，帮助学生拓宽视野，理解国际事务，为学生成为具有全球竞争力的人才打下基础。在国际合作与竞争中，外语是重要的沟通工具。外语教师通过提高学生的外语水平，增强国家在国际事务中的话语权和影响力。面对国际政治、经济、环境等方面的挑战，外语教师帮助学生获取第一手国际信息的能力，培养分析和解决问题的能力。外语教育有助于提升国家的软实力，通过外语教师的努力，可以更好地让大众讲述中国故事，传播中国声音。

近年来，随着中国在全球经济中的地位日益提升，外语能力成为商务、贸易、投资等领域不可或缺的技能，外语教师培养学生的外语能力，为国家的经济发展提供人才支持。外语教师通过提升学生的外语水平，为学生提供更多的个人发展机会和职业选择，尤其是在国际化程度日益加深的今天。

一、外语教学心理研究背景

自 20 世纪 60 年代以来，人本主义心理学蓬勃兴起并迅速发展。这一趋势映射到外语教学领域中，使外语教与学主体（外语教师与外语学习者）的心理因素得到了前所未有的关注，尤其是外语学习者的心理因素，成为第二语言习得（以下简称二语习得）研究中的重要研究对象。研究学习者的个体差异，如他们的学习方法、学习动机、学习情感等，为人们理解二语习得者成功与否提供了重要的洞察力和视角，使学习者心理研究（Nunan，1988）在 20 世纪 80 年代一度成为二语习得研究中的热门话题。

诚然，关注学习者心理对于发展个性化的外语教育具有重要意义，引导教师在教学中关注学习者自主学习和自我掌控能力，有效地把当时的教学和研究注意力从教师的教学实践转移到了"以学生为中心"的轨道上来。

大量研究表明，外语教师对于二语学习最终获得成功的结果起到至关重要的作用，二语课程教学的质量和学生学习的效果在很大程度上受到授课教师的信念、思想、行为的直接影响（Mercer，2018）。

二、外语教师心理研究的意义

全球知名教育家、作家 Ken Robinson 爵士曾对教师在整个教育系统中的地位做出了如下判断："世界上没有任何系统或国家的学校能比它的教师更优秀，教师是学校成功的生命线。"对教师心理开展了研究，对于理解教师心理如何影响教师教学实践和教师身份认同，并最终影响学生学业成就有十分重要的意义。

首先，教师的心理状况在教学中扮演着至关重要的角色，教师的情感和心态直接影响着他们的教学方法、课堂氛围以及与学生的互动。教师的情感状态具有很强的感染力：积极乐观的教师能够激发学生的学习热情，而情感低落或焦虑的教师可能会导致课堂氛围紧张，影响学生的学习动力。教师的心理状态直接影响他们的教学投入，心理健康状况良好的教师更可能全身心地投入到教学中，不断改进教学方法，创造富有吸引力的学习环境。与此同时，教师在工作中面临着多方面的压力，对于高校外语教师而言，包括教学压力、学术发表压力、使用教育新技术的压力、应对新生代学生更具有挑战性的行为的压力以及适应各类教学改革的压力等，良好的心理状况可以帮助教师更有效地应对这些压力，保持教学的专业性和效率。心理积极的教师更擅长建立和维护与学生之间的积极关系，这种关系有助于建立学生的安全感和信任感，促进学生的积极参与和学习。教师的自我效能感，即对自己完成特定教学任务的信心，是心理健康状况的重要指标。高自我效能感的教师更有可能采取创新的教学方法，鼓励学生探索和学习。心理状况良好的教师更倾向于进行自我反思，从经验中学习和成长，这有助于他们不断提升教学技能和专业素养。更重要的是，教师自身的心理稳定和健康可以为学生提供积极的榜样，有助于学生形成健康的心理状态和应对生活挑战的能力，从而促进外语教学效果的提升。心理健康的教师在课堂管理上更为有效，能够建立清晰的规则和期望，同时灵活应对突发情况，维护积极的学习秩序。

因此，教师的积极心理状况（如自尊、自信、愉悦）和消极情感（如沮丧、焦虑、紧张）不仅关系到个人的工作表现和职业满意度，也对学生的学习体验、情感发展和学业成就具有深远的影响。学校和教育机构应提供必要的支持和资源，帮助教师维护良好的心理状态，从而提高教学质量和学生学习的效果。

其次，教师的积极心理和职业幸福感、满足感对于促进教师进行有效教学有积极的作用，并在多个层面上影响着教学过程和学生的学习成果（Day and Gu，2014）。教师的职业幸福感是教师感受到的满足和愉悦，这种情感发生在教育教学工作之时。幸福感强的教师能够将正能量传递给学生，使学生在学习过程中感受到教师的关爱和支持。这种积极的学习氛围有助于学生的身心健康发展，提高学习成绩和综合素质。

积极心理学研究表明，积极情感可以提升教师的思维能力与创造力。当教师处于积极情感状态时，他们能够看到更多、感受到更多、想到更多，这种积极的心理状态有助于教师在教学设计和课堂实施中展现出更高的创造性和灵活性。积极情感可以打破人际界限，使教师在与学生交往时更加开放和积极，这有助于建立良好的师生关系，从而提高学生的学习兴趣和参与度。职业幸福感与职业倦怠呈显著负相关：当教师具有较高的职业幸福感时，职业倦怠水平较低，从而能够在教学中保持较高的效率和质量。

普通教育学中已有研究从心理学视角探讨教师和学生间情感、投入度、动机、自主性之间的相互关系（Frenzel et al.，2016），对教师而言，保持积极乐观的心态不仅有助于避免职业倦怠，还能提高教师的工作持久性，长时间地保持高效的教学状态。已有研究表明，这种幸福感能够激发教师的教学动力与热情，使他们在教学中更加投入和专注（Taxer and Frenzel，2019）。但是，师生之间的这种心理转移是如何发生的？调节教师和学生之间这一联系的因素可能有哪些？这些还有待进一步研究。

此外，"教和学不分家"，这意味着师生间的关系是相互的（reciprocal），学生绝不是也不应该是被动的接受者，学生的自我能动性和思维复杂性指引他们采取一定的行为，而这些行为也对教师在课堂上的主观体验有着重要影响。积极的、专业的、有温度的师生关系很可能是教师职业生涯中最成功或最具价值的收获，而紧张的、冷淡的师生关系也极有可能是导致教师情感枯竭、产生职业倦怠的重要原因。这其中的具体运作机制尚不明确，各因素之间的交叉影响也不甚清晰。

近三十年来，教育学、心理学、社会学等各学科的研究者们都从各自的学科理论视角出发，对上述问题进行了理论构建和实证研究，试图探讨教师心理机制与学生学业成果之间多层次、多维度的复杂关系，希望绘制出关于教师教学活动与学生学习过程、学习结果的更清晰的画面，在教师和学生的教学互动中，师生不再被看作是被动做工、被动接受投喂的冷冰冰的人；相反，人本主义照耀下的社科研究把教师和学生都充分理解成有情感、有动机、有坚毅、有坚韧、有愉悦也有倦怠、有情感的人，他们既有动机强烈想要获得自我成就的时刻，也有自我效能感缺失，需要教师、同学和教育政策提振的时刻。

本书尝试梳理流行于过去三十年间的心理学、教育学和社会学的主流理论框架，描述基于这些框架在二语习得外语教师发展领域做出的重要研究，全面审视这些研究的主要研究话题、主要研究方法、主要结论和局限性，并对未来此领域的研究发展方向的研究重点做出合理推测和建议。

三、本书结构和内容简介

本书共分为两个部分：第一部分包括第一、第二、第三章，将集中论述近年来的教育领域尤其是外语教育领域中常见的研究理论框架，这些理论框架来自于积极心理学但同时跨越社会学、教育学等多个学科，是外语教育领域对外积极寻找新视角，通过新视角的运用丰富研究内涵，深刻进行跨领域、跨学科融合的积极尝试，是这一领域为"新文科"建设做出的有益尝试。

第二部分集中讨论过去三十年中外学界对"外语教师的教与学生的学"心理研究这一领域的探索，以常见的研究主题为线索，在第四、第五章中，以积极心理学的主要支柱为主线，分别讨论了外语学习者情感研究、外语学习与学习者人格特质以及外部环境的关系研究。在第六、第七、第八章中，则分别回顾了外语教师动机、外语教师情感和外语教师情感调节三个方面的研究。从研究细分话题、研究范式、研究结果等方面做出了梳理和对比。通过对这一大类研究的分类、整理和分析，发掘我国外语教育界在这一前沿领域与国际外语教育界的链接和特色，从而为更好地开展外语教师心理研究奠定坚实的基础。

目　录

第一部分　多元理论与方法篇

第二部分　研究话题篇

第一部分

多元理论与方法篇

第一章　积极心理学概述

一、积极心理学的基本概念

积极心理学（positive psychology）是心理学的一个分支领域，致力于研究和促进人类的幸福感、生活满意度和心理健康。2000年，时任美国心理学家协会（American Psychological Association，APA）主席的心理学家马丁·塞利格曼（Martin Seligman）与其在宾夕法尼亚大学的同事米哈里·契克森米哈赖（Mihaly Csikszentmihalyi）在心理学期刊《美国心理学家》（*American Psychologist*）中发表署名文章，标题为《积极心理学简介》，标志着积极心理学作为心理学的正式分支登上了学术舞台。文章将积极心理学定义为一门显性科学，并为积极心理学规划了发展框架。同时，文章指出了人类在了解自身心理方面知识的匮乏与不足，并预测"下个世纪"（21世纪）将会看到积极心理学这一专门科学的兴起。与传统心理学主要关注心理疾病和不适不同，积极心理学重点研究的是如何提升个体和群体的生活质量，致力于理解并构建使个人、社群和社会获得蓬勃生命力的多重因素（Seligman and Csikszentmihalyi，2000）。

二、积极心理学发展背景

积极心理学的概念由马丁·塞利格曼于 1998 年首次提出。在此之前，塞利格曼最为世人所知悉的研究是"习得性无助"（learned helplessness）。首先，在 20 世纪 60 年代末至 70 年代中期的宾夕法尼亚大学，塞利格曼与史蒂夫·梅尔（Steve Maier）合作研究了狗在受到预置的、不可回避的电击伤害后所表现出的被动性，因此证明了动物"习得性无助"这一现象的存在。在心理学界，这项研究被赋予重要意义，并记录在塞利格曼的著作《习得性无助：沮丧、发展和死亡》（*Helplessness*：*On Depression*，*Development*，*and Death*）一书中。随后的 1978 年，塞利格曼与同事一起，更加系统化地阐述了习得性无助感的理论模型，并证实人也是具有习得性无助的动物：当个体在经历了一系列无法控制的负面事件后，逐渐形成一种认知、情感和行为上的消极状态，表现为对未来的消极期望、缺乏行动动机，以及感受到无助和无望。这种状态不仅会影响情感和心理健康，还会对学习、工作以及日常生活产生广泛的负面影响。所以，塞利格曼职业生涯早期的工作主要是关于习得性无助、抑郁、悲观主义等负面情感的研究，他还因此获得了美国应用与预防心理学会（American Psychological Association of Applied and Preventive Psychology）授予的终身成就奖。

要理解一个以研究人类负面心理著称的学者如何转变成推崇积极心理学的大师，需要从近代心理学的人本主义理论基础和 20 世纪末至今的社会现实两个方面寻找答案。

从积极心理学关注的话题，如希望、智慧、创造力、勇气和灵性可以看出，积极心理学的概念深深植根于自 20 世纪 60 年代便已经蓬勃兴起的人本心理学（humanistic psychology）。积极心理学与人本主义心理学是两个密切联系的心理学流派，它们同属于心理学这一更宽泛的学科。虽然两个流派在起源、关注点和方法论上有差异，但它们对积极个体特质（strengths）、福祉（well-being）和个人发展的优化（optimal function of individual）等议题享有共同的关切。因此，作为一个确定的学术领域，积极心理学常常被描述成"历史很短，渊源很长"（MacIntyre and Mercer，2014），它代表了人本主义心理学的一种"重生"，但相比人本主义心理学，积极心理学对于实证研究的重视和执着却是显而易见的。

人本主义心理学发端于20世纪中叶，当时在心理学界占主导地位的是行为主义（behaviorism）和精神分析（psychoanalysis）。毫无疑问，行为主义和精神分析在"二战"后为医治人类因战争和社会发展矛盾带来的创伤发挥了积极作用，但从人本主义的角度来看，行为主义将人类心智和认知的理解做了过于简单化和绝对化的解读，而精神分析法则将成年人的精神问题追溯至童年和原生家庭的做法又过于强调人性的弱点，人本主义心理学就是对上述两个分支的积极响应。人本主义心理学的先锋人物名字都如雷贯耳，在我国知名度较高，如亚伯拉罕·马斯洛（Abraham Maslow）、卡尔·荣格（Carl Rogers）和罗洛·梅（Rollo May）。人本主义心理学深深植根于存在主义和现象学的传统，它强调自我实现、个体的主观体验和个人生命的意义。马斯洛的个人需求层次理论（Maslow's Hierarchy of Needs）和荣格的当事人中心治疗（client-centered therapy）在现代社会仍然发挥着重要作用。荣格的人本主义思想还对教育产生了深远影响，他将人本主义原则推广至教育界，积极倡导"以学生为中心"的教学方法。荣格相信教育应该专注于学生的需求和兴趣点，推崇发展尊重、共情和鼓励的学习氛围以促进教师和学生在人格和智力上的全面发展。

人本主义心理学较多使用定性的研究方法，包括案例分析、访谈和叙事研究等手段以理解和分析第一视角下的人类体验。值得指出的是，虽然马斯洛本人对待实证主义持包容和开放的心态，并致力于在研究数据中为他的思想找到支持，但由于人本主义心理学并没有将学科定位于坚实的实证方法，后期人本主义心理学研究中涌现出对此广泛的批评。马斯洛本人对于实证主义和人文主义的二分法有清晰的思路：他倡导积极拥抱多元的认识论视角，而不是困囿于二分论使研究止步不前。

人本主义心理学与积极心理学的共同点颇多：首先，它们都关注于人类的福祉，将促进人类福祉、幸福和生命的丰沛作为研究的首要目标，而不是仅仅强调精神病态和机能障碍。其次，它们都将人类的积极个体特质和美德如创造力、爱、勇气、坚韧和个人成长作为研究的重点。最后，它们都采用了整体全面的（holistic）视角，即将人类看作全人（whole person）和复杂的整体，强调了人作为思想、身体和精神的统一体。

综上所述，人本主义心理学为积极心理学的诞生提供了坚实的理论基础，同时又激发了积极心理学者以一种更为坚实的、科学的、实证的态度去面对心理学研究。它们共同为理解人类蓬勃发展提供了更综合、更深刻的视角和方法，既有基于个体的深入审视，又有广阔的实证主义的坚实基础。

除人本主义心理学为积极心理学的诞生和发展奠定坚实的理论和哲学基础，要更深入地理解积极心理学的应运而生，还必须考虑人类从"二战"的创伤中渐渐恢复，工业文明再次欣欣向荣后所引发的社会问题和人类的心理焦虑。20世纪90年代冷战结束后，人类文明有了长足的进步，生存环境和物质生活都有了明显改善，然而，这一切却并没有带来人类心理状况的改善，抑郁症和焦虑仍然如梦魇般时时缠绕着人类。无论来自何种文化，全世界人民已经将改善心理体验作为日常生活的崇高追求。在标志着积极心理学横空出世的文章《积极心理学简介》中，作者塞利格曼和米哈里分别讲述了他们个人生活中的真实经历，这些切身经历促使作为心理学家的他们转向研究人类生命中的更加积极的一面。

在塞利格曼的自传中，这段故事也被重新提及，那就是他和自己女儿的一次对话，他称之为"一个顿悟的时刻"，让他去选择过一种更为积极的生活。塞利格曼讲到，一直以来，他其实是一个以目标为导向且自感时间紧迫的中年人。1998年，他以高票当选为美国心理学家协会（APA）主席，正积极准备任职演讲。在家中花园除草时，一心想着的是尽快将这并不令人愉悦的家务做完。可是五岁的女儿妮可却在身边边唱边跳，还将种子随意抛向空中，这使塞利格曼颇为恼火，朝女儿大吼起来。女儿说，自己五岁前是一个爱哭鬼（whiner），但五岁之后她选择不再那样了，虽然这很困难，但她做到了。如果她可以改变，"爸爸你可以改变，不再做一个时常发脾气的人（grouch）"。女儿的话语令塞利格曼颇为警醒，他开始反思，自己从事的领域长期以来较多关注病理心理学，心理医生对于传统的心理治疗有较大的依赖，这种关注和依赖长期以来占据心理学主流，以至于人们似乎更多相信人类缺乏积极的特征，没有能力让我们的生命拥有更多意义感。希望、智慧、创造力、对未来的憧憬、勇气、灵性、责任和坚毅长期被心理学忽视，或者是被解释为更真实的负面冲动的转化形式。

于是塞利格曼开始提出，心理学家或许能用科学的方法研究社会适应良好、幸福快乐的人，去发现他们生机勃勃、生命澎湃的原因。新时代的心理学应该打破当时对于病理心理过度关注的不平衡，转而去研究如何将这些人幸福、成功的要义变成普通人学习的榜样。小女儿的积极转变让他获得启发和看问题的新视角，使这位以研究人类"习得性无助"的心理学家更加相信人类积极心理的能力，更加坚信心理学应该从培养人类自身的优势和美德入手，从人类内在的积极方向上去引导、启发、帮助和激励他们。

米哈里则以他在心流（flow）和自我实现方面的研究闻名于世，他曾经深情回忆起自己童年时代在欧洲的"二战"经历：作为一个八九岁的孩子，他已经吃惊地注意到好多他之前认识的所谓"成功和自信之人"，在战争的摧残下，被剥夺了金钱、工作和社会地位，变得极其无助和失魂落魄，甚至变成了"空洞的躯壳"（empty shells）。但是，也总有一些人，尽管身边嘈杂一片，仍然对生活保有信心，仍然能找到生命的意义，他们未必是那些过去受过最好教育、最受人尊重的人。"这让我开始思考：这些人生命力量的源泉是什么"？

塞利格曼和米哈里在《积极心理学简介》中这样描述积极心理学："心理学远不只是医学领域中关于疾病和健康的一部分，它覆盖的范围要广泛得多。它涉及工作、教育、理解力、爱、成长以及幸福感等多个方面。"这是积极心理学官宣诞生的标志性文献，发表二十多年来已成为积极心理学领域的经典必读资料。自此，一批心理学家开始系统地研究幸福感、满足感、积极情感和其他与人类福祉相关的因素，推动了这一领域的发展。

三、积极心理学三大支柱理论

积极心理学的研究领域主要有三个，被称为积极心理学的"三大支柱"，它们共同组成了积极心理学的主要研究对象：个体积极的主观经历、积极的个性特点、外部组织和群体提供的积极文明品质。

个体积极的主观经历这一支柱聚焦于研究如何开发和保持积极的情感，如欢乐、感恩、宁静、兴趣和希望。体验积极的情感对于提升个人的整体幸福感有重要的价值，也可以在面对生活的挑战时促进应对能力。

积极的个性特点这个部分涉及认识和培养个人的优点及美德。积极的个人特征包括素质，如勇气、坚毅、智慧和正直。积极心理学研究结果认为，强调和发展这些特质可以引领人类过上更加充实和有意义的人生。

外部组织和群体提供的积极文明品质这个维度主要考虑的是人所在的机构应扮演什么样的角色以便更好地促进人类积极行为和福祉。这里所指的机构可以包括家庭、学校、工作单位和所在的社区，这些机构应努力创设条件促进积极情感和有益个性的产生和存续，支持个人获得个人和集体的双重福祉。

以上提到的三个支柱在帮助个人实现更幸福、更充实的生命中都发挥着重要的作用。积极心理学倡导的不仅是对负向因素的消除，也提倡主动构建积极生命体验和特征。在上文提到的《美国心理学家》2000 年 1 月刊的积极心理语言学专刊中共有 15 篇文章，分别涉及了幸福的来源；自主性和自我调适的效果；乐观主义和希望对健康的影响；智慧的组成要素以及如何达成拥有创造力的人生。基于实证研究和科学的研究方法，积极心理学聚焦于可测量的构念，如积极的情感、优点、美德以及可以促进人类福祉的组织。具体来说，积极心理学最常探讨的议题有以下几种：

幸福感（well-being）。幸福感是积极心理学的重要主题，包括主观幸福感（hedonic well-being）和心理幸福感（eudemonic well-being）。主观幸福感涉及个体对生活的总体满意度和日常产生的积极情感，而心理幸福感则更关注自我实现和个人成长。

美德与优势（virtues and strengths）。积极心理学学者研究了人类的长处和美德，如勇气、智慧、公正和超越等。克里斯托弗·彼得森（Christopher Peterson）和塞利格曼共同编撰了一部《性格优势与美德手册》（*Character Strengths and Virtues*），类似于心理学中的"美德圣经"。

积极情感（positive emotions）。研究积极情感如喜悦、感激、满足和爱对个体健康和行为的影响。这些情感不仅能够改善个人的心理状态，还能增强社交关系，提升生活满意度。

正念（mindfulness）和心流体验（flow）：正念是一种不加评判地专注于当下的心理状态，通过练习，可以减少压力和焦虑。心流体验则是当个体完全沉浸在某项活动中，达到忘我状态时的心理体验，这种状态通常与高效能和创造力相关联。

2009 年出版的《牛津积极心理学手册》（Snyder and Lopez，2009）列出了积极心理学领域常涉及的话题（见表 1-1）。

表 1-1　积极心理学部分常见话题

1	依恋安全感	13	希望	25	现实处理能力
2	获益寻求	14	谦逊	26	关系联结
3	性格优势	15	生命渴望	27	复原力
4	同情心	16	爱	28	自我决断力
5	勇气	17	生命意义	29	自我效能
6	好奇与兴趣	18	正念	30	自尊
7	情感创造力	19	乐观	31	自我证明
8	情感智力	20	乐观诠释风格	32	社会支持
9	心流	21	自控力	33	主观幸福感
10	宽容	22	积极情感	34	可持续幸福
11	感恩	23	正向伦理	35	韧性
12	幸福	24	积极成长	36	智慧

资料来源：MacIntyre 等（2019）。

第二章　积极心理学多元理论

积极心理学视角下的外语教育研究所采用的理论框架主要来自两大层面，第一层面是奠定积极心理学的基础理论——幸福感理论；第二层面是积极心理学三大支柱（情感、性格特质和外部环境）研究中基于每个话题所衍生出来的相关理论，如情感研究方面的拓展—建构理论（broaden-and-build theory）（Fredrickson，2001）、控制—价值理论（control-value theory）（Pekrun，2006）、心流理论（flow theory）（Mihaly Csikszentmihalyi，1975）、定向动机流理论（directed motivational currents）以及性格特质动机研究方面的自我决定理论（self-determination theory）等。

一、幸福感理论——从 PEM、PERMA 到 EMPATHICS

塞利格曼在其2002出版的专著《真实的幸福》（*Authentic Happiness*）中，提出了真实幸福理论（authentic happiness theory）。正如书名所示，这本书的主要议题是幸福，书中提出真实的幸福由三个要素组成，即积极情感（positive emotion）、投入（engagement）及意义（meaning），首字母缩略后简称为"PEM"。

2011年，塞利格曼出版了《持续的幸福》（*Flourish*），在这本著作中，塞利格曼对真实幸福理论做出了进一步的修正，提出了幸福感理论（well-being theory）。对比两本著作的书名，虽然中文都译作"幸福"一词，但从塞利格曼两次的英文词语选择可以看出，《持续的幸福》中的"幸福"已经和九年前的"幸福"有所差异。从"happiness"到"well-being"，唯一不变的是积极心理学始终将提高人类幸福感作为积极心理学的最高目标。《持续的幸福》的中文译者非常巧妙地将"well-being"译为"幸福2.0"，而之前的"happiness"自然成为"幸福1.0"。"幸福2.0"由PERMA五个维度构成，其中的PEM与"幸福1.0"版本中的积极情感、投入、意义一一对应，而新加入的R和A则分别代表了关系及成就。从这一修订可以看出，积极心理学突出了实现幸福的外界因素"积极关系"以及由足够的能力带来的实实在在的"成就"。PERMA理论为外语教育提供了心理研究理据，为外语的教与学提供了更广阔的审视角度：外语教育应追求更高的目标，如果只是将眼界制约于学习者外语知识和技能的提高，只考察外语教师最终的教学效果，那么充其量只是考虑到了"术"这一较浅的层次；外语教育还应关注教和学的主体：教师与学生的心理状态，扎实提高他们的幸福感。这也正是幸福2.0 PERMA心理学框架传递的关于"道"的理念——幸福1.0中的happiness只是表浅的快乐，是哲学意义上所谓"感官的快乐"（hedonic perspective），多数心理学研究中将此类幸福称为"主观幸福"（subjective well-being），而幸福2.0中的well-being是更全面的、更关注于个人生命意义感和自我实现的幸福（eudemonic perspective），作者更想传递的是通过实现更全面的幸福，进而把生命推向人生的"丰沛"（flourish）。

外语教育领域有多项研究以PERMA幸福感模型作为理论基础，考察教师和学习者的动机和幸福感（Helgesen，2016，Li et al.，2020），更有学者在该理论的基础上进行了创新和发展，其中最有影响力的是将PERMA延伸为包含更多心理学构念的EMPATHICS幸福模型（Oxford，2016）。其中，E为情感及共情（emotion and empathy）；M为意义和动机（meaning and motivation）；P为坚毅（perseverance）；A为能动性和自主性（agency and autonomy）；T为时间（time）；H为耐劳性和心理应对模式（hardiness and habits of mind）；I为智力（intelligences）；C为性格优势（character strengths）；S为个体因素（self-factors）（李成陈，2021）。在其提出者Oxford（2016）看来，这一理论框架"更加植根于复杂动态系统理论，与此领域的相关研究有更丰富的关联性"。提出此框架的终极目的是为了提高语言学习者的学习体验，但 Oxford 强调，此框架也可在其他场景中使用，并不仅局限于语言学习场景。

提出者 Oxford 和 Cuélla（2014）在一个研究中运用了 PERMA 模型分析墨西哥中文学习者自我认知觉醒的过程。从这一研究中 Oxford 发现了 PERMA 框架具有以下逻辑弱点：一是 PERMA 中的五个要素虽然是以 24 个人格特质为基础，但是两者之间的关系却从未被提及。二是通过实证研究发现，PERMA 中各要素并不互相独立，而是有互相影响的复杂关系，这些组成部分相互联系，并随着时间的推移而发展，它们共同作用于语言学习者的语言成绩和个人幸福感。这与塞利格曼在 2011 年著作中宣称的"PERMA 各要素在定义和测量时都是独立的"相矛盾。同时，他们认为 PERMA 自身内部也有一些问题，如只强调关注积极情感、把投入和意义不恰当的分开、对背景和环境的弱化思考方式以及对成就描述的模糊性。

笔者认为，PERMA 最初的提出并不特别针对语言学习范畴，将 PERMA 框架运用于二语习得领域时，难免显现出可以预料的局限性，因此，EMPATHICS 作为一个更具有领域专属性（domain-specific）的框架有其进步的意义。这既是对心理学理论框架的扩展，又丰富了外语教育和二语习得方面的研究视角。针对 PERMA 框架的局限性，EMPATHICS 从全息视角关注语言学习者的认知、情感、动机和人格特质（如坚韧）等诸多因素，是对个体差异的关注，并包含了更多已有研究基础的人文主义主题。同时，Oxford（2016）还呼吁要重视外部环境因素，并建议未来外语教学积极心理研究可以引入复杂动态系统理论；在复杂动态系统理论的框架下，将外语教学积极心理研究，特别是关于环境因素的研究放在更广阔的理论视角下进行（李成陈，2021）。

Peter D. MacIntyre（2016）① 对 EMPATHICS 模型给予颇多积极评价，认为 EMPATHICS 有潜力在语言教学中捕捉和提升多个重要心理构念，包括教师欣赏的积极情感，如学生的投入、师生良好关系，以及母语者与二语学习者之间的互动。以 EMPATHICS 为指导，可以强调语言学习中的成就，从而增强学习者学习的获得感和成就感。EMPATHICS 的诸多元素尚未在第二语言

---

① Peter D. MacIntyre 被认为是将积极心理学引入外语教学研究的领军心理学家。

习得（SLA）被充分研究中，因此，未来基于 EMPATHICS 框架的研究可能会激发出更新颖的研究问题和教学活动，特别是采用 Oxford（2016）所倡导的复杂动态系统理论。MacIntyre（2016）还建议将 EMPATHICS 应用于教师培训和教师自我能力、自我身份构建的过程中。

二、积极心理学三大支柱话题衍生理论

（一）拓展—建构理论（broaden-and-build theory）

积极心理学最早被引入二语习得领域的理论是拓展—建构理论（broaden-and-build theory），主要被运用于二语习得积极心理研究中的情感研究，成为二语习得研究领域向积极心理学转向的奠基理论（李成陈，2020）。这一理念由心理学家芭芭拉·弗雷德里克森（Barbara Fredrickson）于 2001 年提出，其阐述了积极情绪与消极情绪对人们的影响差异：积极情绪有助于在短时间内拓宽个体的思维与行为模式，促进长期的认知、动机、生理、心理和社会资源的积累和构建；相反，消极情绪则倾向于限制和减少心理资源。根据拓展—建构理论，积极情感的作用还表现在它可以"抵消"消极情感带来的负面影响，因此积极情感对于人类达到最优状态（optimal condition）具有独特且有益的作用。

"拓展"意味着积极情感可以扩展个体当下的思维和行动范围，扩大人们想到的各种思想和行动。例如，快乐可能鼓励玩耍和探索，而兴趣可能激发好奇心和学习。"建构"意味着这些随着时间推移而逐渐扩展的思维和行动领域，有助于发展和巩固持久的个人资源，这些资源可以是物质的（如健康）、智力的（如知识和技能）、社会的（如人际关系）或心理的（如韧性和应对策略）。总的来说，拓展—建构理论认为，负面情感会缩小注意力的焦点并促使特定的、生存导向的行为，而积极情感则会拓宽注意力和思维范围，进而促进有价值的长期资源的发展，增强个体的适应潜力和整体幸福感。

MacIntyre 和 Gregersen（2012）运用该理论，研究了"想象"的积极扩展力量，进而考察了想象带来的情感对语言学习的作用，认为情感可能是激发想象未来自我动机的关键。积极情感在帮助学习者对新鲜事物提高关注方面有正面意义，促使更多的语言输入（linguistic input）得以内化。作者特别关注与语言学习相关的正面预期和期待情感，并指出虽然正面情感与负面情感具有不同的功能，但它们并不是同一光谱的两端，也并非此消彼长的简单逻辑关系。基于 Fredrickson 的拓展—建构理论，该研究证实了正面情感有助于资源的构建，因为正面情感往往能拓宽人的视野，使个体更易于吸收语言。相反，负面情感则产生相反的趋势，聚焦变窄并限制潜在语言输入的范围。在运用拓展—建构理论的基础上，该研究构建了一个框架，为语言课堂或其他环境中找到正面拓宽与负面缩窄情感之间的平衡提供了理论基础。

近年来，运用拓展—建构理论作为理论框架进行外语教育领域教与学的研究颇丰，虽然拓展—建构理论最初作为一种情感研究的理论为学界所熟知，但从目前二语习得研究文献来看，此理论的运用已经被扩展到积极心理学领域的多方面，如积极心理学情感领域的愉悦（enjoyment）（Ahmadi-Azad et al.，2020；Onodera，2023；Yu and Ma，2024）、焦虑（anxiety）（Zuniga and Simard，2022）；个性特质如坚毅（grit）（Yu and Ma，2024）、成长性思维（growth mindset）（Yu and Ma，2024）、交际意愿（willingness to communicate）（Yu and Ma，2024）、创新（creativity）（Chen and Padilla，2022）、动机（motivation）（Onodera，2023）、投入（engagement）（Wang and Kruk，2024）等。大部分此类研究将二语学习者的心理作为研究对象，只有少量研究将教师心理作为研究主题。

在新近发表的研究中，Yu 和 Ma（2024）基于弗雷德里克森的拓展—构建理论，通过结构方程模型考察了外语愉悦（Foreign Language Enjoyment，FLE）对二语交流意愿（Second Language Williningness to Communicate，L2 WTC）的影响，并将成长语言心态（Growth Language Mindset，GLM）和坚毅（grit）作为潜在中介进行检验。研究涉及 29 所大学的 2426 名本科生，他们被要求填写包含李克特量表项目的在线问卷。结果证实，FLE 不仅直接影响L2 WTC，还通过三条路径：GLM 的中介作用、坚毅的中介作用以及 GLM 和坚毅组成的链式中介作用间接影响 L2 WTC。这些发现为拓展—构建理论在SLA 领域提供了实证证据，揭示了上述变量相互作用、相互关联的影响机制，提示外语教师在未来教学中若要获得学生较高的二语交际意愿，应充分关注学生成长语言心态和坚毅的持续培养。

Ahmadi 等（2020）调查了将英语作为外语教授（English as a Foreign Language，EFL）教师的"大五"人格特质在培养学习者外语愉悦中的作用。此研究中首先使用了 NEO 五因素人格问卷，从 107 名伊朗 EFL 教师收集数据，其次又从 1209 名 EFL 学习者中获取了他们的外语愉悦量表打分。通过偏最小二乘结构方程模型（Partial Least Squares Structural Equation Modeling，PLS-SEM）的结果显示，"大五"人格中的三类特征：开放性、外向性和宜人性得分高的教师，对学习者的外语愉悦有显著的积极影响。教师的尽责性和神经质对外语愉悦的预测并不显著。因此，EFL 教师的人格特质能够影响学习者的外语愉悦。该研究的讨论部分围绕拓展—构建理论进行，其结果扩展了有关 EFL 学习的积极心理学理论，为教育机构、教师培训中心、政策制定者和教育部门或其他利益相关者提供参考，以考虑 EFL 教师的人格特质及其对语言学习的积极影响。

Onodera（2023）研究了近年来被概念化的二语教学积极情感：外语教学愉悦（Foreign Language Teaching Enjoyment，FLTE）与动机的相互关系以及教师体验 FLTE 的方式。研究通过拓展—构建理论视角，探讨 L2 教师的教学愉悦与动机。研究采用混合方法，调查了 63 名日本中学英语教师的 FLTE 和自我决定动机。数据显示，FLTE 与自主动机（由内在相关因素驱动的）显著正相关，与无动机（amotivaiton）显著负相关。此外，人口统计学因素仅对自主动机具有有限影响。半结构化访谈揭示了外语教学愉悦和动机如何由教师的内部因素和外部因素产生。研究得出结论，这些心理变量是动态的，强调了教师体验积极心理学的重要意义。

Wang 和 Kruk（2024）采用顺序混合方法，在中国背景下考察了英语专业学生如何看待教师肯定（teacher confirmation）和教师可信度（teacher credibility）在促进其学术投入方面的作用。研究者通过微信向来自英语作为外语（EFL）的 1168 名英语专业学生提供了三个量表。为了确保数据的多角度验证，还邀请了 40 名参与者参加访谈。对各构念之间相关性的检验表明，学生学术投入度与教师肯定之间存在强关联，且与教师可信度之间也有密切联系。这表明中国 EFL 学生的学术投入度与教师的人际行为密切相关。研究还通过路径分析（path analysis）考察了教师肯定和教师可信度对中国 EFL 学生科研投入度的贡献，结果表明，教师的肯定和可信度能够预测中国 EFL 学生的学术投入度。此外，访谈结果也证明了这两种沟通行为在提高中国学生科研投入度中的重要作用。这一结果符合拓展—构建理论的指向，从某种意义上说扩展了拓展—构建理论的理论内涵。研究结果对教师、教育者和语言教师有重要的启示：要在日常与学生的人际交流中对于学生的进步给予肯定，并通过努力树立教师在学生中的可信度。

（二）控制—价值理论（control-value theory）

过去二三十年间，尽管二语习得领域进行了大量的情感研究，但广大外语教学研究者和外语教师对情感在二语习得领域概念化方面的工作还较为少见。不仅如此，解释和理解情感底层的理论也并未获得足够关注和阐释。与心理学传统相一致，综观二语习得领域中情感概念化的底层理论，主要有两种方法论：基本方法（the basic approach）和维度方法（the dimensional approach）（Dewaele and Li，2020）。根据基本方法论，人类精神世界存在一些普遍的、基本的离散情感，特定的行为和行动倾向与这些情感相关联。根据维度方法论，情感是相对个性化的概念，由三个独立的维度组成，并呈现两极区分的构建：愉悦/效价、唤醒/激活程度和支配。

长期以来，基本方法论在二语习得情感研究中占主导地位，这种主导地位体现在对情感构建的相应测量中。积极心理学的引入为二语习得中关于情感的实证研究，特别是关于引发情感原因的研究带来了新的理论资源。控制—价值理论（control-value theory）（Pekrun，2006；Pekrun et al.，2007）源于教育心理学领域，对积极心理学在二语习得领域的发展也发挥了重要的理论价值（Li et al.，2018；Piniel and Albert，2018；Han and Hyland，2019；Li and Xu，2019；Shao et al.，2019；Li et al.，2020），带动了维度方法这一基本方法论的实施与发展。

德国教育心理学家 Pekrun（2006）所构建的"学业情感控制—价值理论"源自于其在 2002 年首次提出的"学业情感"这一概念。Petrun 将学业情感定义为"与学业学习、课堂教学和学业成就有直接关系的积极情感和消极情感的总称"（Pekrun et al.，2002）。该理论为学业情感研究提供了一个整合的社会认知理论视角，已成为学业情感研究中最具影响力的理论之一。

以控制—价值理论对情感的维度方法论研究为基础，二语习得研究者认为，二语习得中的情感也可以被概念化为具有三个维度的学业成就情感：①目标焦点，即活动本身或活动结果；②价值，情感的积极性与消极性；③控制，可控程度和控制形式（归因于外部和内部原因）（Li et al.，2018；Piniel and Albert，2018；Han and Hyland，2019；Li and Xu，2019；Shao et al.，2019；Li et al.，2020）。根据此三维分类，外语愉悦（FLE）是一种从高度可控的学习活动中产生的积极情感，而焦虑（FLA）则是一种由于对成功或防止失败的不可控性而引发的消极情感（Pekrun，2006）。该理论聚焦学业情境下的情感，不仅区分了不同情感的功能，还从效价（valence）、活跃度（activation）和目标焦点（object focus）三个维度描述了情感的概念结构（韩晔等，2020）。此外，该理论还系统阐释了情感的"前因"与"后果"：个体对学业相关活动价值或其结果可控性（controllability）的评估是产生学业情感的"前因"，而学业情感又从相反的方向对学业活动及学业成绩产生直接和间接的影响，产生不同的"后果"（李成陈，2020）。

如果说拓展—建构理论在构建"情感涌动"（emotinal wave）中发挥了核心作用（MacIntyre and Gregersen，2012；Dewaele and MacIntyre，2016），相比之下，控制—价值理论还尚未获得应有的重视，使用该理论作为理论基础的二语习得研究目前仍处于较为初期的试水阶段（Li et al.，2018，2020；Piniel and Albert，2018；Han and Hyland，2019；Li and Xu，2019；Shao et al.，2019）。Li（2018）将这两种理论称为积极心理学中的"姐妹花"，它们相互补充，有望整合为二语习得领域情感研究的整体理论框架，建立理论三角验证。

两种理论框架既有共通亦有不同之处。它们的共通在于：首先，两种理论都区分了积极和消极情感在影响认知、社会和心理过程中的独特功能，指出了对情感研究采取全面视角（a holistic view）的重要性。其次，两种理论都强调了积极情感在影响幸福感和各类表现中的重大作用。从某种意义上说，情感的具体作用自积极心理学进入二语习得领域以来，已成为该领域情感研究的主要重心。

尽管有重叠，但两种理论的差异也显而易见。第一，使用场景的范围有所不同：控制—价值理论由于发源于教育领域，因此专门关注与学业成就相关的情感；而拓展—建构理论则涉及常见的一般情感。因此，控制—价值理论更针对于教育背景或学业成就而发轫。第二，控制—价值理论提供了一个三维分类法来概念化学业成就情感，比较接近于心理学中的维度方法论；而拓展—建构理论只对情感进行两个级别的分类区分，这表明拓展—建构理论本质上遵循了心理学研究的基本方法。第三，拓展—建构理论只涉及情感的根本效果，或扩展或缩窄（broadening & narrowing）认知视野，而控制—价值理论涉及成就情感的前因和后果。第四，控制—价值理论涉及情感的互惠性和双向性（reciprocity and bidirectionality），而拓展—建构理论则不具备这样的理论构成。这种差别表明控制—价值理论可以支持更广泛的实证研究，情感既能作为因变量也可作为自变量。例如，根据控制—价值理论假设，情感与其他元素之间的理论联系可以作为二语习得情感干预研究和实践的理论基础（Dewaele and Li，2020）。第五，控制—价值理论没有提及积极和消极情感之间的相互作用，而拓展—建构理论强调积极情感在消除消极情感后果（undo the after-effects of negative emotions）中的关键作用，这可能在理论上支持情感互动和转化研究（Fredrickson，2001）。

　　根据以上对两种理论的分析，笔者认为拓展—建构理论在积极心理学发展早期，特别是在二语习得和积极心理学跨学科的初始研究中扮演了重要的理论支撑和解释框架角色，其积极意义不容小觑。后续的控制—价值理论站在拓展—建构理论这一"理论巨人"的肩膀上，不仅更加全面地解释了情感产生的源头、情感带来的后果和影响，也鲜明指出情感与其影响因素之间的复杂关系，这种关系不仅复杂，而且形成了一个动态变化的生态系统。基于以上理论基础，控制—价值理论与二语习得领域的深度融合已经产生了大量的科研成果（加上下面要讲的几篇文章的引用）。可以预见，该理论还将在未来持续为二语习得领域研究提供洞见和支持，促发更多广泛而深入的理论探讨与实践探索。

　　特别令中国二语习得研究者振奋的是，在20世纪10年代末，当国际二词习得领域开始关注到控制—价值理论的借鉴价值时，正是我国国内二语习得领域向积极心理学转变的关键时期，我国学者搭乘上了控制—价值理论之风帆，在国际二语习得领域扮演了引领这一理论使用和推广的弄潮儿角色，并一直保持前沿和领先的态势。下面，我们将对几个重要的关键研究进行梳理，进一步了解将这一理论用于积极心理学引领下的二语习得研究的脉络、方法和结论。

国际期刊发表中，较早将控制—价值理论应用于二语习得领域学业情感研究的是匈牙利学者（Piniel and Albert，2018），他们的研究中报告了一个英语专业学生使用外语时所产生的相关情感的项目。研究采用定性设计，参与者被要求用母语（匈牙利语）写一段描述与外语和四种语言技能（听、说、读、写）相关的情感体验的段落。借助内容分析技术，这些段落文本被划分为主题单位，并由两位作者进行编码，编码在 Pekrun（2006）学术情感的理论框架下进行。结果表明，英语专业学生最常经历的两种情感主要是外语愉悦（FLE）和外语焦虑（FLE），这些情感不仅根据所涉及的语言技能而变化，还取决于语言使用的情境（课堂内外）。受研究方法所限，该研究未能探究学业情感的历时变化，对于学业情感的调节也未涉及。

同一时期，我国学者夏洋（2018）基于学业情感控制—价值理论，探讨了课堂环境因素对英语专业大学生消极学业情感的影响。研究采用混合研究方法探讨英语专业课堂环境因素对学生消极高唤醒情感和消极低唤醒情感的影响路径和机制，研究者分别探讨了八类课堂环境因素如何以不同的路径和强度对消极学业情感产生影响。研究对于英语专业教师有重要的启示：教师应该对课堂环境中可能引发学生消极学业情感的各因素有所警惕。为获得更高质量的教育实践，教师可以对影响学业情感的因素进行积极干预，以达到调节学业情感的目的。

两年以后的 2020 年，我国外语类顶级期刊《外语界》于当年 1 月推出了积极心理学视角下的二语习得专栏，探讨我国外语学习者课堂内外的情感体验以及情感带来的影响、探究引发情感的要素、要素之间的具体运作机制以及情感调节策略等。该专栏由一篇综述和三篇实证论文构成，在综述文章中，Jean-Marc Dewaele 和李成陈对二语习得情感领域的理论、研究及实践进行了梳理，他们特别呼吁从教育心理学领域引入控制—价值理论，加大对此理论在二语习得情感研究中的实际运用，以丰富积极心理学视角下的二语习得研究。这是继夏洋（2018）后，国际和国内学者对于控制—价值理论最清晰、最明确的推介，顶级学者对于这一理论的宣传和推崇，极大地促进了该理论在二语习得领域的传播。

　　该专栏的三篇实证论文均是对控制—价值理论在二语习得情感研究领域的实践回响。第一篇实证论文来自韩晔等（2020），选用书面纠正性反馈（Written Corrective Feedback，WCF）这一挑战性较高的教学活动为例，运用质性的个案研究方法，探究中国大学生在英语写作中经历的学业情感体验及情感调节策略。结果显示，WCF 唤醒了横跨正性、中性、负性效价和高、中、低程度的不同学业情感。情感呈现因人而异的动态变化；情感导向策略、评估导向策略、情境导向策略是学生在习作修改过程中进行自我情感调节的常用手段。研究对外语教师的重要启示是，应尝试运用积极心理学理论提升二语写作教学中学生的身心健康和学习效果。

　　在第二篇实证论文中，姜艳（2020）以焦点式写作（focused essay technique）作为研究切入点，通过定性研究手段考察影响我国大学生外语课堂愉悦的教师因素。研究借助 NVivo 软件对焦点式写作文本进行开放式编码和节点归类统计，发现有五大归因是影响大学生外语愉悦情感的主要教师因素。研究结果启示我国外语教师可以从上述五个方面着手和发力，从根本上改善课堂环境。研究证实了控制—价值理论提出的对学生学业情感的积极干预可以通过增强他们的学业活动能力、对学业结果的控制感，以及塑造他们对学业活动和结果价值的评估（appraisal）来进行。具体来说就是要教师关注教学过程中对学生提出的任务要求与认知水平是否合理匹配，增强学生对学业内容的价值感知并配合有效激励政策，支持学生发展学习自主性和培育充满合作氛围的学习环境，适时调整成就目标结构和期望，对学生取得的学业成就要给予及时反馈（Pekrun，2006）。

　　第三篇实证论文来自李成陈（2020），研究基于问卷调查和英语测评（自评成绩和真实考试成绩结合），研究了高中生的情感智力、外语课堂情感（如外语愉悦、焦虑和倦怠）与英语学业成绩之间的复杂联系。研究发现，尽管中国高中生在情感智力、愉悦感和焦虑感方面处于中等水平，且倦怠水平较低，但与国际样本相比愉悦水平过低，焦虑水平较高，这说明我国高中学生在巨大的升学压力下，距离"享受学习"的目标还相去甚远。研究还根据实验结果创新性地提出了"多重平行中介作用"这一影响类型，上述三种情感在情感智力与英语学习成绩之间起到平行且交互的中介作用，这一研究结果验证并拓展了控制—价值理论：一方面，学生所拥有的学业情感可以显著影响其英语成绩。因此，家长和教师若要学生外语成绩得到切实提高，仅仅关注学生的外语学业成绩本身，"头痛医头、脚痛医脚"，盲目寻找自认为可靠的辅导班或者辅导老师，延长学习时间、加大学习强度，而忽略学生在学习过程中的情感调节意识、情感调节能力和情感状态，是与前沿研究结果背道而驰、得不偿失、缺乏智慧的做法，违背了人本主义所倡导的"全人"教育理念。另一方面，与后现代主义强调主观能动性一脉相承的是，研究结果支持个体对情感进行调节的能动性，再次证实了作者在先前研究中提出的"情感调节（情感智力）—情感—成绩"的"双向关系链"（Li and Xu，2019；李成陈，2020），所以教师在日常教学中应时常关注学生情感，鼓励学生发挥主动性，带着积极的情感战胜二语学习中的苦难，毕竟二语学习成绩是多个因素共同动态作用产生的复杂结果（Li et al.，2018）。当然，仅仅关注学生的情感状态还远远不够，二语教师更应该看到，根据控制—价值理论，情感、引发情感的原因和情感带来的结果三者呈现动态的、相互的关系，所以要充满信心积极地对引发情感的前因后果进行干预，间接实现学业情感的有效调节（Pekrun，2006）。近年来，如何在教育领域进行情感智力提升的实践性应用研究日趋成熟，证明了对情感智力干预的可操作性（Fresacher，2016；Gregersen et al.，2016；Helgesen，2016；Chodkiewicz and Boyle，2017；Li and Xu，2019；Baourda et al.，2024），外语教师在日常教学中可考虑将上述研究中提到的活动有机融入到课程设计中，通过干预情感智力来提高二语学习者的情感管理能力，进而改善学生语言学习过程中的情感体验（Li and Xu，2019），并最终达到提升学业成绩的目的。

同一时期，我国二语习得领域的学者在国际期刊上也发表了引人注目的基于控制—价值理论的高质量研究论文。Shao 与控制—价值理论提出者 Pekrun 在 2020 年基于该理论在 550 名中国大学生中考察了控制—价值评估与外语学业情感及外语学业成绩之间的关系。研究结果显示，感知控制和价值与积极情感（喜悦、希望、自豪）以及外语成绩呈正相关，与消极情感（愤怒、焦虑、羞愧、绝望、无聊）呈负相关。控制和价值相互作用，能够预测八种学业情感和外语学习成绩，其中的四种情感在评估（appraisal）对成绩的多重影响中起中介作用。这些研究结果阐明了在中国文化语境下评估和情感对学业成就的影响，并支持了将控制—价值理论推广到外语学习和教学研究的普遍性。这一研究结果提示外语教师在未来教学中应关注学生对学业控制和评估的感知。

Li 等（2021）开创性地探讨了我国大学生外语学习无聊体验及其与控制—价值评价之间的关系。研究报告针对中国大学非英语专业学生和教师进行的外语学习无聊体验的调查。调查共分两个阶段：在第一阶段，对 22 名学生和 11 名英语教师进行了访谈，659 名学生回答了一份开放式问卷，回顾和描述了他们在学习英语中的无聊经历和感受。这些数据揭示了外语学习无聊（FLLB）这一概念的多维属性，并进一步验证了教育心理学中的控制—价值理论。在第二阶段，研究开发了外语学习无聊量表（FLLBS），利用探索性和验证性因子分析对量表的效度和信度进行了检验，构建了一个包含 7 个维度、32 个项目的外语学习无聊量表。一方面，外语学习无聊是对二语习得情感研究新兴领域的重要扩展和补充；另一方面，这一研究也凸显了控制—价值理论在该领域独一无二的理论价值。

随后，Li（2021）改编了之前研究中的四个量表：①控制评估量表来自于"自我描述问卷Ⅱ"（Marsh，1992）；②内在价值评估量表；③外在/成就价值评估量表来自于数学领域关于价值评估的研究（Frenzel，2007）；④无聊情感量表来自于学业情感量表（Achievement Emotions Questionnaire，AEQ）（Pekrun，2011）中关于无聊主题的部分和学业无聊子量表（Academic Boredom Subscale，ABS）（Goetz，2014），基于学业情感的控制—价值理论做了更深入的外语学习无聊情感研究，此次研究的对象仍然为中国 EFL 大学生。作者认为，无聊作为 SLA 领域新近开始研究的学业情感之一，鉴于其普遍性和已记录的危害性，有必要先研究引发无聊情感的原因。本章研究采用混合方法探索了控制评价和价值评价如何成为中国大学生外语学习中无聊情感产生的先决条件。通过对 2002 名大学生的大样本进行 Pearson 相关分析和回归分析，研究发现不同的控制和价值评估以独特的方式预测无聊情感的产生，且不同评估方式相互作用，这一结果与控制—价值理论的假设相一致。此外，研究还对 11 名学生和 11 名英语教师进行了访谈，获得了进一步的定性数据，这些数据说明了控制—价值评估与无聊情感之间关联的复杂性。这些定量和定性的研究发现进一步支持了控制—价值理论，有助于阐明 L2 学习环境中无聊的引发过程。

　　该研究的成果还为第二语言的教与学提供了重要启示。在二语学习方面，研究证实了控制评估、内在价值和外在价值评估作为近距离决定因素（proximal determinants）在引发学习者无聊方面的关键作用，因此，若学习者对内在价值与控制有高度清晰认识，则可以保护 L2 学习者免受无聊情感的困扰。

　　在二语教授方面，控制和价值评估所固有的可塑性（inherent malleability）（Schulte et al.，2004；Putwain and Becker，2018）为广大二语教师提供了预防或减少课堂无聊的可能性。控制方面：首先，语言教师设计任务时应重视难度适当（既不过于简单也不过于困难），以匹配个体的能力水平。其次，当课堂任务难度与个体能力不匹配确实发生时（尤其在大班教学中），帮助学生建立对任务的控制感、能力感和自信心是有益的做法，例如，可为学生提供更多情感和专业支持，或帮助他们调整或拆解任务，或引导他们进行自调节，找到适合个人的学习方法。价值方面：外语教师可以在备课过程中，设计和准备与学生内在价值相一致的课堂任务和活动，同时提高学生对学习活动的内在价值认知。例如，选择学生感兴趣的、关于社会舆论热点的学习材料激发学生的兴趣，增强他们对语言本身的欣赏和享受意识，弱化以成就或结果为导向的动机引导。

　　作者还呼吁学界进行针对 L2 学习环境中的无聊情感干预性研究，即通过影响学习者对二语学习控制和价值的评估来解决或减轻无聊问题。考虑到无聊在学习各个方面的有害影响，设计、实施和评估旨在解决 L2 学习环境中无聊问题的项目可以成为未来外语教学无聊情感研究的重点课题。

　　作为对以上呼吁的回应之一，夏洋和陈雪梅（2022）基于控制—价值理论，对内容语言融合（Content and Lanaguage Integrate，CLI）课堂给养感知（perceived classroom affordance）与无聊情感之间的关系进行了研究。该研究将研究环境设定在内容语言融合课堂中，着重考察了课堂给养感知、控制—价值评估及外语课堂无聊水平，并对三者之间的关系进行了探讨。描述性统计结果表明，学生在 CLI 课堂环境中课堂给养感知较高，控制评估和价值评估分别处于中等和较高水平，整体的无聊情感水平较低。研究采用结构方程模型进行相互关系分析，发现 CLI 课堂给养感知无聊情感无显著直接影响，但学生的控制评估和价值评估可以扮演中介角色，对无聊情感产生间接影响。

研究结果帮助教师更加充分地认识到课堂给养感知与学生无聊情感之间的作用机制，并提示教师可以发挥主观能动性，构建积极的外语课堂生态，提高学生对不同给养形式的感知。教师还可以通过对学生进行学习任务重要性的价值引导，适度控制课堂任务和学习内容难度等，使学生的主观控制评价保持在适度范围内，这一启示与上文中提到的（Li，2021）的研究结论一致，进一步说明了控制—价值理论在不同语言课堂环境中的适用性。

Li B. 和 Li C.（2024）的最新研究同样基于控制—价值理论。研究调查了在 EFL 学习的中国背景下，近端诱因（即控制评估、内在价值评估和外在价值评估）和远端诱因（即成就目标：掌握—途径型目标、掌握—规避型目标、表现—途径型目标和表现—规避型目标）预测学业情感（即愉悦和焦虑）的工作机制。共有 2268 名中国大学生参与了问卷调查，路径分析显示，所有上述成就目标（远端目标）和评估（近端目标）都可以预测愉悦情感，而焦虑情感则不受外在价值评估和掌握—规避型目标的预测。结果还显示，控制—价值评估在三种成就目标（掌握—途径型目标、掌握—规避型目标和表现—规避型目标）与两种学业情感的关系之间起到了一部分中介作用。这些发现进一步阐明了情感启动的机制，也使控制—价值理论在具体的 EFL 背景下再一次被证实。研究结果还提供了对第二语言情感干预的有益教育启示：通过对成就目标和控制—价值评估进行干预来调节和管理学生的愉悦和焦虑。从本书所揭示的掌握—途径型目标、表现—规避型目标和掌握—规避型目标以及它们如何通过控制—价值评估对学业情感产生直接影响和间接效应，教师应该意识到将成就目标和控制—价值评估干预同时纳入到第二语言课程是至关重要的。

具体到日常教学操作，首先，研究结果清楚指向和鼓励教师采用掌握—途径型目标来激励学生，而非掌握—规避型或者表现—规避型目标，并着力设计内在价值胜过外在价值的任务。为实现这一目标，在外语学习活动设计中，教师要重视培养学生语言能力，鼓励他们积极投入参与活动本身，减少对学生表现、竞争和社会比较的强调。这就要求教师同时将语言学习任务与学生的实际运用、文化兴趣或个人经验联系起来，培养自然的愉悦感和相关性。例如，在任务设计中，语言教师可以为学生提供符合他们兴趣和与之相关性高的不同话题供选择；在对学生活动进行指导时，教师应采用不同的方式向学生强调"你的目标是提高你自己的表达技巧，而不是与他人比较。追求个人成长和进步，而非仅仅停留在对分数的关注上，力争从菜鸟变为大鹏。"

其次，为了防止学生选择掌握—规避型或者表现—规避型目标，外语教师应尽力和弱减轻学生因为犯错、能力不足或失败等引起的恐惧。例如，当学生犯错或某项任务失败时，教师应该做的，不是惩罚或批评，而应提供建设性的积极反馈，鼓励学生将失败经历视为宝贵的学习机会，并赞扬他们的努力和进步。

最后，研究结果启示外语教师，在教学任务中培养和关注学生对学习过程的控制感也应引起重视，这一点对于采取表现—途径型目标或掌握—规避目标型的学生尤为重要。考虑到我国外语教学的现实，如大班教学、同一个班中学生语言水平参差不齐等状况，提供灵活的学习路径，允许学生选择与其语言能力相符的任务是非常重要的举措。例如，教师可以在任务设计中采用"必做+选做"策略，允许学生选择适当挑战自己、避免过度挑战或挑战不足的活动，以确保获得最佳的情感体验。通过在二语课程中有机实施这些策略，教师可以创造一个更加积极的环境，在这种环境中学生更有可能采取掌握—途径型目标，体验到对学习过程的掌控感、内在动机以及积极的情感体验，从而增强 EFL 学习者的情感福祉。

（三）心流理论（flow theory）

心流理论（flow theory）最早在 20 世纪 70 年代由匈牙利裔美籍心理学家米哈里·契克森米哈赖（Mihaly Csikszentmihalyi）提出，是一个研究最佳人类体验及其条件的心理学框架，探讨个体在高度专注和享受中从事活动的状态。心流是一种完全沉浸和参与某项活动的状态，此时个人失去时间感并表现出最佳水平。心流理论源自米哈里对幸福的好奇心，以及对生活价值的探求。米哈里开创性的工作试图理解人类愉悦和创造力的本质。他通过一系列的研究，广泛采用访谈和调查的研究方法，研究了艺术家、运动员、音乐家以及各领域的专业人士的心流状态。

通过一系列研究，米哈里及其研究团队概括了心流的以下九个特征（Csikszentmihalyi M.，1988，1989）：①挑战与技能的平衡，任务难度与所需技能相匹配；②目标明确，清楚需要完成的内容；③及时反馈，能收到指导活动的及时回应；④专注集中，完全专注于手头的任务；⑤控制感，感到自己在掌控局面；⑥行动与意识的融合，没有自我怀疑或对他人意见的担心；⑦时间的变换，时间似乎失去了常规，有时飞逝，有时静止；⑧失去自我意识；⑨内在奖赏，活动本身是愉悦的，活动实施者有充足的内在动机，不需要外部奖赏。前三个特征是心流的前因变量，第四至第九个特征是心流的体验维度（Csikszentmihalyi et al.，2014）。基于以上特征，实现心流的条件也一一浮现：一是技能与任务的匹配，活动应与个体能力相匹配，不过于简单也不过于挑战。二是明确的目标和反馈，具有明确目标、即刻表现反馈的活动更易产生心流。三是目的性人格，一些具有目的性人格的个体更容易体验流动，他们倾向于设置个人挑战，享受学习，追求产生心流的活动。

心流理论在教育、商业、休闲和运动等领域都产生了颇多的应用性成果。在教育领域，心流理论作为积极心理学的基础理论构架之一，启示教师应着眼于设计有利于学生产生心流体验的课堂活动，优化学生的学习体验，让学生在学习中获得满足感和幸福感。教育从业者探讨如何架构教育和工作场所环境以促进心流状态的产生。

具体到外语教育领域，Egbert（2003）将心流理论引入语言学习与教学研究之中，关注心流体验与语言学习之间的关系。对心流体验的特征：挑战与技能之间的平衡以及人在任务中的兴趣、控制感和专注在外语和第二语言学习领域进行了测试。该研究的重要意义有以下三个方面：一是为研究心流在语言学习中的作用奠定了基础。二是研究结果表明，心流确实存在于外语课堂中，证实了引发心流状态的因素既有环境因素，又有个体因素。学习者的心流状态对学业表现有着直接的积极影响，而这种影响又反过来影响学习者，是一种相互影响、双向互惠的关系（reciprocal relationship）。三是心流理论为概念化和评估语言学习活动提供了一个新颖且实用的框架。

自2003年Egbert第一篇文章初步构建出心流与外语学习的模型起，后续十几年间虽然有少量关于外语学习者心流的硕士、博士学位论文出现，但是SSCI和CSSCI收录的刊物上没有出现相关研究，说明对心流的研究并未引起外语教育研究者集体关注。直到2017年Aubrey研究了日本英语学习者心流产生状况与学习投入的关系，认为心流概念有可能为研究学习投入（engagement）提供有价值的见解，但二语习得（SLA）研究者对这一构建的实证关注相对较少。该研究利用心流理论来研究在日本课堂上，英语作为外语（EFL）学习者在跨文化（inter-cultural）和同文化（intra-cultural）任务互动中，心流与参与度之间的关系。对心流问卷和任务记录的分析表明，跨文化接触对心流和L2 使用中的一个参与方面（轮流发言）有显著的积极影响。研究结果在两个教学启示方面进行了讨论：在语言课堂中提供跨文化接触，以及任务设计特征的心流增强潜力。

我国学者高玉垒等（2022）研究了外语阅读中的心流体验及其与阅读表现的关系，探究了学习者英语阅读过程中的心流状态水平及其影响因素与阅读表现的关系。研究发现：学习者阅读心流状态整体水平较低；影响心流水平的学习者因素主要包括阅读兴趣、阅读信心和阅读技能，其中阅读兴趣的影响最大；心流体验与阅读成绩、阅读量、阅读速度显著相关，心流体验是阅读成绩的一个重要预测指标。

近年来，移动语言学习引起了广泛关注，有学者使用心流理论框架研究持续使用意图（continuance intention）与感知有用性（perceived usefulness）（Lee and Kim，2021）和心流体验（Chen et al.，2018）之间的关系。Wang 等（2022）进一步探讨了在语言学习背景下感知有用性与持续使用意图之间的可能关联，以及融合性动机（integrative motivation）与心流体验的中介效应。研究结果表明，融合性动机和心流体验在感知有用性与持续使用意图关系中发挥了多重中介作用。这些结果表明，通过增加对这些应用的感知有用性、增强整合动机以及改进心流体验，可以促进语言学习者对语言学习应用的使用意图。

Foroutan Far 和 Taghizadeh（2022）调查了数字化和非数字化游戏教学对英语外语学习者学习搭配词、满意度、感知和心流的影响。结果显示数字化和非数字化游戏教学组的搭配词后测成绩与非游戏化组相比有显著差异。此外，两种游戏教学组（数字化和非数字化）对使用游戏化学习搭配词表示满意，学生认为课堂竞争激烈，鼓励团队合作学习。研究结果表明，两组游戏教学组的学生显著体验到了心流，因为他们的技能与游戏的挑战度相匹配，并且他们全身心投入于游戏中。该研究建议英语外语教师将游戏化教学作为有效工具，以触发学习者的心流体验并使其投入英语学习搭配。

Zuniga（2023）通过经验抽样法（Experience Sampling Method，ESM）考察了较为广泛的系列任务中学习者的心流体验状况。研究贯穿于整个学期，并将任务模式、参与者结构、信息分布和目标技能作为变量，探究了不同语言任务如何与心流体验互动。研究结果验证了具有不同特征的课堂任务对于学生和教师产生心流体验的作用有显著差异，这些任务通常是有意义的，并由一套规则或符号所构建，其实施需要教师和学生达到一定的语言技能水平。另外，这些任务通常提供清晰的目标和反馈，使学习者觉知对行动和任务结果有控制感。

该研究为外语教师提供了一个任务特征变量的框架，该框架可用于分析第二语言课堂活动与心流体验之间的多重动态互动，用于分析和修改任务，以评估该任务引发心流体验的潜力。例如，在写作场景中，可以通过在写作任务中增加学生协作和对信息交换的因素来优化写作任务。外语教师可以用它来评估和修改教学实践，以改善学习者的主观课堂体验。利用上述框架，作者呼吁开展关于教师心流体验、个体差异因素（如个性）和任务特征相互作用研究。例如，哪些类型的任务有利于焦虑学习者开启心流体验？教师的心流体验如何与学习者的心流体验相互作用？还可以通过纵向混合方法探究：随着学习者语言能力的发展，与任务相关的焦虑、心流和无聊如何演变。以上都是 Zuniga 在心流理论与外语教师教学研究结合方面提出的前沿议题，对于外语教师开展积极心理学方向的二语习得研究提供了宝贵的思路和方向。

（四）定向动机流理论（directed motivational currents）

近十年来，与心流理论同属于心理学领域动机研究范畴的前沿理论是"定向动机流"（Directed Motivational Currents，DMCs）。定向动机流是动机心理学领域中的一个概念，特别适用于语言教育领域，其概念由 Zoltán Dörnyei 及其同事在 21 世纪 10 年代初提出，在过去的十年中得到了长足发展和验证。定向动机流指的是一种强大的动机激增，能够在较长时间内推动个人朝着特定目标前进。定向动机流以其强度、持久性以及它们创造的流动感为特点，使目标追求变得高度吸引人且有回报。

Dörnyei 团队（2014，2015）在外语教育领域进行了一系列研究，试图解释某些动机现象如何在传统动机理论无法完全捕捉的方式下，维持长期的、以目标为导向的行为。研究确定了定向动机流的关键特征：一是目标导向性（goal-orientedness），它指向一个清晰、高度重视的目标，而这个目标提供了一种目的感和方向感。二是动机具有持续性（sustained motivation），与短期动机爆发不同，定向动机流能够在较长时间内持续存在，通常直到目标实现。三是情感强度明显（emotional intensity），定向动机流中的动机驱动带有情感色彩，为个人在目标上的投入创造了深刻的个人情感。四是实现心流体验（flow experience），处于定向动机流状态的个体经常体验到"心流"状态，他们完全沉浸在自己的活动中，专注于手头的任务，忘记了时间和外部干扰。五是自我推动性（self-propelling），一旦启动，定向动机流倾向于在最小的外部支持下保持其动力，由朝着目标努力的内在满足感驱动。因此，在语言教育的背景下，定向动机流可能特别强大。例如，当语言学习者为一些重大事件，如出国留学做准备时，掌握语言的动机成为他们生活中的中心驱动力。

自定向动机流理论提出后，多项研究以此为理论基础阐释学习者动机、学习者特征、学习任务和特定学习环境的动态交织关系，也有文章在该框架仍处于高度理论化时期对其进行了易于理解的解读，这些解读有利于将定向动机流理论转化为教学实践。其中影响力较大的是 Peng 和 Phakti（2020）从理论和实证两个方面对 DMCs 框架进行的评估，该研究将定向动机流理论放在语言教学的背景下，从四个层次：目标—视野导向、促发因素与启动、促进性机构和积极情感几个生态维度讨论了定向动机流的特征（见图 2-1）。

定向动机流理论和心流理论都是动机心理学中描述高度投入和动机状态的概念，两者有相似之处，但它们在要义和应用上也有明显的区别。它们的相似之处在于：两者都涉及个体的强烈专注，对正在进行的任务深度集中、完全沉浸并表现出最佳体验的活动状态；都注意到行动与意识的融合，即个体与活动融为一体。

两者的区别体现在：一是心流理论中个人内在动机明显，活动本身就是回报，并不一定有外界的奖励或刺激；而定向动机流则强调个体动机拥有目标导向性，这些清晰、高度重视的目标为个体提供目的和方向。二是两者涉及的情感性质和强度不同，心流主要特点是享受和沉浸感；而定向动机流涉

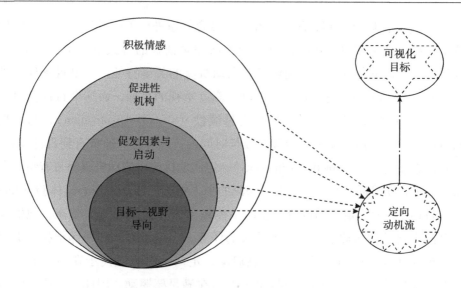

图 2-1　定向动机流理论图示

资料来源：Peng 和 Phakiti（2020）。

及与目标相关的强大情感投资和个人意义。三是自我推动性质不同，心流的发生需要促进和维持条件，如挑战与技能之间的平衡；而定向动机流则一旦启动，则倾向于在最小的外部支持下保持其动力。四是心流理论侧重于短期内在活动中深度投入的即时体验；而定向动机流理论则侧重于长期、持续的动机事件，动机在长时间内持续存在，以实现特定、重要的目标（Dörnyei and Kubanyiova，2014）。因此，部分学者在谈到定向动机流时，常将之描述为"持续的心流"（sustained flow）（Ibrahim and Al-Hoorie，2018），体现的正是心流与定向动机流在时间延续长度上的不同。如果说心流体验可以在更大范围的各种活动中发生，如体育、艺术、工作和学习，那么由于定向动机流在需要长期、持续努力的情境中特别相关，如语言教学和学习的场景，因此使用该理论有助于理解个体如何在较长时间跨度内保持高水平的动机，以及内在满足感如何驱动和影响个体朝着重要的工作和学习目标努力。定向动机对如何在语言学习和其他教育环境中理解和培养动机产生了重大影响，为广大教育工作者提供了一个框架，以创造和维持高质量的教师、学生参与度和动机。

定向动机流的概念代表了动机心理学和应用语言学的重大进步，为如何实现和维持持续的、高强度的动机提供了新的见解。近年来，有一系列的外语教学领域的研究，利用定向动机流理论，对如何创造和维持教育主体的高度投入和动机状态做出了更细致的探索。例如，Ibrahim 和 Al-Hoorie（2018）研究了群体协作时所体验到的定向动机流。研究者对英国两所大学预备语言课程中的五名参与者（两名教师和三名学生）进行了采访，以了解促成定向动机流体验的条件。研究结果呈现了三个主要条件：形成群体认同、赋予个人价值和提供部分自主权。基于三个主要条件，作者讨论了教师如何应用这些发现来设计具有激励性的课外活动，如在课堂等非正式的场所小组成员进行互动有利于群体认同的形成；除了强调语言收益外，学生们需要将他们的活动认定为对个人生活有价值，仅看到项目的语言价值不足以促进定向动机流的形成；对自主性是有帮助的，但至少在这两个方面，教师的支持仍然显得重要，因此被称为"部分"自主性。首先，教师必须对目标结果进行充分解释，以便学生能够清楚了解要求。其次，小组需要教师帮助推选合适的小组领导者。数据显示，一位有魅力的领导者在达成小组共识和凝聚力方面起着核心作用，这样的领导者一旦选定，小组工作就能更加顺利地进行。

除上述研究外，Ibrahim（2020）另有一项对定向动机流的实证研究，探讨推动这种强烈且持续的动机行为的因素。研究者对经历过定向动机流的受访者的访谈数据进行了定性（现象学）分析，有两个主要发现。首先，定向动机流中的高动机和强烈参与主要是这种体验具有的情感痴迷功能。一旦进入定向动机流状态，个体将在心理和情感上被他们的体验所消耗，即使在参与其他日常活动时也不例外。其次，由于对定向动机流体验做出的评价带有情感色彩，个体对努力的看法也发生了变化：从"将学习任务视为家庭作业"转变为"在空闲时间进行的首选活动"。在定向动机流状态中，积极投入可能被受试者认为是情感满足和有意义的，以至于他们倾向于保持强烈和持续的关联感。"努力"失去了其传统的含义，自我调节措施也变得不再必要。因此，人们可能会投入大量的努力进行学习。

同一时期另有一项来自土耳其团队对于定向动机流在二语习得领域的研究（Başöz and Gümüş，2022），试图探求触发定向动机流因素的证据。与之前探索定向动机流触发因素的研究相比，该研究对象是实时的、正在经历定向动机流的英语外语学习者，即那些目前在教育环境中经历定向动机流的学习者的整个过程，而不是对过往定向动机流体验的回忆（Ibrahim and Al-Hoorie, 2018; Ibrahim, 2020）。换言之，高等教育阶段 EFL 学习者实时初始条件触发定向动机流的诱因，以及定向动机流的基本特征这些问题，在该研究之前并未给出令人信服的答案。通过对 27 名在土耳其攻读学士学位的 EFL 学习者进行了半结构化访谈，研究发现触发学习者定向动机流的因素包括负面情感、突发机会、单一且明确的目标、优秀的教师或同学或激励性的课堂群体、顿悟时刻、成就感、对事物的激情或兴趣、竞争元素、外部压力、重大人生决定、愿景、结果导向、相信工作有实际价值以及激励性体验。研究证实了启动定向动机流的两个必要初始条件：一是感知行为受控；二是挑战与技能平衡，以及目标导向性、显性的促成性结构和积极情感是定向动机流的核心特征（Dörnyei et al., 2014）。这些研究结果启示外语教师利用这些因素和特征来促进 EFL 环境中的学习，促进外语学习者定向动机流的产生。

中国学者近年来也运用定向动机流理论框架来研究中国外语教育领域的学生学习动机问题。例如，He 等（2022）在定向动机流的框架下，探讨了中国高等教育阶段 EFL 学习者的英语学习动机动态，并识别可能影响中国 EFL 学习者定向动机流状态的因素。研究数据来自 10 名中国重点部属大学的英语学习者，通过反思日志、轨迹等效建模（Trajectory Equivalent Modeling TEM）和半结构化访谈，将收集到的历时两学期的雅思培训课程数据通过主题进行分析，结果表明：首先，中国高校 EFL 学习者在英语学习过程中经历了明确的定向动机流类型的动机高潮；其次，中国高校 EFL 学习者的定向动机流状态受到各种情境因素的影响，这些因素可以归纳为三个主要主题，即重要他人、教学要素和考试压力。这些发现补充证实了定向动机流构念在中国 EFL 环境中的有效性，启示大学英语教师在课堂教学中利用促成因素促进定向动机流类型动机的产生。

高媛媛和尹洪山（2024）基于定向动机流理论框架，采用回溯定性建模法（retrodictive qualitative modeling method）探究了英语专业大学生科研动机的个体特征和典型动态特征。结果表明，学生的科研动机历时波动轨迹符合定向动机流的变化特点，为意愿、认知、情感、行为四位一体的软集合体，同时沿着"外在调节—融合调节—失败回避—认同调节"的轨迹逐渐内化，自我决定程度逐步增强。该研究体现了定向动机流对激发与维持科研动机的实用价值，积极情感因素、教师的指导（重要他人）和专业基本能力都是促成定向动机流的重要因素，也提示了对英语专业大学生科研能力的培养可以从关注学生的情感状态、完善导师制和注重培养学生科研素养三个方面入手。

以上研究中，定向动机流以促进外语学习者学业成就的姿态出现，学者们寻找定向动机流出现的启动机制，探索其的积极价值，以助力二语学习和科研效率的提高。但也有研究者注意到了定向动机流的副作用。Sak 和 Gur-buz（2022）进行了一项定性研究，探索土耳其 5 名 EFL 的职前教师所经历的定向动机流的副作用。研究者对每位参与者进行了两次深入的半结构化访谈，访谈记录按照解释性现象学（Interpretative Phenomenological Analysis, IPA）的原则进行分析。研究结果表明，定向动机流的负面作用表现为不自信、心理压力和悲伤情感的迹象。研究结果深化了对这一动机现象的现有理解，并揭示了在语言学习者中有意引发定向动机流用于外语教学的潜在风险。

随后，Sak 和 Pietluch（2024）又进行了更深入的研究，探寻定向动机流中令人不自信、悲伤等情感的来源和带来的结果。作者采用半结构化深度访谈，对 6 名英语为外语（EFL）的土耳其职前教师进行访谈，回顾其 L2（即英语）学习经历。经过对这些数据的主题进行分析，发现了三大问题：在目标实现方面缺乏进展、负面的进展反馈、多任务处理带来的困难，这些问题反映了负面情感的来源。此类情感的结果包括：对自我效能感的怀疑和动机势能的丧失。这些发现提供了情感挑战在削弱 L2 学习动机方面的副作用，提示外语教师要在情感支持的前提下为学生创建可以产生定向动机流的条件，并合理控制动机的强度，以免带来该研究中发现的负面情感和结果。

（五）自我决定理论（self-determination theory）

自我决定理论（Self-Determination Theory，SDT）是一种全面的人类动机理论，由心理学家爱德华·L. 戴西（Edward L. Deci）和理查德·M. 瑞安（Richard M. Ryan）在 20 世纪 70 年代末 80 年代初提出。该理论强调人类内在动机的重要性和对能力（competence）、自治（autonomy）和关系感（related-ness）的心理需求在促进人类成长和幸福中的作用。自我决定论一经问世便引起轰动，全面挑战了 20 世纪七八十年代大行其道，在当时被奉为真理的行为主义准则：关注外在奖励和惩罚是提高学生学习效率和员工生产率的最重要因素。

自我决定理论的最根本观点是区分内在动机与外在动机：首先，内在动机是为了活动本身的内在乐趣和满足感而从事的活动，而外在动机是为了实现可分离的结果而从事的活动，外在动机的自主性程度有所不同。戴西的早期研究探讨了外部奖励对内在动机的影响。在一项开创性的研究中戴西发现，实物奖励可能会削弱个体对最初感兴趣和享受的活动的内部动机。其次，动机具有连续性，自我决定论提出了一个从失动机（amotivation）到内在动机（intrinsic motivation）的连续体（见图 2-2），其间经过不同形式的外部动机（整合调节、认同调节、内摄调节和外部调节）（Deci，1971）。

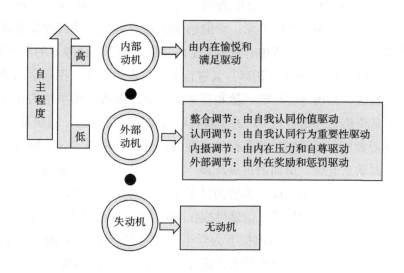

图 2-2　自我决定论动机连续体

资料来源：Deci（1971）。

随后的研究由戴西、瑞安及其同事进行，确定了三种对人类实现最佳功能至关重要的基本心理需求：能力、自治和关系感（Deci and Ryan，2000）。能力是指在活动中感到有效并有机会行使和表达自己的能力。自治是指涉及感知到自己的活动是自主选择并被自己认可的。关系感意味着感觉与他人有联系、有意义，并在关系中感受到归属感和依附感。自我决定论强调能力、自治和关系感的满足是促进内在动机、幸福和健康心理发展的关键。因此，自治、提供能力建设机会并促进关系感的环境更有可能促进内在动机和幸福。相反，过度控制、忽视或拒绝这些需求满足的环境可能会削弱动机和幸福感（Ryan et al.，1985）。同时，作为一个积极的理论，自我决定理论研究者通过实验证实了外在动机可以转变为内化动机（Deci and Ryan，2000），自我决定论解释了外在动机如何通过整合过程变得内化，个体如何采用和接受外部调节，成为自我决定形式更强的动机。

自我决定理论（SDT）在以下六个关键方面从根本上挑战了传统的行为主义信念：一是对内在动机与外在动机的关注，传统的行为主义主要关注可观察的行为，并强调外部强化（奖励和惩罚）在塑造行为中的作用，认为动机主要由外部刺激驱动。自我决定理论强调内在动机——为了活动本身的享受和满足而参与活动，而不是外部奖励。尽管它承认外在动机的作用，但认为内在动机能带来更持久和高质量的参与。二是对心理需求作用的认识，行为主义常常忽视内部心理过程和需求，它专注于外部因素如何直接影响行为，而不考虑潜在的心理机制。自我决定理论认为三个基本心理需求——能力、自主性和关联性（常缩写成 ACR）是动机、幸福感和个人成长的基础，这些需求被视为内在和普遍的，其满足对于实现人类最佳表现至关重要。三是对自主性与控制的理解，在行为主义中，通过操纵外部因素（例如，奖励和惩罚）来控制行为，表明行为可以通过控制环境来构建和修改。自我决定理论强调自主性的重要性——在行动中的自愿和意愿感，当人们认为他们的行为是自我认可的，而不是外部控制的时，他们更有动力并且表现得更好。四是动机的质量，行为主义通常不区分不同类型的动机，而是专注于可观察行为的存在。自我决定理论在连续体上（从无动机到内在动机）区分了各种类型的动机，包括不同形式的外在动机（例如，外部调节、内摄调节、认同调节和整合调节），并认为动机的质量和内化对于预测持久性、表现和幸福感等结果至关重要。五是对长期与短期效果的认识，行为主义专注由于强化和惩罚而产生的立即行为变化，通常不考虑长期效果。自我决定理论强调长期成长和幸福感，提出支持自主性、能力感和关联性的环境能带来更持久的动机和更好的长期结果。六是对内化过程的理解——行为主义通常不考虑外部规定如何被内化并成为个体自我系统的一部分。自我决定理论探索外部动机行

第三章　积极心理学与外语教育研究

积极心理学从诞生至今不过只有短短二十多年的时间，但是在塞利格曼的带领和积极倡导下，积极心理学已然成为心理学界一个生机勃勃、走向繁荣的研究领域。塞利格曼俨然成为一个社会活动家：为了让更多的人接受、认识并支持积极心理学，他在世界各地奔波，不断向各种基金会、董事会、心理学同行，特别是普通大众宣传他的见解，介绍他和心理学同仁的研究，以及如何将研究结果运用于实际问题的解决，以此推广积极心理学。在几十年的持续努力中，成千上万的科研工作者投身这一领域，发表了数千篇学术论文，出版了上百本关于积极心理学的图书。塞利格曼发表了关于积极心理学的40多篇论文，并完成了五本非学术面向大众的、介绍积极心理学的专著。在这些专著中，塞利格曼用通俗易懂的语言来宣传积极心理学，用原创和大众易于接受的心理学构念去诠释那些千百年来人类不懈追求的幸福和智慧。

一、积极心理学的应用领域

作为一个新兴的心理学分支和研究领域，积极心理学专注于积极的个性特点和美德，这些都是个人获得健康发展的重要保障。在二十多年的发展历程中，积极心理学的原则被用于提升不同生活领域的幸福感，实现了在人类社会多个领域的应用，渗透到个人和社会生活的各个方面。

在医疗保健领域，积极心理学被用来帮助患者应对疾病和促进康复：例如，基于正念的压力减少计划结合积极心理学的技术来改善患者的心理健康和整体幸福感。在体育运动方面，运动员通过积极心理学提高表现和韧性。在刚刚结束的 2024 年巴黎奥运会中，有多名积极心理学家参与其中，重点在于培养运动员心理韧性、动机、乐观主义、专注力和整体幸福感，这些对于运动员达到最佳表现至关重要。

社区发展是积极心理学产生重大影响的另一个领域。通过促进社会联系、推动公民参与和建立社区韧性，积极心理学干预措施旨在创造繁荣的社区。社区花园、志愿者项目和社会支持网络等举措是积极心理学原则应用于增强社区幸福感和凝聚力的例子。随着老龄化趋势不断在全世界蔓延，积极心理学的干预措施可以改善老年人退休社区的生活质量。促进回忆、人生回顾和代际联系的活动可以培养目的感和归属感。在个人发展领域，积极心理学为寻求提高整体幸福感和生活满意度的个人提供了工具和策略。正念冥想、目标设定和培养积极关系等实践被广泛用于促进个人成长和成就。例如，正念练习已被证明可以提高自我意识、减轻压力并改善情绪调节，从而带来更平衡和充实的生活。

积极心理学对教育领域尤其是外语教育的影响是本书的重要主题之一，从前两章对积极心理学的背景介绍和主要理论框架可以看出，教育领域是积极心理学的一个主要应用场景。在教育环境中，积极心理学基于实证研究的结果制定了干预措施，旨在提高学生和教师的幸福感、韧性和学业表现。例如，宾夕法尼亚大学作为积极心理学的策源地，在新一代心理学家如 Angela Duckworth 的带领下，开展了"韧性项目"教授学生认知行为技巧，以管理压力并培养成长型思维模式。积极心理学支持教育工作者通过关注学生的优势并营造积极的学校环境，提高学生的动机、参与度和对教育经历的整体满意度，下文谈及的多项实证研究均是围绕这一主题展开。

学校和课堂是教学实施者——教师的重要工作场所，而积极心理学其中一大支柱的研究重要应用领域即是积极心理学原则如何被整合到组织实践中，以提高员工的幸福感和生产力。具体到教育领域，就是如何提高教师的幸福感、获得感、参与度和归属感，如何降低教师的流失率。诸如基于优势的领导、工作设计和积极组织行为等概念被用来创造更有成就感的教学环境。各类、各层级教育机构如何结合自身特点，运用积极心理学原则来创建一个更有生产力和满意度的教师队伍，是下文提到的大量研究中的关键主题，因此，多项研究均强调优势、培养成长心态和鼓励同事间积极的关系。

总之，积极心理学的应用领域多样且具有影响力，涵盖教育、工作场所、心理健康、个人发展和社区发展。通过关注优势、美德和积极体验，积极心理学为提高幸福感和促进人类繁荣提供了宝贵的见解和实用工具。随着这一领域的不断发展，其应用可能会扩大，为个人和团体提供新的繁荣机会。通过强调积极性和成长性，积极心理学为所有人提供了更充实和有意义生活的希望。

二、积极心理学视角下的外语教育研究发展脉络

根据参与外语教育的不同主体，外语教育研究的研究对象主要是外语学习者和外语教师。从积极心理学被引入外语教育领域至今，我们看到积极心理学视角下的外语教育研究从初期侧重于对外语学习者情感、特质的研究，渐渐扩展至对外语教师的心理研究，再到现阶段注重将外语学习者和外语教师作为互动整体共同进行研究这一研究脉络。

按照时间发展的顺序，本节将首先侧重回顾积极心理学视角下二语习得（Second Language Acquisition，SLA）研究中对学习者的研究。结合我国学者李成陈的划分（李成陈，2021），本书将积极心理学视角下的二语习得研究大致划分为四个阶段：萌芽阶段（2006~2012年）、初创阶段（2013~2016年）、发展阶段（2017~2018年）和繁荣阶段（2018年至今），截至本书写作的2024年，积极心理学视角下的二语习得又获得了长足发展，广大外语教育研究者从积极心理学中汲取大量理论和方法论养分，积极心理学与外语教育结合方向的研究不仅异常繁荣，数量呈现"井喷式"发展，且我国在此领域的研究质量也处于世界外语教育研究的领先水平，特别是在情感研究领域和对心理学理论的发掘和运用方面，中国研究者处于开创性的地位。

（一）萌芽阶段（2006~2012年）

如前所述，积极心理学在20世纪即将画上句号时由塞利格曼正式提出，

横空出世后不久便引起了学术界的积极响应，人文学科的多个领域的学者们都被积极心理学吸引，从其独特的视角中汲取灵感并获得新的理论视角。具体到外语教育领域，Helgesen 早在 2006 年便已经号召 EFL 教师在教学和研究中积极使用积极心理学，并以此为契机提出了"人本主义语言学习"（humanistic language learning）。学界公认的最先将积极心理学引入二语习得领域的是 MacIntyre 和 Gregersen，他们于 2012 年首次将积极心理学领域的情感理论"拓展—建构理论"（broaden-and-build theory，下文将详细介绍）（Fredrickson，2001）引介到（MacIntyre and Gregersen，2012）二语习得研究中。

在积极心理学被引入外语教育领域的初期，符合一切新生研究方向发展的规律，当时的相关研究主要为思辨性研究。如 MacIntyre 和 Gregersen（2012）的开创性研究以想象力为切入点，提出情感可能是关键，因为情感可以使想象中的未来自我具有激励性质。文章特别关注了与语言学习相关的积极预期和期待的情感，并特别指出，正面情感与负面情感虽然具有不同的功能，但它们并非同一谱系的两端。文章援引根据 Fredrickson 的研究，认为正面情感促进资源的建立，因为正面情感往往拓宽一个人的视野，使个体更容易接纳语言。相反，负面情感会产生相反的倾向，即聚焦范围的缩小和潜在语言输入范围的限制。该研究率先为语言课堂中实现积极拓宽和负面收缩情感之间的平衡提供了一个框架，其意义不仅在于对积极情感和消极情感进行区分，更在于呼吁语言教育学界既要关注语言课堂中的消极情感（二语习得研究过往的关注重点），也要关注学习者的积极情感。从这一呼吁中可以看到以积极元素为二语习得研究中心的思想萌芽。

从 2006 年 Helgesen 的呼吁到 2012 年 MacIntyre 和 Gregersen 将拓展—建构理论与二语习得研究相结合，在这长达六年的时间里，积极心理学与外语教育的跨学科研究经历了颇长的沉默积淀期，并未形成二者相结合的研究态势，这主要是由于二语习得研究当时仍然处于对语言学习"认知研究"的惯性中，这一研究浪潮如此汹涌澎湃，学术界需要更长时间才能"刹车转向"。

（二）初创阶段（2013~2016 年）

在详细描述初创阶段之前，我们先将积极心理学与二语习得研究的主要研究组成部分——外语情感研究在 2012~2022 年的总体趋势做一个宏观的审视。有学者于 2024 年发文，利用 CiteSpace 和 VOSviewer 软件对国际外语情感研究文献进行了可视化分析，旨在了解该话题在二语习得领域的发展现状（梅勇等，2024）。为揭示出该领域发展的总体趋势，该研究统计了 2012~2022 年不同年度国外情感研究在国际外语情感研究领域论文发表的数量，如图 3-1 所示。笔者认为，上述 10 年间国际外语情感研究呈现"低开高走"的趋势，低开主要集中于 2012~2017 年，这期间总体发展较为缓慢，国际发文数量屈指可数，5 年间仅有 15 篇此类研究论文发表，且并未出现任何数量上的浮动，因此与本书所划分的初创阶段相吻合。2018~2020 年发文量缓慢上升，论文产出量分别为 13 篇、20 篇和 26 篇，这一阶段属于蓄势待发的阶段，有稳步增长，但并未出现井喷式的论文发表，应该可以看作是一个渐变的转折阶段。进入 21 世纪 20 年代以来，外语情感研究发展势头越发强劲，"高走"的趋势开始显现，如同大跳台一般陡然从 2020 年的 20 多篇猛增到 2021 年的 60 多篇，增幅高达 200%，而此后的几年保持了相对一致的研究和发表态势。

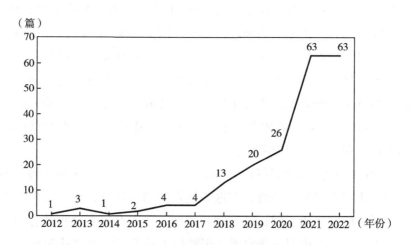

图 3-1　2012~2022 年度外语情感研究国外期刊发文趋势

资料来源：梅勇和严亚波等（2024）。

从这一总体趋势可以看出，相对于二语习得的其他传统领域，如对认知、动机的研究，外语学习中的情感研究长期处于被忽略的地位。这一历史状况的出现原因众多，但究其根本原因，有关学者在十多年前曾一针见血地指出，西方学术界长期持有二元论的偏见，即将情感（如情感）视作理性（如认知）的对立面，认为情感指向的是消极的世界观，对情感研究长期存有偏见，将其视为难以登上专业研究"大雅之堂"的不速之客，因而将其排除在研究视野之外（尹弘飚，2008）。

但是，随着人本主义心理学的进一步发展和社会各界对"全人"价值的进一步认识，随着全人教育思想的深入人心，再加上 20 世纪末期心理学的积极转向作为加持，二语习得界也逐步跟上时代呼吸的脉搏，从一贯的缺陷取向（如二语石化、母语负迁移、焦虑等）开始转向关注人类心理的优势（愉悦、希望、平和、韧性、自豪和坚韧等），所以当时间来到 2012 年，"积极心理学"终于被引入到二语习得领域（MacIntyre and Gregersen，2012），逐渐掀起一股研究外语学习的热潮。理性的"认知"终于被更加关乎人性的、感性的"情感"渐渐赶超。2013 年，日本学者 Lake 在积极心理学视角下，从实证角度证明了日本外语学习者积极心理学变量（积极自我）、积极二语自我变量（外语积极自我）与教育心理学、动机心理学中较为成熟的变量（动机）之间的关系。这是应用语言学领域明确改编和使用积极心理学概念并实现二者结合的实证探索，具有划时代的开创意义。但至此，思辨性和实证性研究都较为零散，是对相关理论及实证研究的初步探索。

2014 年，积极心理学终于开始在应用语言学领域引起研究者们的重视，这一点从二语习得顶端学术期刊"*Studies in Second Language Learning and Teaching*（SSLLT）"推出积极心理学专栏这一举动中可见一斑。MacIntyre 再次发声，与其合作者 Mercer 指出，作为心理学中一个快速发展的分支，积极心理学对于二语习得领域具有重要意义：积极心理学被置于语言教学领域过往的研究基础之上，对过去几十年风靡 SLA 领域的动机模型、情感过滤学说、良好语言习得者以及与自我相关的概念进行了论证。文章通过描述积极心理学的主要原则，再次将积极心理学引入到语言研究中，既鼓励学者们加大进行积极心理学启发的语言教育研究，又回应此类跨学科研究在研究方法上所受到的批评（如缺少实证研究、研究方法过于单一等）（MacIntyre and Mercer，2014）。这期 SSLLT 期刊中的专栏论文涵盖了一系列与理论、研究和教学实践相关的定量和定性方法，为积极心理学指导下的 SLA 研究提供了理论和实践指导。作者将专栏中的系列论文看作是为后续更多此类研究搭建的"跳板"（springboard），颇有"抛砖引玉"式的鼓励和对未来此领域长足、纵深发展的信心，至此，积极心理学终于被正式引入 SLA 领域。

除了顶级二语习得期刊专门开辟专栏推进积极心理学与外语教育的结合，另外值得注意的是，这一时期首届语言教育心理学会议（Psychology of Language Learning, PLL）的召开：上文提到的文献作者 MacIntyre 的合作者 Sarah Mercer 于 2014 年在奥地利的格拉茨大学（Univeversity of Graz）组织了此次会议，这说明积极心理学的思想已经得到了学术界广大学者的积极反响。目前，第二届、第三届、第四届和第五届 PLL 会议也分别于 2016 年、2018 年、2022 年和 2024 年在芬兰、日本、加拿大和西班牙成功举办，这些会议不仅推动了积极心理学的发展，更促进了积极心理学与应用语言学的有效融合和借鉴（好消息是第六届 PLL 将于 2026 年在中国举办）。

积极心理学与二语习得结合研究在这一时间段的起飞还表现在多部此类话题的论文集的出版，相关学术文献越来越丰富，在二语习得学术文献中出现积极心理学概念的概率也越来越高。例如，仅 2016 年一年就有两本涉及积极心理学与应用语言学相结合的论文集在年初面世：《二语习得中的积极心理学》（Gregersen et al.，2016）和《积极心理学视角下的外语学习与教学》（Gabryś-Barker and Gałajda，2016）。

（三）发展阶段（2017～2018 年）

发展阶段的一大明显趋势是，情感作为积极心理学研究的"三大支柱"之一，在二语习得这一领域成为重要研究对象，得到了前所未有的重视，承接在积极心理学诞生前就大量存在的关于负面情感"焦虑"的研究，这一时期情感研究得到了迅速的、强有力的发展，进一步彻底打破了二语习得研究中长期以来"认知独大"的局面（Dewaele and Li，2020）。

基于 2012 年由 MacIntyre 和 Gregersen（2012）引入二语习得领域的拓展—建构理论，Dewaele 和 MacIntyre（2014）率先研究了二语学习者的外语愉悦及焦虑体验，作为该领域关于积极情感实证研究的开山之作，此研究为日后的类似研究提供了研究范式并成为经典范例，是二语习得迈向"情感转向"颇为坚实的一步（Lantolf，2019）。

情感研究在这一阶段在二语习得研究领域如星星之火，大有燎原之势：世界各地来自不同国家和地区的外语教育研究者开始关注不同语言教育背景下二语学习者的外语愉悦及焦虑体验。在亚洲，中国、日本、伊朗学者分别用实证研究探究了本国二语习得者的愉悦及焦虑情感体验。

中国学者李成陈（2018）在其博士学位论文中研究了中国高中英语学习者的情感健康（情感智力、积极情感和消极情感），以及情感健康与外语学习成绩之间的复杂关系。研究采用积极心理学情感"整体观"的视角，率先关注了中国外语课堂中的积极情感和消极情感，不仅基于积极心理学拓展—建构理论（broaden-and-build theory）分析课堂情感的引发原因及后果，还充分运用控制—价值理论（control-value theory）探讨课堂情感与外语成绩之间的双向关系以及情感健康与外语成绩之间的复杂关系，构建了情感智力、课堂情感（外语愉悦和焦虑）及外语成绩作为关联整体的复杂中介关系模型。同一时期中国和英国学者合作的研究证实了中国的外语学习者在课堂情感方面与世界其他地区的学习者有所不同：与国际样本相比（Dewaele and Macintyre，2014），中国参与者在外语学习中感受到的愉悦程度与其他地区相似，但焦虑程度相对较高，这可能与国内特有的教育生态有关（Jiang and Dewaele，2019）。这个阶段中国学者做出的另一个影响力大的研究来自 Jin 和 Zhang（2019）：研究调查了外语课堂愉悦这一构建的底层维度，并探讨了这些维度如何影响学习者外语成绩。研究采用因子分析和路径分析，揭示了学习者的外语学习愉悦对期中考试成绩产生直接影响。对教师支持的愉悦和对同学支持的愉悦通过对外语学习的愉悦间接影响语言成绩。

日本学者 Saito 等（2018）研究了日本 108 名高中学生如何由于不同的动机、情感和经验特征影响其第二语言口语可理解性，既有横断面也有纵向分析。研究表明，首先学生的学习模式主要与他们的情感状态（焦虑与愉悦）相关，其次与他们的动机倾向（对理想未来自我的清晰愿景）相关。更频繁地使用第二语言并伴有积极情感直接影响习得，这进而减轻负面情感并提高长期的第二语言可理解性。伊朗学者利用潜在增长曲线模型（Latent Growth Curve Modeling，LGCM）以及数据收集的三角测量方法实施纵向研究，调查研究大学生在英语课程学习过程中，外语愉悦感和外语课堂焦虑感的增加及其变化趋势（Elahi Shirvan and Taherian，2018）。研究分析了 367 名本科生在一个学期的普通英语课程中的数据以及四名参与者在质性阶段的数据。研究结果表明，外语愉悦和外语课堂焦虑的初始水平无法预测他们在学期中的增长。质性研究结果表明，学习者存在同时经历高水平外语愉悦和外语课堂焦虑以及同时经历低水平外语愉悦和外语课堂焦虑的时刻，再一次验证了Dewaele 和 MacIntyre（2016）对外语课堂焦虑和外语愉悦所做的隐喻：它们是学习者在学习外语旅程中的左脚和右脚，不仅在学习过程中同时存在于某个个体学习者中，而且并非总是此消彼长的简单关系。

在欧洲，英国和波兰学者也以更加细腻的实验设计积极探究本国语言教育背景下二语学习者的外语愉悦及焦虑体验。在积极和消极情感的综合效应已引起研究人员关注的背景下，英国二语习得积极心理学方向的领军研究人物 Dewaele 调查了伦敦两所学校的 189 名外语学生积极和消极情感随时间推移而发生的演变。该研究采用准纵向设计（pseudo-longitudinal design），比较了 12~13 岁年龄组、14~15 岁年龄组和 16~18 岁年龄组的外语愉悦和外语课堂焦虑（Dewaele，2017）。多元回归分析表明，引发积极和消极情感的原因是动态的，并随时间推移而变化。波兰研究者 Piechurska-Kuciel（2017）基于"外语愉悦与教师专业技能和情感支持以及同伴群体的支持性存在相关"这一理念，通过研究二语和三语的外语愉悦来验证良好的语言掌握能力是否与高水平外语愉悦相关，因为更高的语言熟练度与更强的控制感知相关，尤其是当学习者赋予所学语言价值时。结果显示，两组受试的 L2 愉悦都显著高于其各自的 L3 水平。研究证实了 L2 学生对其语言行为的主观控制、语言的主观价值以及社交纽带在外语愉悦的形成中起到了重要作用。从该研究的研究目的可以看出，其实已经有学者在关注外语愉悦的来源时，将学习者所处的外部环境和人际连接考虑进来，是对积极心理学三大支柱之一的有力验证，而不仅仅困囿于情感体验本身或者局限于当时讨论最多的愉悦和焦虑两种情感。

除外语愉悦和外语焦虑两种外语学习情感外，也有学者在这一阶段开始探索其他情感体验，但总体较为零散，尚未形成研究风潮。MacIntyre 和 Vincze（2017）考察了 10 种积极情感、9 种消极情感以及这些积极和消极情感与动机的相关关系。三种知名的 L2 动机模型：Gardner 的融合动机模型、Clément 的社会情境模型和 Dörnyei 的 L2 自我系统中的核心变量与上述积极情感和消极情感相关联模型。结果表明，积极情感与动机相关变量之间具有持续而强烈的相关性。涉及消极情感的相关性较弱，并且与动机的关系不太一致。这是较早的关于外语愉悦和外语焦虑之外情感的二语习得研究。2018 年，二语习得国际顶级期刊 *Studies in Second Language Learning and Teaching* 专辟"二语习得研究情感研究"专栏，正式提出了"情感涌动"（emotional wave）这一概念，标志着积极心理学视角下的二语情感研究已经步入高速发展的"快车道"。

（四）繁荣阶段（2018 年至今）

2018 年前后，积极心理学与二语习得领域进一步融合。不仅如此，该领域还吸收了其他学科的理论和方法，渐渐步入多学科融合的繁荣阶段。例如，在积极心理学思潮的引领下，教育心理学理论（如控制—价值理论等）（Li，2018）、社会文化理论（Qin et al.，2022）、情感调节理论（薛荷仙和王亚冰，2022）、理性—情感理论（rational-emotive theory）（马利红等，2023）等其他学科理论被陆续引入，深化了二语习得研究，拓展了研究视角。

值得注意的是，即使到了 21 世纪 10 年代末的繁荣阶段，情感研究仍然是积极心理学方向二语习得领域中的"主营业务"，与外语学习情感相关的研究不断且大量涌现于国际学术期刊、专著、论文集、会议、论坛、专栏等。具有里程碑意义的是，2019 年，积极心理学先驱学者 MacIntyre 等（2019）发表了综述文章，梳理了积极心理学在 SLA 领域的理论、实践及研究发展，标志着积极心理学在二语习得领域的日渐成熟。在这篇综述文章中，作者仍将积极心理学视为一个相对较新的心理学子领域，对其进行了介绍，并概述了自2000 年以来积极心理学的发展。文章描述了积极心理学如何发展成为二语习得文献中令人兴奋的有益补充，以及它如何已经并持续影响和引领着教育领域的趋势与发展。在回顾了当时以积极心理学为主题在 SLA 领域中所取得的研究进展之后，笔者对其在语言教学和学习中的发展寄予较高期望，并提出了在理论、研究和实践方面进一步优化的建议。

情感研究作为积极心理学视角下的二语习得研究领域的核心话题，其地位之重要和所受关注之多从相关成果的丰硕中可见一斑。2019 年国际二语习得领域顶级刊物 *The Modern Language Journal* 和 2020 年中国国内外语类顶级期刊《外语界》分别相继推出了"（Re）considering the Role of Emotion in Language Teaching and Learning"（"情感在语言教学与学习中的角色再议"）及"二语学习情感研究"两个专刊。

除专刊外，这一时期还有一些影响力较大的学术专著和论文集相继问世，如分别于 2017 年和 2018 年出版的 *Understanding Emotional and Social Intelligence among Language Teachers* 和 *Emotions in Second Language Teaching：Theory，Research and Teacher Education*。

从两本论文集的标题中可对研究对象的扩展看出端倪，是这一时期积极心理学与二语习得结合后在研究对象方面的一大进步：研究发现情感受学习者内部和外部因素影响，这些外部因素不可避免地涉及教师因素，如教师特征、教师情感、教师经验等。因此，上述两本论文集都不约而同地将重点放在了语言教师的情感上，涵盖二语教学以及外语教师教育的情感议题，可以看作是应用语言学和外语教师发展领域"情感转向"（emotional turn）的重要里程碑。到此阶段，可以看出情感研究不仅局限在传统的心理认知视角，还拓展到了更具有全人视角的社会文化视角。这些关于教师情感研究论文的集中发表，增强了二语习得研究者对教育者情感管理重要性的认识。

这些研究对外语教师也有显而易见的启发：首先，语言教师要有辨别师生情感性质的意识，语言课堂不是仅仅进行认知升级和知识输入的场域，师生积极情感的流淌在更高的层次上影响语言学习的效果。其次，教师不仅要具有识别学生情感的能力，而且要充分利用课堂话语向学生传递积极情感。最后，教师在进行教学内容方法的调整、改革和鼓励学生积极参与课堂活动时也要把教师和学习者的情感因素考虑进去，才能起到事半功倍的效果。

三、积极心理学外语教育研究方法

从研究方法来看，根据研究对象和问题，研究者们采用了更细致的研究设计，从过去一个时期大量依赖定量研究，到目前多采用混合研究设计，注重三角验证。研究中所使用的混合研究方法在这一阶段已经达到了相当精细的水准，这些混合方法被用来探索二语教学中的情感特质与功能，这些在传统上看来难以捕捉的变量。从单纯横截面设计到目前常见的纵向研究，这些都彰显了该领域研究的不断进步。

横截面设计的研究在处理数据时，除了传统的基础数据统计方法如 ANO-VA、T-test、因子分析依然常见，但更为复杂的统计方法如结构方程模型（Structural Equation Modeling，SEM）和路径分析（path analysis）正在成为主流手段。在近几年蓬勃发展的纵向研究中，二语习得研究者们开始运用潜生长曲线模型（Latent Growth Curve Model，LGCM）等技术来处理追踪数据（Elahi Shirvan et al.，2021；Kruk et al.，2022）。这些统计方法对于探究各变量间直接、间接和错综复杂的关系、运作机制有数据和技术优势，但如果人文社科研究者过于仰仗统计方面的"硬技术"则可能滑向过分依赖数据而忽视人文现实的陷阱，不利于开展面向全人的研究，因而使研究成果价值受损。另外，使用此类统计技术的默认逻辑是以变量为中心，将研究者设置的变量放置于最核心的地位，却容易忽视二语习得的研究对象——学习者和教师作为一个个生动的个人，各样本之间可能并不同质，各组之间和各个受试之间的差异未得到充分考虑。

因此，积极心理学视角下的二语习得研究的未来方向必定是向着充分考虑个体差异的更周全的、细致的研究设计，因此高质量的质性研究必定有巨大的增量空间，这一点从 2024 年最新结集出版的二语习得论文集《基于任务的语言学习与教学中的个体差异》的标题中即可见端倪。但这并不意味着要研究者要放弃定量研究而转投质性研究，因为二者永远是互相验证、互相补充、互相依存，共同为解决研究问题而存在的客观手段，并不是二元对立、此消彼长的简单关系。关键是看研究者如何合理布局两种方法为解决问题服务，毕竟问题意识才是研究者心中的"道"，而各种研究方法不过是为"道"服务而应运而生的"术"。问题意识说到底是解决现实世界的问题，为现实中的"人"更好发展服务，这可以说是研究者的初心，秉持问题意识、将人的全面发展最为研究的最初原动力就是研究者最根本的"牢记初心"。有学者因此建议未来研究的思路应该从"以变量为中心"（variable-centered）向着"以个体为中心"（person-centered approach）的方向移动（Li et al.，2023）。接下来，笔者将按照量化、质性和质性量化兼顾的三大类研究方法，对近年来在外语教学研究中新兴且有巨大发展潜力的研究方法进行介绍，并对每一种方法的研究设计进行了详细梳理。

（一）量化研究方法

量化研究方面，以探究样本能够揭示各种潜在类别群体的组间差异和组内共性，有助于深入解析变量间的交互效应的个体中心分析法的使用正在本领域的研究中日益涌现，特别突出的是使用潜剖面分析（Latent Profile Analysis，LPA）、潜在增长曲线模型（Latent Growth Curve Modeling，LGCM）和增长混合模型（Growth Mixture Modeling，GMM）（Li et al.，2023）。

1. 潜剖面分析

如 Feng 和 Wang（2022）于两年前发表的文章中报告了使用潜剖面分析手段研究成就目标和成就情感在交流意愿（Willingness to Communicate，WTC）中的作用，通过成就情感（特别是愉悦和焦虑）来探讨成就目标（即掌握目标、表现趋近和表现回避目标）与 WTC 之间的关系，408 名中国中学生参与了该研究。研究的一大亮点即是采用了变量中心和个体中心的方法来分析数据。研究一采用变量中心的方法调查了成就目标与 WTC 之间的关系。结果表明，掌握目标和表现趋近目标通过更高水平的享受与 WTC 正相关。然而，焦虑与 WTC 没有显著关联。研究二采用了个体中心的方法识别学生的成就目标类型，以及这些类型如何与成就情感和 WTC 相关。结果表明，学生可分为四类：掌握导向型、高水平型、平均水平型和低水平型。这些不同群体的学生表现出不同水平的成就情感和 WTC，具体来说，掌握导向型群体的结果最为积极，而低水平型群体的结果最不理想。

在另一个使用潜剖面分析的研究中，研究者考察了 L2 学习者在课堂表现出的异质化投入和 WTC 模式，识别了这两个构念在个体内差异，并探讨了八种成就情感在预测这些模式中的作用。研究招募了 607 名中国大学 L2 学习者，完成了三个有效的量表（分别关于愉悦、希望和自豪），使用 Mplus 8.7 进行了潜在剖面分析（LPA），揭示了四种剖面解决方案：高参与度—低参与度（C1：26.85%）、中等参与度—中等 WTC（C2：48.11%）、中等参与度—低 WTC（C3：14.83%）和低参与度—低 WTC（C4：10.21%）。多项逻辑回归分析表明，负面成就情感不能预测这些剖面，而正面情感则可以。具体来说，享受是所有剖面的正向预测因素；希望情感未能区分 C1 和 C2，但对后续剖面的影响逐渐减小（C1＝C2>C3>C4）；骄傲仅对 C4 有显著预测作用（C1＝C2＝C3>C4）（Wang et al.，2024）。

潜在剖面分析法运用于二语习得的研究从 2023 年起也出现在国内期刊中，作为一种较新的研究方法，目前尚未被外语教育界广泛接受并形成规模，预计未来会有更多此类研究出现。例如，国内较早使用 LPA 做二语习得研究的研究者是马利红等学者，她们的研究对 400 多名非英语专业大学生的外语思维模式进行了问卷调查，通过潜在剖面分析法，研究了参与者第二语思维模式的潜在类型，并使用单因素方差分析来探讨这些思维模式与外语学习者的愉悦和焦虑水平之间的联系。研究揭示了中国大学生二语思维模式可以被划分为成长型、高混合型、低混合型和固定型四种不同的潜在类别。四种类别具有显著的差异，思维模式与外语情感的关系是：成长型思维和固定型思维分别位于促进外语愉悦水平的两极：成长型思维模式指向高外语愉悦水平和低焦虑水平；固定型的外语愉悦水平最低，焦虑水平最高（马利红等，2023）。

上述研究者随后进行的另一项研究与上述研究设计有颇多类似之处，但加大了受试人数（从 400 多增加到 4000 多），变化了受试教育背景（从中国大学生变为高中生），加入了更多变量，如性别、家庭社会经济地位、地域等人口学变量。该项研究使用潜在剖面分析和单因素方差分析技术，以分析批判性思维倾向的潜在类别与外语学习者愉悦和外语成绩之间的联系，通过卡方检验将思辨倾向潜在类别与人口学特征相联系。研究揭示了中国高中外语学习者在批判性思维倾向上的差异性，大致可以划分为高、中、低三个不同的潜在类别。其中，具有高批判性思维倾向的学生在外语学习中体验到的愉悦感和成绩都较高，而低批判性思维倾向的学生则在情感愉悦度和成绩上表现较差。研究验证了性别、家庭社会经济地位、地域对外语学习者思辨倾向潜在类别的分布有显著影响（马利红等，2023）。

在最新发表的国内文献中，使用潜在剖面分析法的还有徐锦芬教授带领的团队，研究者们聚焦多元互动环境下我国英语专业学生的学习投入（engagement）与互动思维（interaction mindset）（徐锦芬和杨嘉琪，2024），对 900 余名受试的学生投入情况进行了问卷调查，并对数据进行了潜在剖面分析，以考察其英语学习多元互动投入的潜在类别；后又通过单因素方差分析探究各投入类别在互动思维上的差异。研究设计加入了访谈，将访谈数据与上述定量数据进行了三角验证，是典型的混合研究设计。研究发现较为可喜的是，我国英语专业学生的英语学习多元互动投入与互动思维整体呈中高水平；研究探明了3种较为典型的潜在互动投入类别：中等偏低投入、中等偏高投入和高投入型；高投入型学习者的互动思维得分最高，其次为中等偏高投入学习者，而中等偏低投入型学习者得分最低。

2. 潜在增长曲线模型

为更加深入理解动机、情感和认知的三重关系，Shirvan 等（2018）运用潜在增长曲线模型（LGCM）来揭示自我效能、焦虑以及动机之间复杂的相互作用，这是二语习得领域较早地使用该技术的研究，不仅有增长曲线模型的定量数据，也有后期的定性数据进一步提供自我效能和焦虑状态变化的深入理解。通过在一个学期内的4次重复调查，追踪了367名英语作为外语的伊朗本科生外语学习的焦虑水平，测量了成年学生在自我效能和焦虑之间的纵向关联，以及理想自我（动机）在这种关联中的预测作用。研究结果表明，虽然成人学生的自我效能显著增加，但焦虑水平在学期内有所下降。然而，两个变量的截距和斜率方差的显著性意味着学生在学期内自我效能和焦虑增长的异质性。此外，学期初成人学生的自我效能和焦虑之间显著的负相关较低，但在学期内两个变量之间的负相关变得很高。成人学生的理想自我只能预测其自我效能和焦虑随时间变化的速率，不能预测其初始水平（Elahi et al.，2018）。

三年后，Shirvan 又报告了一个研究，依然使用潜在增长曲线模型（LGCM）以及数据收集的三角验证方法，调查了367名本科大学生在大学英语课程中外语愉悦（FLE）和外焦虑（FLCA）的增长及变化趋势。研究分析了大学英语课程学期内的 LGCM 定量数据以及四名参与者的定性数据。研究结果表明，虽然参与者的 FLE 显著增加，但他们的 FLCA 在学期内有所下降。但是，两个变量的截距和斜率方差的显著性表明，参与者在学期内 FLE 和 FLCA 的增长存在异质性。此外，学期初的 FLE 和 FLCA 初始水平无法预测其在学期内的增长。学期初学生 FLE 和 FLCA 之间显著的负相关性较低，但在学期内这两个变量之间的负相关性变得很高。定性研究结果表明，学生在高水平 FLE 和 FLCA 交替经历的同时，也体验到了低水平 FLE 和 FLCA 的时刻（Elahi et al.，2021）。这与 Dewaele 和 MacIntyre（2016）做出的隐喻：外语课堂焦虑（FLCA）和外语愉悦（FLE）是学习者在外语学习旅程上的"左脚"和"右脚"这一说法是较为吻合的。

3. 增长混合模型

Yu 等在 2022 年国际发表的论文中报告了一个研究：研究采用平行过程（parallel-process）增长混合建模（GMM）技术，研究外语学习者学习动机与情感之间的适应性互动，以期对语言学习动机与情感（该研究主要研究了愉悦和焦虑两种情感）如何随着时间的推移进行适应性互动获得更深理解。该研究以中国英语作为外语（EFL）的学习环境为背景，收集了 176 名中国 EFL 学习者在两个学期（12 个月）的学习动机和情感数据。研究中运用 GMM 技术识别出了三种动机发展模式和两种情感发展模式。研究进一步提炼了动机—情感互动的显著模式，这些模式对于设计和实施增强学习者动机的教学干预具有重要意义。通过这一研究，平行过程 GMM 技术也被证明是一种可以用于二语习得研究的、解析学习者多样性和学习异质性的有效方法，能够较为高效、准确地总结动机和情感发展的复杂动态过程。

2024 年又有在国内发表的文章报告了如何使用增长混合模型（GMM）在复杂动态系统理论的框架下，研究外语愉悦和学习投入的历时发展和动态交互。该研究通过问卷调查的方式，对 250 名中国非英语专业的大学生进行了为期四个月的跟踪研究，旨在分析他们的外语学习愉悦感和学习参与度随时间推移而变化及其相互作用。研究结果利用增长混合模型揭示了两种外语愉悦感的发展模式：一种是外语愉悦感较低且呈下降趋势，另一种是外语愉悦感较高且呈上升趋势。同时，也发现了两种学习参与度的发展模式：一种是学习参与度较高但呈下降趋势，另一种是学习参与度较低但呈上升趋势。通过平行过程增长混合模型分析发现外语愉悦感和学习参与度之间存在相互促进、动态互动的关系（于涵静等，2024）。该研究再次证明了 GMM 在以"个体为中心"方法论的指导下，在尊重个体差异的前提下更探测变量间的关系。研究结果加深了外语教育从业者对外语愉悦和学习投入的理解，为下一步实施基于积极心理学的外语教学干预提供了实证支持。

从两个采用增长混合模型（GMM）的研究中可以看出，此模型可以服务于以研究个体为中心的历时研究，这两种元素都是目前积极心理学视域下二语习得研究较为欠缺的研究类型。所以在今后的研究中，可以考虑充分利用增长混合模型进行跟踪受试的长期研究，相信会给此类研究带来新的活力并进一步探明过去难以检测到的影响外语学习效果的心理学变量关系。

(二) 质性研究方法

以个体为中心（person-centered approach）的研究还体现在质性研究方面。通常来说，质性研究常用的传统数据收集方法包括访谈、开放式问卷、焦点式写作、日记等回顾性方法。近年来，一些依托情境的回顾性方法（retrospective method），如源于心理学的个体动力学法（idiodynamic method）、刺激回忆法（stimulated recall）以及追溯定性模型（retrodictive qualitative modeling）等，也逐渐为二语习得研究者所采用，用于本领域的研究中，显示出明显的跨学科性质，应用语言学、积极心理学、教育心理学等学科之间的相互借鉴和融合得到了进一步的加强。

这些方法被引入二语习得的另一个原因是由于二语言习得领域的复杂动态系统转向，特别是受复杂动态系统理论（CDST）启发。研究人员近年来青睐于个体动力学法（国内也有译为"意念控制法"）（Boudreau et al., 2018; Elahi and Talebzadeh, 2018）、追溯定性模型（Elahi and Talebzadeh, 2020）来研究外语情感，特别是外语愉悦（FLE），以捕捉 FLE 的流动和变化特性。在这些受复杂动态系统理论（CDST）启发的研究方法中，个体动力学法特别适合于捕捉情感在短暂交际活动中的动态性质，因为这种创新的研究方法涉及参与者按秒级别对其情感变化进行评价，随后根据个体学习者与他人互动的视频录像进行刺激回忆访谈。

1. 个体动力学法

在较早使用个体动力学法的研究中，研究者聚焦于辨析不同话题（主要是不同难度的话题）对外语愉悦（FLE）的动态性影响。基于外语愉悦是转瞬即逝的情感，是一个动态变量（Dewaele, 2017）这一基本理念，研究者使用了个体动力学方法来探索 FLE 在快速瞬间变化的过程。七名女性大学生参与了一系列涉及简单和困难话题的对话，并在对话过程中自我评估她们体验到外语愉悦时刻。结果表明，外语愉悦的动态性不仅在个体内部显现，而且也存在于个体之间并受对话主题的影响。个体动力学方法的使用为考察 FLE

动态波动的内在因素成为可能，在此研究中功不可没，更加深了学术界对 FLE 本质是一个动态系统的认识（Elahi and Talebzadeh，2018）。

另一项影响力较大的使用个体动力学方法的二语习得研究同样考察了情感作为一种短暂体验在二语口语交际任务中的变化情况。研究采用个体动力学方法，探讨在第二语言交流中外语愉悦和焦虑之间快速变化的关系，以瞬时时间尺度（a moment-to-moment timescale）进行分析。实验对象是以法语为第二语言的大学生，实验任务是完成他们法语口语任务。完成任务后，参与者在观看自己做任务视频录音时，按每一秒级别来评估外语愉悦和二语焦虑情感的波动。紧接着，研究人员对其进行了访谈，询问他们对情感波动的归因，将此访谈数据与上述情感评分做三角验证。研究发现，享受和焦虑之间存在高度动态的关系，表现出从负相关到正相关的不同模式。在口语任务过程中，享受外语愉悦和焦虑的波动存在很大的个体间差异，如果采用传统方法，仅评估整体相关性或者对参与者的数据进行平均处理，很多细节将会被忽略。然而运用个体动力学方法仔细观察这种关系后可以发现，享受和焦虑最好被视为独立的情感，它们并不遵循单一、简单的模式。每种情感都在某种程度上独立于另一种情感运行。当然，这两种情感会在特定事件中相互作用，或趋同或分离。个体动力学方法的使用使研究得以进一步深入：结合相关模式的定性主题来评估每一个相关模式，而不是将每种相关模式的差异忽略掉，作为一个同质性的整体去处理（Boudreau et al.，2018）。

2. 追溯定性模型

除了个体动力学方法，追溯定性模型（Retrodictive Qualitative Modeling，RQM）也被引入二语习得研究，以适应应用语言学领域从消极心理学转向积极心理学，以及该领域的动态转向。Shirvan 及其同事在一项研究中报告了使用追溯定性模型从动态视角对外语课堂焦虑（FLCA）和外语愉悦（FLE）进行微观和动态描绘（Elahi and Talebzadeh，2020），对消极情感 FLCA 和积极情感 FLE 的特征动态性进行更深入的探索。研究者首先通过与授课教师进行焦点小组访谈（focus-group interviews），确定了学习者中 FLE 和 FLCA 几个类型。其次研究者与每个类型中的一名典型性代表学生进行了深入访谈，通过追踪和调查动态事件反向探索，发现导致特定结果的趋势和轨迹。研究结果提供了导致不同 FLE 和 FLCA 类型的动态趋势新见解，并验证了追溯定性模型在二语习得愉悦和焦虑动态研究中的适用性。

以上对二语习得研究最新的质性方法做出了梳理，应该说，研究手段和技术的进步推动着研究走向更加细腻、更加动态的方向。但以上较为新颖的质性方法还面临一个难以克服的困境，即参与者在进入研究时全部以第一视角贡献个人经历和情感，某些涉及个人隐私的信息可能因为其敏感性和私密性，会限制受试的贡献，进而影响研究数据的准确性和全面性，也有突破社会习俗和伦理的风险存在。因此，一些创造性强的间接方法，特别是非个人、威胁性较低的质性方法被学者从其他学科中"拿来"引入二语习得领域，考察二语学习者的情感观念。目前正在慢慢为二语习得研究者接受并呈现增长趋势的方法有情景法（vignette methodology）和隐喻分析（metaphor analysis）等。

3. 情景法

我国学者较早就将情景法用于二语习得研究，尤其是写作情感方面的研究。如 Liu 和 Yu（2021）从社会文化视角出发，使用情景法探讨了中国硕士生在导师写作反馈情境中的情感及其情感调节策略。研究开发并验证了一种包含 17 个情景的工具，并在 189 名参与者中进行了测试。还对五名参与者进行了个别访谈，并收集了书面材料。研究结果显示，在 17 个假设情景中，正面情感是报告最多的情感状态，中国硕士生更可能感到感激、充满希望和兴奋，而蔑视、无聊和愤怒的报告最少。研究还识别出一系列学生在应对导师反馈情境中使用的情感调节策略（即任务相关调节、反应调节、认知调节、注意力部署、协同调节和一般反应）（Chunhong Liu and Yu，2021）。情景法的使用，使在多达 17 种假设情景中促发研究生的情感，并观察他们的情感调节策略成为可能，为研究者提供了研究的基础，所以该研究是较早成功使用情景法研究二语写作情感及情感调节的优秀案例。

Goetze（2023）采用基于评价的情感理论框架（appraisal-based emotion theory），探讨教师情感生活的复杂性以及语言教师在课堂中的情感特征。研究以课堂焦虑为起点，借助情景法来促发情感。来自北美、亚洲和欧洲的共272 名外语和第二语言教师完成了《外语教师情感问卷》的在线版本。每位教师根据六个评价维度评估了两个引发焦虑的课堂情景，并报告了他们的情感。结果显示出高度的情感复杂性，揭示了在引发焦虑的课堂情景中，多种正面情感频繁出现，而单独体验焦虑的情况则较为罕见。该研究在第二语言习得中，采用基于评价的情感理论并使用情景法进行语言教师课堂情感的引发，达到研究目的，无论是视角还是方法都是非常新颖和独特的。

Goetze 于 2023 年底专门撰文，介绍了情景法，并正式将其引入二语习得领域。尽管在教育、社会学和心理学等邻近领域中经常应用情景法，但情景法在应用语言学中的应用目前仍然较少。以情感研究为例，Goetze 向应用语言学家介绍了情景法，概述了情景设计框架，阐明了实施策略，并强调该方法在增强一致性方面的作用。该方法还有利于促进各类研究范式的研究者、实践者协作。作者详细介绍了该方法的来源，借鉴已有发表（Skilling and Stylianides，2020；Marie et al.，2020），概述了情景构建和设计过程中的以下关键步骤：收集内容、呈现内容、长度、设置、语言和术语、视角和试点测试。每个步骤的描述都应包括该步骤为该方法论的内在和外在效度所做的贡献。此外，这里概述的框架应被理解为一个迭代过程，在每一步中应用均衡方法论和在计划和执行过程中涉及的实际和操作性因素，以确保项目或活动顺利进行。作者认为该方法为研究语言学习、教学和情境特定动态（情感）变量（如情感和认知）提供了前景。通过展示情景法在加强研究结果、提高数据收集效率、参与者招募和降低研究成本方面的潜力，作者希望通过这一撰文推动情景法在应用语言学中的应用。

4. 隐喻分析

二语习得领域较早使用隐喻分析的研究论文来自中国学者 Wan（2014）。此项研究的实质是探索以隐喻为导向的教学干预是否可以帮助学生提高二语写作水平，对"隐喻导向教学"（metaphor-oriented teaching）作为一种教学工具的有效性进行了检验。研究中实施的隐喻导向教学即是参与者通过分享各自创造的、对英语作为第二语言（ESL）学术写作的个人信念的明确隐喻，来帮助他们改变和提升对必须进行的学术写作概念的理解和实践。研究过程非常别致有趣：七位中国的硕士研究生首先构建了个人写作隐喻，以代表他们对 ESL 写作的信念。随后在整个学年中，通过一系列小组讨论与同伴就之前创造的隐喻进行了互动活动。结果表明，以隐喻为导向的干预可以在至少三个方面成为帮助学生提高写作水平的：一是拓宽他们对学术写作各方面的理解和概念构建；二是促使他们批判性思考自己的学术写作；三是引导他们对学术写作及自身写作实践产生积极的信念变化。研究结果也为教师提供了支持隐喻导向干预教学的证据，证明这种方法可被 ESL 写作教师使用。其意义是多方面的：识别在小组讨论中影响力大的写作隐喻，关注其中强调的读者视角，帮助学习者理解写作的抽象概念；熟悉学生的写作信念和写作相关实践，弥合教师与学生期望之间的差距，从而为写作教学提供信息；诊断学生个人的写作难点；改进同伴对写作过程的反馈；训练学生对写作实践进行批判性思考。此项研究在十年前出现，在当时是独树一帜的，其新颖之处不仅在于隐喻分析这一方式的利用，更在于作者既使用隐喻分析获得学生的隐匿需求和需要弥补的差距，还为教师实施此种二语教学实践提供了有力证据。

Yang 和 Peng（2021）在他们发表的论文中报告了一项使用隐喻问卷作为研究工具的研究，调查了写作者在用二语写作时的自我感知，这一自传性自我身份和话语身份等维度同属于二语（L2）写作者身份重要组成部分，研究为二语写作者身份的这个方面提供了实证证据。研究分析了从三组二语写作者群体共 83 人中提取的语言隐喻，这三组分别是在中国大学学习泰语、日语和英语的学生。描述性分析表明，由于在内容、语言、结构和文化差异方面的挑战，绝大多数二语写作者，尤其是泰语和日语的二语写作者，在用二语写作时会经历自我感知的降低。相反，一些二语写作者，特别是英语的二语写作者认为，用二语写作是一种解放，这揭示了个人学习轨迹和教学实践对二语写作者自我感知的影响。此项研究同时表明，隐喻问卷和隐喻分析可以成为二语写作教师的有效工具来促进学生需求分析，并提高二语写作者的元认知。

以上两个研究均是利用隐喻分析探索二语写作方面的话题，无论进行教学干预还是教学研究，其宗旨都是为了提高二语教师实施写作教学的效率，最大限度地了解学习者和学习者需求。但是隐喻分析在二语习得领域的研究并不只写作方面，有学者在论文中报告了隐喻分析在教师培训项目中所发挥的作用，并认为隐喻分析可以提高教师的课堂效能感并成为教师培训项目的组成部分。研究借鉴了隐喻研究方法分析职前准教师们如何看待二语教师职业以及成为教师的动机（Majchrzak and Ostrogska，2021）。

（三）质性和量化特征兼具的研究方法

以上讨论为了便于读者理解，将积极心理学视角下的二语习得研究最新研究方法分成了定量和定性两类分别回顾。在实际的二语习得研究操作中，近几年（2018~2024 年）常用的还有一些兼具质性和量化特征的研究方法考察二语学习情感，如 Q 方法（Q Methodology）和社会网络分析方法（social network analysis）等。

1. Q 方法

Q 方法论最早是由威廉·斯蒂芬森（William Stephenson）在 20 世纪 30 年代提出的。最初用于心理学领域，特别是在心理测量学和主观性研究方面。斯蒂芬森旨在提供一种系统的、定量的方法来研究人们的观点、信仰和态度。通过使用 Q 方法论，研究者可以捕捉和分析个人的主观视角，这与当时盛行的更加传统的客观研究方法有显著不同。Stenner 和 Stainton Rogers（2004）解释说，Q 方法论的哲学基础是质性和量性思想的混合，并创造了"质量科学"（qualiquantology）这个术语。Q 方法论是一种研究复杂现象或问题的主观观点的方法，这一方法自 21 世纪前十年起在越来越多的社会科学领域得到了应用，逐渐被引入心理学以外的领域。

Rodriguez 和 Shepard 是较早在二语习得领域使用 Q 方法的语言学家，他们于 2013 年的研究探讨了成年英语学习者对观众反应系统（点击器）作为促进交流工具的看法。根据二语习得理论，学习者在二语习得初期的接受能力超过表达能力，常常使他们在第二语言中保持沉默。点击器可以通过使英语学习者能够以非语言方式表达自己，帮助他们更有效地交流。2014 年随着 Irie 在期刊《第二语言教与学研究》发表论文《社会转向后 SLA 研究的 Q 方法论》，标志着 Q 方法被正式引入二语习得领域。文章展示了 Q 方法论作为一种替代性方法，自社会转向以来（Block，2003；Ortega，2012）在扩展认识论多样性领域中的潜力，着重讨论了该方法论与二语习得研究的相关性，特别是该方法论在 20 世纪 30 年代的发展与当时对 SLA 传统认知方法的批评之间的相似之处。

2018 年 Irie 及其同事 Ryan 发表了一项研究，报告了一项使用 Q 方法论调查奥地利一所大学 51 名职前教师心态模式（mindset）的研究。研究通过关注教师对其自身教学能力的信念提供了一个新视角，扩展了语言教育研究者的方法论：文章探讨了 Q 方法论的潜力。数据显示，职前教师中最常见的心态是坚信教学技术的某些方面是可以学习的，而人际交往技能则被认为是内在的天赋，固定在个人身上。这一发现的一个实践意义是，教师教育项目可能需要更多关注明确培养教学中的人际交往能力。另一项发现是，教师的心态是由个人管理各种隐含理论而形成的，并不符合传统的二元心态模式。

还有研究者使用 Q 方法调查了个体学习者对外语学习无聊（FLLB）的观点（Kruk et al.，2022）。研究探讨了 37 名在伊朗将英语作为外语（EFL）学习者对课堂中潜在无聊来源的看法。研究采用非概率目的抽样，从伊朗两所私立语言机构中选取参与者。采用混合型 Q 抽样生成了 40 个与 FLLB 来源相关的陈述。使用 PQ Method（一种专门用于 Q 方法的统计软件包），对 Q 分类进行了互相关和因子分析。通过最大方差旋转和手动调整提取并旋转了三个因子。因子阵列和定性分析被用来发现和解释三种不同的 FLLB 观点。这三个因子表明，学生对课堂中 EFL 学习中无聊来源持有三种不同的典型观点：一是教师引起的无聊；二是学生引起的无聊；三是活动引起的无聊。研究结果还表明，不同的学习者原型对 FLLB 的体验各不相同，因此教师可以考虑不同的策略来预防或减少这种负面情感，以最大限度地降低无聊给语言学习带来的阻碍。

Q 方法不仅用来调查学生的无聊情感，在一项研究焦虑对教师生活、课堂实践和学生学习负面影响的研究中，Q 方法也得到了很好的应用（Fraschini and Park，2021）。该研究采用 Q 方法论，调查韩语作为第二语言教师与语言教学职业相关的共同焦虑体验，突出了语言教师与职业环境互动的不同方式，并全面探讨了参与者的主观性。结果揭示了三种主要观点，代表了教师个体在个人目标与职业环境之间互动时的不同反应类型：①工作/生活平衡；②工作表现和评估；③工作保障。研究结果对课堂情感和语言机构实践有应用价值。

近年来，二语习得领域使用 Q 方法论的研究日渐增多，话题也日渐丰富。除了上文描述的对外语学习无聊情感和焦虑情感的研究，还有研究探讨了第二语言（L2）教师动机与 L2 学习者动机之间的相互作用（Jodaei et al.，2021）。研究采用非概率目的抽样法选取了来自伊朗德黑兰一所军事大学的 60 名男性外语学习者，包括 35 名英语学习者、9 名阿拉伯语学习者、8 名法语学习者和 8 名俄语学习者。研究使用 Q 方法论作为系统研究主观性的方法，对每个因素群中最具代表性的参与者进行了访谈，以探究学习者对教师动机与学习者动机相互作用的看法。采用混合型 Q 抽样法开发了 60 条与教师动机和学习者动机相互作用相关的陈述。使用 PQMethod，一种专门用于 Q 方法论的统计程序，对 Q 分类进行了相互关联和因子分析。提取了四个因素并通过 varimax 旋转和手动调整进行了旋转。使用因素矩阵和定性分析来识别和解释四种不同的 L2 动机观。研究提出了四种影响教师动机与学生动机相互作用的因素：①教师的角色；②正常情境下的学生角色；③师生关系；④不利情境下学生的自我决定动机。研究结果还表明，不同的学习者类型对同一种激励反应不同，因此教师应该主动寻找激发学生动机的激励策略并将学习情境考虑进来。

2. 社会网络分析法

社会网络分析法是一种用于研究社会实体之间关系结构的理论和方法。这些实体通常称为"节点"（nodes），可以是个人、群体、组织甚至整个社会。节点之间的关系，或者称为"边"（wedges），可以包括各种互动，如友谊、专业联系、通信模式或其他形式的社会联系。SNA 既是一种多功能工具，也是一种方法论，其起源可以追溯到社会学、人类学和心理学等多个学科，目前被广泛应用于多个领域以理解复杂的关系动态。

早在 20 世纪 90 年代，就有中国学者将社会网络分析推介到社会语言学中（李嵬，1995）。十多年后，有学者对社会网络分析在教育研究中的应用，特别是使用社会网络理论和方法来理解教师合作如何支持或限制教学、学习和教育变革做出了梳理。文章基于当时前沿研究的新发现，展示了教师的社会关系模式对教师合作及如何促进学生学习、教师教学实践和改革实施（Moolenaar，2012）。此后几年中，社会网络分析在二语习得领域的应用越来越广泛。研究人员利用 SNA 来了解各种社会互动和网络结构如何影响二语学习过程。

例如，2010 年左右使用社会网络分析法做的二语习得领域的一项研究关于了解语言同伴支持的作用及其在移民青少年第二语言学习经历和结果中的社会关系结构。研究采用混合方法研究了同伴（包括双语同伴）在青少年时期口头学术英语发展中的作用。通过社会网络分析阐述了同伴语言资源对102 位有西班牙语背景的移民青少年学生在口头学术英语能力上的独特影响。研究结果表明，与参与者在学术任务上合作的双语同伴（无论是用英语还是西班牙语）对学术英语水平的提升有着超越个体第二语言习得预测因素（如年龄、在美国的时间、性别和母亲受教育程度）的贡献（Carhill-Poza，2015）。

2021年，论文集《语言学习与语言教学中的社会网络分析》出版，标志着运用社会网络分析法做二语习得研究达到了一个新的高潮。论文集中的论文凸显多语言环境中语言的复杂性，各章节利用社会网络分析以理解教学实践、社会化、动机、语言地位、在线通信技术和语言政策在语言学习社会资源开发中的作用，揭示了社会环境对语言学习的影响，探索了课堂应用，并为社会网络分析法与二语习得结合的研究指明了未来发展方向。

中国学者李茨婷专注于使用社会网络分析法研究来华研究生的语用选择（pragmatic choices）和学术社会化（academic socialization）过程。在2021年发表的文章中，李茨婷等汇报了一项纵向研究，探讨了国际学生在中国留学期间个人网络如何调节其语用选择。数据收集跨度一年，包括网络问卷、角色扮演、回顾性口头报告、人种学访谈和观察现场笔记。研究结果表明，在语用表现方面，学生使用其主观性来趋同或偏离母语者规范。人种学记录揭示了学习者语用选择的变化与其社会网络的构成和结构密切相关。通过两个学习者的个案研究，研究强调了社会网络可能与语用主观性协同作用，影响学习者社会化过程中的轨迹变化。作者次年又报告了一项关于国际留学生的研究，探讨了两名国际博士生在中国大学中的学术社会化过程。基于学术社会化概念和社会网络分析，花费六个月收集了包括留学生社会网络问卷、同心圆访谈、反思日志和观察现场笔记在内的多种数据。研究结果分析表明，博士生导师在指导参与者的学术社会化方面起到了最具影响力的作用。参与者也主动参与了自我导向的社会化过程，他们战略性地利用资源应对各种挑战。通过解析参与者网络中的多层关系，研究提供了对国际研究生学术社会化动态和复杂过程的见解。

社会网络分析除了在二语习得研究领域被用来研究学习者的同伴互动（Carhill-Poza，2015）、语言学习策略（Li et al.，2021）和师生互动（Li et al.，2022)，近年来也有研究采用社会网络分析（SNA）作为理论框架和方法论，探究教师进行研究实践时的集体能动性。Tao及其同事（2020）研究了一支由八位语言教师组成的多语言团队在中国大学进行研究实践时的集体能动性。遵循SNA侧重于识别社会关系及其影响的原则，研究人员使用了问卷和定性访谈来收集数据，并考察集体能动性的出现。数据分析显示，参与者打破了语言界限，参与了跨语言互动，并在个人、子群体和群体层面上相互提供补充资源和情感支持。社会网络分析法的运用揭示了集体能动性的多层次性，提升对维持集体能动性的认识，从而促进语言教师的专业发展。

最近国内发表的一篇使用社会网络分析的二语习得研究论文探讨了更为精细复杂的变量关系：探究情感体验和互动模式对中国大学生英语合作学习情感投入的影响（张凯等，2023）。研究发现了七类积极情感与七类消极情感；不同互动模式下的情感体验关系复杂多样，合作型模式下情感投入网络密度高，情感交互最为复杂；互动模式作用于学习者情感投入的效果显著。研究结果说明，英语教师应当关注学习者在互动过程中的情感体验，设计合适的互动模式，并采取必要的干预措施，以激发学习者的积极情感，提高他们的情感投入，从而形成积极情感、有效互动与高质量英语学习的良性循环。

社会网络分析通过强调社会互动和网络结构的关键作用，为二语习得研究提供了宝贵的见解。从上面几篇具有代表性的借助社会网络分析二语习得领域问题的研究可以看出，社会网络分析法可以用来研究教师与学习者、学习者与学习者、教师与教师之间的学习互动和情感变化，以及学习者与社会互动中的语言习得话题，帮助教育者、研究人员和政策制定者设计更有效的语言学习框架，增强语言习得。

第二部分

研究话题篇

引言

当成年的我们回想在学校学习外语的经历，我们很可能会记得的，是曾经做过的某个特定任务或项目，讨论过的某个话题；但更有可能的是，我们的脑海中会浮现出外语教师的形象：老师的音容笑貌、个性特点、他们在课堂上所营造的氛围，以及和他们在一起时的感觉。毫无疑问，有特点和影响力的教师在定义一个个体的教育经历甚至在塑造学生毕业后的人生轨迹方面起着至关重要的作用。

从这个角度来说，教师拥有某种"特权"，在塑造学生学习经历方面承担着重大责任。因此，理解他们的特征、个性、需求、动机和福祉本应该是优先考虑的事项。然而，到目前为止，在二语习得（SLA）领域，情况却并非如此：源自20世纪后半叶，特别是20世纪70年代蓬勃兴起的全球教育改革让人们开始反思行为主义带来的后果；并且随着认知心理学的发展，研究者逐渐认识到学习者内在认知过程的重要性，因此教育领域开始强调个体化学习和人本主义教育，二语习得研究和教学法因此受到影响。同时，建构主义逐渐兴起，强调学习者通过积极参与，构建自己的知识体系，这一切为"以学习者为中心"的外语教学提供了理论支持。

"以学习者为中心"的运动吸引了众多外语教育者和研究者对个体学习者投射关注。人们对学习者作为个体的差异（individual difference）以及这些差异如何影响他们习得外语有了越来越深刻的认识。这一运动在当时毫无疑问是及时和必要的，但是鉴于当时对语言本身的主导关注以及对于语言教授纯"技术"观的理解，再加上该领域的学者们急切希望在教学实践和实证研究上远离"以教师为中心"的方法，无意间导致了对教师这一群体和每个教师个体关注的忽视，很少有研究考虑教师个人的特征。尽管在尊重学习者特征（如动机、自我感觉、信念、风格和策略）的理念下，SLA领域的个体差异研究蓬勃、持续发展，但有二十年的时间，整个外语教育界对教师和教师个体差异的关注和研究几乎消失了（1970～1990年）。

直到20世纪90年代，这种情况开始改变，研究人员开始研究教师身份和教师认知（Hargreaves and Tucker，1991），标志着将教师作为个体来关注这一理念被逐渐引入了教育学和社会学研究视野。但是，与研究学习者的研究体系相比，其范围仍然相当有限。

进入 2010 年以来，SLA 领域的学习者个体差异研究仍然繁荣，这种繁荣在上文的介绍中可见一斑。不仅如此，受到心理学积极转向的影响，二语习得领域的学习者研究也正在经历转变，并有了新元素的加入。首先，该领域的实证研究焦点已经扩展到包括情感（MacIntyre and Gregersen，2012；Dewaele and Macintyre，2014）、归因（Urhahne and Wijnia，2023）、心态（Mercer and Gkonou，2017；Irie et al.，2018）、目标（Feng et al.，2022）、个性（Muenks et al.，2016）等构念。其次，研究学习者多样性的方法也有所扩展，除了早期该领域主导的典型的定量研究外（Dewaele and Macintyre，2016；Dewaele et al.，2019），还包括了定性和混合方法设计（Han and Hyland，2019；Wang et al.，2024）（具体可见本书关于研究方法的章节）。

随着该领域的扩展，人们也越来越关注更全面的视角（holistic approach）：受到复杂性理论的影响（Taguch et al.，2009；Dörnyei and Ryan，2015），研究者们带着新的视角，探索了各构念在不同情景下的性质（Teimouri et al.，2020；Li and Dewaele，2024）以及构念之间的相互联系（Dewaele，2017；Yang et al.，2024）。近十年来，二语习得领域对于学习者个体差异的研究已经成为一个相对成熟的范畴，其话题、内容、范围和方法的多样性均获得了学术界认可，有学者甚至提出了"语言学习和教学心理学"这一学科和研究范畴（Gregersen et al.，2016；Mercer and Gkonou，2017；Macintyre et al.，2019）。

一、研究语言教师心理学的重要意义

研究语言教师心理学的重要意义体现在以下三个方面：第一，加大对语言教师心理学的研究才能纠正关注学习者的研究和关注教师的研究之间的严重不平衡。与涉及学习者心理学研究的多样性、深度和广度相比，针对教师进行的、涵盖广泛心理构念的研究和构念间关系研究明显缺乏，更不要说涵盖各职业阶段的教师，以及来自多种理论视角的研究。对教师心理学更深入的理解，可以让社会各界，包括政府和学校政策制定者、教师管理者和家长

更深刻地理解语言教师需要怎样的支持，以促进教师在职业生涯中蓬勃发展，成为更好的教师——这是为了教师自身的专业福祉，也是为了学习者的福祉和有效学习。正如 Maslach 和 Leite（1999）所指出的：教师是教育系统最宝贵的资源，他们的专业发展和福祉应该放在重要的位置，因此，理解教师心理学本身就是一个值得追求的目标（Holmes，2005）。

第二，教师是课堂的核心所在，他们的情感、思想、目标以及由此产生的行为在很大程度上决定了整个课堂的氛围，这种氛围会极大影响身处其中的个体学习者（Reyes et al.，2012；Zhang et al.，2023；Wang et al.，2024）。众多研究已经表明，积极和有利于激发潜能的心态使得教学中的教师不仅更加享受教学工作，而且教得更好、更有创造力、更有可能提高教学技能（Derakhs-han et al.，2022；Fathi et al.，2023；Yang et al.，2023；Zhang et al.，2023）。正如 Dewaele 等（2021）所阐述的，"一个工作满意度高、士气积极且健康的教师更有可能教授创造性、具有挑战性和有效的课程"。

第三，教师和学习者的心理代表了同一枚硬币的两面。情感可以在环境中互相感染，积极的教师情感与学习者所体验的情感状态密切相关（Patrick et al.，2000；Frenzel et al.，2009；Dewaele and Li，2021）。如果教师快乐并有教学动力，那么学习者也更有可能被这样的情感所感染，更有动力参与学习，而这样的师生互对教师又有激励作用，这样的互利关系确保了积极的上升螺旋，有利于教师和学习者（Fredrickson，2013）。既然成功的语言学习在很大程度上取决于教师，因此，早在十年前就有语言教学领域的专家呼吁，"必须把语言教师的专业福祉作为优先考虑的事项"（Mercer et al.，2016）。

归纳概括起来，语言教师心理学值得进一步研究，首先，因为教师是语言教育过程中极其重要的利益相关者，本身值得研究；其次，理解语言教师心理学与理解学习者的心理密切相关，只有对教学的两个主体：教师和学习者的心理研究同步进行，共同发展，才能从两者的发展和互动中对外语教学的全景获得更细致的了解。

二、教师心理学的已有研究领域

尽管在二语习得领域，教师心理学和学习者心理学方面的研究在数量上存在明显的不平衡（Mercer，2016），但是 SLA 中关于教师心理学的研究工作已经于 20 世纪 90 年代开启（Hargreaves and Tucker，1991），至今有了相当多的研究积累。这些研究成果按照研究话题来分类，大致分布在以下四个关键领域：教师认知、教师身份、教师动机和教师情感。

（一）教师认知

教师认知是一个涵盖教师知识、信念和思维过程的术语。语言教师认知的研究建立在主流教育界这一个较为成熟的实证和理论体系基础之上（Shulman，1986；Webre，2024）。Borg（2003）提供了对语言教师认知早期研究的概述，他指出，对教师认知的研究通常采取关系的视角，集中研究教师认知与教师过往语言学习经历、教师教育和课堂实践的关系。

后来的研究发展倾向于集中在三个新的主题上：一是教师和学习者信念之间可能存在的不匹配；二是教师认知与课堂实践之间的联系；三是教师在职业轨迹过程中的认知发展（Kalaja et al.，2016）。

虽然外语教师认知研究已经取得较为丰硕的成果，但也有该领域的专家学者指出，目前限制教师认知研究发展的主要问题在于，该领域在理论创新、挑战传统定义和研究方法创新方面尚未取得明显的进展（Kalaja et al.，2016；徐锦芬，2020）。必须要承认，教师认知本身是一个较为抽象和宏大的、带有浓烈哲学意味的话题，对于语言教师认知这一概念也有不同的认识，因此带来不同的语言教师认知研究。总的来说，学术界对其认识有两种范式：认识论和本体论。

在认识论范式下，教师被视为知识的保管者，知识被视为填充物，而人类的大脑则被看作是存储这些知识的容器（Sfard，2008）。因此，从这个意义上说，教师认知研究需要从"意义源于实践"角度审视教师认知（李茹，2016）。

教师认知本体论的研究则经历个体、社会、社会历史文化、复杂系统4 个阶段的演进（李茹，2016），Burns 等（2015）从认识本体论视角指出，教师认知的认识论发展推动了对其概念内涵的探索。同时，Burns 等（2015）也呼吁广大教师认知研究者不要将教师认知的单个部分同教师整体认知割裂开来，如在关注教师教学实践和活动的同时，也应该考虑教师认知的其他方面如教师的自主学习等。因此，他们主张将生态视角作为教师认识研究的新视角，这一主张也正是上述教师认知本体论中的第四个阶段：复杂系统观指向的重点发展方向。

2015 年第 3 期《现代语言期刊》（*The Modern Language Journal*）特别设计了的一个专刊，专刊文章提出了对教师认知及其相关构念的当代理解，扩展了教师认知研究的范围，突出了教师认知的动态性和背景中的嵌入性（embeddedness），以及使用复杂系统理论作为概念框架的相关趋势（Kubanyiova and Feryok，2015）。这些发展突出了更全面的视角，探索教师认知与其他教师心理学维度的关系，特别是教师认知与教师情感的关系（Golombek and Doran，2014；Barcelos，2015；Nazari et al.，2024）。

（二）教师身份

语言教师心理学的第二项研究领域主要集中在对教师身份的研究，这些研究多受到学习者身份研究的重要启发。Bonny Norton 于 2000 年出版开创性的《身份与语言学习：社会过程与教育实践》一书，引入了"投资"（investment）的概念，为探讨语言学习者身份与语言学习经历之间的复杂关系提供了全新的理论框架。Norton 极力强调的是，语言学习不仅是一个认知过程，而且与社会身份因素和权力关系密切相关。学习者的身份是多重的、动态的、社会建构的，这影响着他们如何参与语言学习机会。她强调理解身份、权力和社会背景问题如何影响学习者对语言学习的投入的重要性。该书提倡在教育实践中承认和尊重语言学习者多样化的身份，鼓励教育者创造包容和赋权的学习环境，承认学习者独特的背景和经历。"投资"概念作为对传统概念"动机"的替代，提示广大语言教师，学习者对语言学习的投入与他们在目标语言中协商和构建身份的愿望有关。这一观点强调了语言学习的社会维度，并表明促进积极的身份发展可以增强学习者的参与度和语言习得的成功。

Varghese 等（2005）概述了教师身份研究中的理论视角的多样性，通过呈现三项基于数据的教师身份研究，将它们所使用的三种不同的理论框架——明晰地展现在读者面前，探讨语言教师身份的理论化方法：Tajfel（1978）的社会身份理论（social identity theory）、Lave 和 Wenger（1991）的情境学习理论（theory of situated learning），以及 Simon（1995）的图像文本概念（concept of the image-text）。三种理论视角都为研究者调查语言教师身份的不同实质提供了理论支持，并且三种不同方法之间存在强烈的概念共鸣。鉴于每种理论在单独使用时都可能具有的局限性，因此他们主张对理论的多元化保持开放的心态，以便研究者们对教师身份的过程和情境有更丰富、更实用的理解。

Tsui（2007）在其研究中梳理出了教师身份研究中的三个主要主题：一是身份的多维性；二是社会身份与私人身份之间的关系；三是在身份构建过程中能动性和固有结构之间的关系（Xu and Tao，2023）。十几年来，关于外语教师身份的研究活力持续增长，研究范围继续扩大，突出表现在理论、实证论文集的出版和顶级刊物为此话题专门开设的专刊的问世。2014 年和 2016 年分别有 Cheung 等（2014）和 Barkhuizen（2016）编辑的两本实证和理论论文合集《语言教师身份研究的进展与趋势》（Cheung et al.，2014）和《反思语言教师身份研究》（Barkhuizen，2016）全面问世。二语习得领域的顶级刊物 *TESOL Quarterly* 和 *Modern Language Journal* 分别于 2016 年和 2017 年专门开辟专栏对外语教师身份研究提供高水平、宽口径的积极引导（Varghese et al.，2016；Costa and B. Norton，2017）。从此类文献的阅读中，笔者认为，绝大多数语言教师身份的研究倾向于采取某种社会文化视角，这种社会文化关注表明教师身份构建具有高度依赖于情境的固有属性。文献中对社会文化视角的强调，提高了研究者对于此种属性的敏感度，加深了教师身份构建对情境依赖的认识，应该会成为教师身份研究中一个持久的主题（Moradkhani and Ebadijalal，2021；杨鲁新和黄飞飞，2022；Bao and Feng，2023；Fathi et al.，2023；Syahnaz et al.，2023；Lu，2024；Lu and Zhang，2024）。

（三）教师动机

教师心理研究中另一个开始吸引实证和理论研究关注的领域是语言教师动机。这一领域的发展有两个源头：一是它从一般教育学研究中日益增长的教师动机研究体系中借鉴了研究范式和研究主题（Richardson et al.，2014）。二是二语习得中关于学习者动机的研究也为其发展提供了动力。SLA 领域关于学习者动机的研究已经形成了很大的体量，其讨论话题之广泛、研究方法之精妙和数量之庞大已经成为二语习得研究中不可获取的一大分支（Lake，2013；Dörnyei et al.，2014；Macintyre and Vincze，2017；Ibrahim and Al-Hoorie，2018；Mendoza et al.，2023），对教师动机的研究自然可以从中获得启发。事实上，面对二语学习者动机和外语教师动机两种动机研究发展的剧烈不平衡，以及外语教师动机研究发展速度之缓慢，笔者在研读文献的过程中感到些许诧异。长久以来，研究者关注的通常是外语教师的所作所为如何影响学习者的动机，而不是将外语教师动机作为一个独立的主要话题来研究其特征和质量。

总体来说，目前的现实是，教师动机研究还未能成为一个成熟的研究领域，根本原因应该归咎于相关理论框架的缺失（徐锦芬，2020）。对比 SLA 在动机研究方面的理论框架，教师研究动机几乎找不到成体系的理论框架。回溯 SLA 动机研究方面的理论发展，从 20 世纪 50 年代 Gardener 提出社会—教育动机理论（区分工具性动机和综合性动机），到 20 世纪 80 年代 Deci 和 Ryan 提出自我决定论（区分内部动机和外部动机），再到 21 世纪初 Dörnyei 提出二语自我动机理论（提出理想自我和应该自我），可以说每二三十年就有一个理论框架的更新与升级。进入 21 世纪更是有各种动机理论问世：归因理论、目标设定理论、过程导向模型等。SLA 动机研究的蓬勃发展，与动机理论的构建功不可没。但是，一边的繁荣更映衬出另一边的惨淡，教师动机研究的理论框架始终没有突破，直接导致了教师动机研究的"发育不良"。在这样的情形下，SLA 领域动机方面的专家 Dörnyei 在其 2014 年出版的专著《激励学习者，激励教师：在语言课堂中构建愿景》中，详细提出了这样的建议：在尊重语言教师心理学理论的前提下，L2 自我动机系统（Dörnyei，2005）也可以被外语教师动机研究者考虑，将其纳入教师动机研究的理论框架之中（Dörnyei and Kubanyiova，2014）。

虽然成体系的理论框架有所缺失，但与教师动机相关的领域也发展出更细的分支，包括专业发展（Hiver，2013；Bao and Feng，2022；Sak，2022；Edwards and Burns，2024）、专业承诺（Gao and Xu，2013；Peng et al.，2024），以及教师动机与自我信念的关系（Kubanyiova，2009；Kubanyiova，2015；Karimi and Norouzi，2019；Chen et al.，2022；Mehdizadeh et al.，2023）。

（四）教师情感

近十多年来，外语教师心理学获得蓬勃发展的另一个动力和增长点是一般心理学的积极转向。积极心理学的发展从客观上吸纳了一系列新的构念，如愉悦、心流、坚毅、心流、福祉等，其中的大部分构念在与外语教师联系后，成为当下诸多外语教学热点问题和突出问题的探究和解决窗口。积极心理学构念与外语教育结合后，催生出一系列具有启发性的跨学科研究成果（Gabryś-Barker and Gałajda，2016；Mercer et al.，2016；Macintyre et al.，

2019；Li et al.，2022；Yang et al.，2023；Li and Dewaele，2024)。

2010 年开始最先被外语教育学者讨论的教师积极情感是外语教师愉悦，关于教师愉悦的话题至今仍然热度不减：研究者们不仅关注到外语教师愉悦的概念和测量 (Proietti and Dewaele，2021)，也关注到引发外语教师愉悦的教师内部和外部因素 (Derakhshan et al.，2022；Resnik et al.，2023)，以及外语教师愉悦作为中介带来的积极效果 (Liu et al.，2024)，如教师积极情感对于学生的感染、教学效果的提升 (Yang et al.，2023)、教师投入的强化 (Fathi et al.，2023) 以及对自身职业发展的影响 (Kirkpatrick et al.，2024)。随着外语教师心理研究的发展，新的构念不断被引入，例如，有学者强调了韧性和相关构念与教师职业发展的相关性 (Tait，2008；Day and Gu，2014；Gao et al.，2022)，并且这一构念在语言教学领域得到了 Hiver 和 Dornyei 的进一步发展 (Hiver and Dörnyei，2017)，他们提出了"教师免疫力" (teacher immunity) 的概念，认为这是一种随着教师身份的形成而逐渐形成的保护机制，它可能会发展成具有生产力的有益的力量，但也有极大可能发展成为潜在的、不良的免疫力。Hiver 和 Dornyei 还开发了"教师免疫力量表" (Teacher Immunity Scale)，此量表中的一个子量表为"教师倦怠量表" (Teacher Burnout Subscale)，目前已经与教育领域的 Maslach 教育倦怠量表 (Maslach et al.，1996) 一起，成为研究外语教师职业倦怠的重要量具之一。这些研究可以看作是沿着积极心理学三大支柱之一的"情感"这条线路在发展，沿线在不断开发探索新的情感，新的情感一旦加入到外语教师研究中来，就会有关于其概念、测量和各变量与新情感间关系的研究。

另一条与教师相关的积极心理学研究的线路是关于语言教师的情感智力和社会智力的研究。这一领域的研究源于两个方面的动力：一是对情感智力和社会智力在塑造课堂环境中所发挥的作用的理解 (Elias and Arnold，2006；Nizielski et al.，2012)，如何培育以及哪些因素能够促进教师的情感和社会智力，塑造有利于学习的课堂环境，始终是研究关心的中心问题。二是对如何塑造教师幸福感的研究兴趣和关切始终不减 (Day and Gu，2014；Mercer et al.，2016；Proietti and Dewaele，2021；Derakhshan et al.，2022；Shao，2023；Wang et al.，2024)。外语教师在实施教学时使用的是自己的非母语，这在一般教学压力之外又增添了新的压力来源。如果外在压力过大，外语教师如何培养和提高情感和社会智力对情感进行调节（emotion regulation）？如何尽量减少情感劳动（emotion labor）？Gkonou 和 Mercer 特别研究了语言教师的情感和社会智力，以及这些构念在课堂实践中的表现（Gkonou and Mercer，2017）。随后，这方面的研究多集中于以下两个方面：一是对引发教师情感劳动的相关因素和教师情感劳动可能引发的结果（Han et al.，2021）；二是外在压力（如同伴压力和工作要求）、工作资源、情感调节与教师自我效能、投入、教师福祉和教学满意等因素的关系研究（Han et al.，2021）。

还有一些研究在教师自我效能（Wyatt，2016；Dewaele and Leung，2022；Shao，2023）、情感（Cowie，2011；King，2016）、能动性和自主性（Kalaja et al.，2016；Tao et al.，2020；Tao and Gao，2021；Zhang et al.，2023，Tao et al.，2024）以及教师投入（Noughabi et al.，2024）等领域。虽然这些话题近年来研究的频率和深度有所上升，但本身在范围、深度和广度上还相对有限（Mercer，2018），与关于学习者信念的研究相比，过去几十年来，关于教师信念的研究在开辟新的理论起点、挑战传统定义或研究方法方面取得了较少的进展，距离发展成为成熟的研究领域还有些距离。

在接下来的几章里，笔者将从语言教师动机研究、语言教师情感研究、语言教师身份研究和语言教师认知研究几个方面，详细梳理各个方面的研究话题、研究视角、研究方法和研究趋势。

第四章 外语教学与学习者情感

在第三章中，我们通过对积极心理学视角下的外语教育研究发展脉络的梳理可以看出，相比于积极心理学的其他两大支柱：人格特质和外部组织，支柱之一的情感成为二语习得这一领域最重要研究对象，得到了前所未有的重视，甚至出现了"一家独大""一枝独秀"的局面。在本章中，笔者借助积极心理学视角下二语习得研究的两部论文集，试图勾勒出积极心理学情感研究在二语习得领域的总体框架。

一、二语习得中的情感研究

作为积极心理学被引入二语习得之后的第一本论文集，《二语习得中的积极心理学》从积极心理学视角出发，全面介绍了当时二语习得的研究现状、研究方法和该类研究在语言教学、学习和交流方面的应用，编纂者也均为此领域的开创者和领路人（MacIntyre，Gregersen and Mercer）。

该论文集中，研究者们通过各自的研究展示了外语学习者和外语教师如何将个人积极特质和情感用于学业和职业的蓬勃发展中。也就是说，与传统上语言教育研究注重语言知识习得和能力培养不同，积极心理学和外语教育结合后的研究方向，思考的是更高层次的、人本主义的中心问题：如何让语言学习有意义感并让语言学习者感受到心灵的满足。文集中的系列文章将新的教学技术与前沿理论利用定性、定量和混合方法的实证研究结合起来。在不忽视以往研究重要性的前提下，论文集中的各研究通过周密的研究设计和扎实的研究方法，展示了积极心理学诸多概念，如积极情感（positive emotion）、同理心（empathy）、爱（love）、投入（engagement）、希望（hope）、愉悦（enjoyment）、意义和关系（meaning and relationships）等在应用语言学领域的重要性。开篇 Oxford 对积极心理学做了较为全面的介绍，不仅有助于读者迅速整理应用语言学中熟悉的主题，同时又引入这一领域当时尚未研究的概念如同理心（empathy）、习惯性心态（habit of mind）等，因此在这篇文章中，PERMA 幸福理论框架得以拓展，产生了如今已经有极大影响力的 EM-PATHICS 幸福理论框架。Oxford 呼吁将此框架应用于语言学习和教学领域，这是积极心理学与应用语言学相结合的全面解释框架，时至今日仍然是常被此领域研究者高倍引用的理论模型。

提纲挈领的宏大理论阐释后是本论文集的主要内容——十五篇研究论文，被分为三个类目，依次是理论性研究、实证性研究和应用性研究。理论性研究部分，Mercer 从学习者和教师的角度讨论了同理心（empathy）的重要性，呼吁更深入地理解语言学习和教学中的同理心。对于学习者来说，同理心促进对其他文化的欣赏和理解，并通过外语媒介与不同背景的人互动，同时也理解课堂上的同学。对于教师来说，同理心为有助于建立积极的群体动态和提供以学习者为中心的课堂体验（learner-centered classroom experience）。可以看出，对同理心研究的重视，是对上述 Oxford 提出的 EMPATHICS 幸福理论框架准确、积极的回应，在当时是巨大的理论风向标。Falout 的文章讨论了对过去自我的关注和对未来自我构建之间的关系，展示了过去自我如何帮助或阻碍语言学习，建立了过去自我在二语习得中的重要性。Barcelos 和 Coelho 则讨论了应用语言学文献中较为罕见的话——爱，强调了爱、语言学习和教学之间的相互关系，反思这种交汇如何能在课堂上为教师和学生带来更高的学习生活品质。

实证性研究部分汇聚了七篇代表当时前沿水平的研究。Gregersen 和 MacIntyre 的研究采用混合方法，追踪了一项为期 12 周的五名英语学习者的情感成长。通过自我报告的李克特量表，参与者在每次会话中的不同时间段评价自己的情感，追踪了积极心理学练习（包括音乐、运动、动物、笑声、感恩和利他主义）的影响。作者根据研究结果提出了学习者建立"社会资本"（social capital）和实施个性化的积极心理学活动的教学建议。Hiver 则将新手语言教师作为研究对象，研究了他们在职业发展初期如何通过设定目标、制定达成目标的路径，增强对生活的控制，是这一领域早期对教师能动性的研究，其数据表明希望（hope）和坚韧（hardiness）相互作用，为初级教师提供能动性，使他们更好面对职业生涯中的起伏。

Piniel 和 Albert（2017）的研究测试了高级匈牙利英语学习者在课堂和特定任务中（心流及反心流）的情况。通过多种量化方法，研究结果显示，语言课堂中的心流及反心流状态与特定任务和情境特征相关，与任务模式无关。这表明语言课堂中的心流体验是建立在适度的任务难度水平上，且具有可操控的挑战，让参与者有足够的控制感。这一研究结果表明，语言教师在日常教学中应在了解学习者的基础上精准把控课堂任务的难度以吸引学习者注意力，通过使用各种相关和有趣的活动来增强积极的语言学习体验。Jean-Marc Dewaele 和 Peter MacIntyre 在此论文集中报告了一项混合研究，旨在探究外语课堂中学习者的愉悦和焦虑情感。他们对来自世界各地的 1700 多名学习者给出的 29 个项目进行了主成分分析（components analysis），结果显示了外语课堂焦虑、社交外语愉悦和个人外语愉悦三个维度。为证实这些定量结果，研究者还对部分参与者进行访谈，要求他们描述外语课堂中的愉快经历。与 Csikszentmihalyi（2008）的观点相一致，访谈显示，一些参与者报告的最愉快外语课堂经历涉及某些具有风险甚至传统看来不明智的教学技巧，如在课堂上打趣学生们的错误，说明学习者报告为最愉快的片段中可能含有转变为不愉快经历的风险。

Lake（2013）利用定量分析技术，展示了如何通过结构方程模型（Structural Equation Models，SEM）将积极心理学构念与语言学习动机和自我相关理论相结合。Lake 的建模包括全局层（global level）和领域特定层（domain-specific level），在各个层次上，积极自我（positive-self）的概念分别涉及整个个体和个体二语习得领域内的情况，甚至更具体的 L2 自我效能和熟练度概念。Lake 的模型提示外语教师，在关注课堂内容和交流的前提下，教师可以考虑帮助学习者发展积极的身份认同，促进繁荣自我的建立。Zana Ibrahim 利用深度访谈调查了定向动机流（Directed Motivational Current，DMC）经验对于外语学习动机的影响。彼时，DMC 还是一个崭新的将语言学习和积极心理学原则结合起来的创新理念。Ibrahim（2020）论证了由未来愿景和期待

的研究，则验证了微观的课堂氛围与宏观的社会经济文化环境对于学习者情感的影响。

第三主题聚焦外语教师，四篇文章从不同角度出发探讨了积极心理学对于促进教师职业发展和增强个人职业幸福感方面的机制和原理。例如，Mercer 围绕 PERMA 幸福理论开展研究，从幸福理论的五个方面破解外语教师全面发展的路径；还有学者则从外语教师压力源和情感目标切入，通过实证研究探索了压力和情感目标对教师职业发展的影响。

第四主题则将积极心理学带入外语教学评估和测试过程，属于应用范畴的研究，五篇实证研究共同的目标是为了检验积极的评估过程对学习者和教师的作用。这些评估有些采用了跨文化交际小组项目（intercultural communication），有些采用了显性读写教学（explicit teaching of academic literacy），还有研究考察了在翻译竞赛中对竞赛程序和参赛反馈等方面的调整与积极体验的关系，这些独特的领域都为后续的积极心理二语习得研究提供了新的观察场域。

出版近十年后，立足于二语习得领域的发展回望该论文集，其最大的积极意义从宏观上来说是对外语学习个体差异研究吹响了情感因素，尤其是积极情感因素的号角，从理论高度上提出了外语教育情感研究的走向。其中提到的积极情感中的外语愉悦（enjoyment）、幸福感（well-being）；性格力量中的坚韧（resilience）、坚毅（grit）、投入（engagement）以及心流（flow）和移情（empathy）等概念，都早已成为二语习得领域个体差异研究的增长高地。微观层面的积极意义是，集中展现了积极心理学和外语教育领域结合后，这一跨学科的新研究方向可以研究的话题、可以借鉴的理论和可以使用的研究方法，读者在阅读后如果受到启发，可以结合自身所处的外语教学场景，合理借鉴和改造研究具体设计和实施细节，使得类似研究在很短的时间得到落地、发展并得出丰硕的研究成果。但值得注意的是，从论文集中的选题可以看出，大部分论文强调个体心理学，对社会或具身心理学方面的考虑相对较少。因此，未来在积极心理学和二语习得领域的研究不仅包括对学习者的研究，还应该有对教师的心理学的社会、集体和具身视角的思考。

两本论文集的问世对于积极心理学理论在二语习得领域的发展具有重大意义：一是对本身只有十几年历史的积极心理学理论在外语教育领域的适用性进行了拓展、分析和举例，进一步确立了这一新兴跨学科领域可讨论的话题和可借鉴的理论。二是论文集中展示的实证研究和领军人物的亲自撰文积极有力地回应了学术界对于积极心理学研究方法的质疑。这一切标志着这一新兴领域已经具备了基本的理论、研究方法及话题条件（Jiang and Li，2017）。

二、特质情感与情境情感

　　同时，也应该注意到，情感研究在此阶段继续蓬勃发展，不仅表现在研究对象有了从学习者到教师的突破性转向，还表现在所涉情感种类日益呈现多样化：上一阶段的研究大多数只聚焦外语愉悦和焦虑，其他外语情感只作为一种边缘化和整体化的存在，并未有研究展开更深入的研究。在这一阶段，另一种二语情感——无聊（boredom）受到了更密集的关注，与之相关的研究迅速增加。

　　对于无聊情感的研究首先是有学者探索了教师工作热情和学生学习投入的关系，发现了外语愉悦和外语无聊在中国外语课堂中的中介作用（Dewaele and Li，2021），此研究带动并开启了更多的关于外语无聊的研究。其次我国学者李成陈等（2021）基于教育心理学中学业情感的控制价值理论，采用混合方法探讨了中国大学生在英语作为外语（EFL）学习中无聊情感的控制价值评估前因。定量数据分析显示，不同的控制价值评估对无聊情感有独特或互动的预测作用。对师生的访谈获取的定性数据丰富了定量结果，揭示了控制价值评估与无聊情感之间关系的更多复杂性，支持了 CVT 理论，并对阐明二语学习环境中无聊情感的成因做出了贡献。更进一步的外语无聊情感研究探索了中国大学非英语专业 EFL 学生和英语教师的外语学习无聊情感，数据支持了多维度的外语学习无聊情感（FLLB）概念化，利用外语无聊新概念开发了一个新的 FLLB 量表，使用了探索性和验证性因素分析验证的效度和可靠性分析。此项研究确立了无聊情感是外语学习情感研究新兴领域中的一个重要补充。

　　随后，关于外语无聊情感的研究不断涌现，例如，Li（2022）聚焦于外语学习无聊情感（FLLB）和外语学习愉悦情感（FLE），考察了它们与多种学习者内部变量和以教师为中心的变量之间的关系。研究验证了 FLE 与 FLLB 之间强烈的负相关关系，而教师的友好性则被证明是这两种情感的最强教师相关预测因素。研究结果表明，外语情感受学习者与教师之间互动的影响，研究者因此建议在外语课堂中融入提升愉悦感和减少无聊感的课堂活动。Li 和 Han（2022）通过开放式问题的回答和个人半结构化访谈，首次实证尝试回答了中国高等教育英语作为外语（EFL）的情境中，二语学习无聊感及其来源。同年，两位研究者在控制—价值理论框架下对比考察中国城乡小学生外语课堂无聊情感水平与外语成绩水平，并探讨二者之间的关系。研究指出，针对无聊情感的教学干预既是提高学业幸福感的情感干预，又是提高基础学段外语教学成效的有益途径，且在乡村环境中更为必要（Li et al.，2022）。除了针对大学生和小学生外语无聊的研究，中国乡村中学生的外语情感研究，包括外语焦虑、愉悦和无聊的研究也相继问世，也有研究指出了外语情感对外语学业成绩的影响（Li and Li，2022）。

除了研究对象的扩展，还可以看到研究设计的充实和进步，例如，Li 等（2022）设计了一项历史研究，基于控制价值理论考察了愉悦、焦虑和无聊这三种情感对二语成绩的独立和联合预测效应随时间的变化，共设计了四个测量时间节点。结构方程模型结果显示，只有愉悦预测了最终的成绩，无聊随着时间的推移失去了其预测作用。还有研究考察了更多变量，如 2022 年的一项研究考察了课堂环境（CE）、二语（第二语言/外语）学习者情感（即愉悦、焦虑和无聊感）及其在英语作为外语（EFL）课堂中的交流意愿（WTC）之间的直接和间接关系。发现这三种二语情感平行中介了 CE 与 WTC 之间的关系，其中愉悦感的中介作用最大，其次是焦虑感和无聊感。

随着数字信息时代的到来，近年来外语教学领域亦迎来了线上—线下混合教学模式的普及，聚焦在线学习情景的外语情感研究也日渐增多，其中包括对外语无聊的探究。例如，Li 和 Han（2022）根据教育心理学中的控制价值理论、拓宽与建构理论以及积极心理学中的幸福理论，研究了中国非英语专业大学新生在在线英语课程中的外语学习愉悦（FLE）、外语学习焦虑（FLA）和外语学习无聊（FLLB）情感及其相互关系。此外，还考察了这些情感对在线英语课堂学习成果的独立和联合预测效应。研究结果表明：学生的 FLE 和 FLA 水平相对较高，但 FLLB 水平适中；学生在在线学习环境中的

FLE 与面对面学习环境中的相似，但其 FLA 和 FLLB 在在线环境中显著更高；学生的 FLE 与 FLA 之间存在小到中等程度的负相关，FLE 与 FLLB 之间存在中等到高度负相关，而 FLA 与 FLLB 之间存在小到中等程度的正相关；FLE 对实际英语测试成绩和感知的在线学习成就具有独立的正向预测效应，而 FLLB 和 FLA 则具有负向预测效应。研究还报告了当三种情感进入同一回归模型时，FLA 是唯一的测试成绩预测因素，而 FLE 和 FLLB 则预测感知的成就。

此研究也揭示了目前积极心理学与外语教育结合研究领域中的一个短板：缺乏具有针对性的理论创新。在接下来的篇幅中，本书将详细介绍该研究领域常用理论，从梳理中可以看出，它们主要来自于积极心理学和教育心理学等基础学科领域，缺少语言学视角下的情感理论，因此难以聚焦二语习得和语言本身。上述外语教学研究虽然聚焦线上学习，但也只能套用传统的线下情感研究理论。然而，数字时代的洪流滚滚而来，信息技术与语言教学进一步融合的趋势无人能挡。显然，新的教学与学习模式与传统外语教学在教学目标、内容、互动和评价方式等方面均有较大差异，因此学习者和教师的情感体验和各种变量之间错综复杂的网络关系也极有可能与原有模式下已经形成的认识大相径庭。困囿于旧有的理论模式，相当于用古老工具解决新时代的问题，势必力有不逮。因而该领域若要有新的突破，在理论层面必须加快与时俱进、与 AI 技术时代同频共振，将新时代的外语学习方式，如自适应学习系统、AI 导师与虚拟助理、语音识别和反馈系统、沉浸式游戏化学习等对传统外语教育的冲击和影响进行充分的论证和深入的思考。

截至本书写作的 2024 年 7 月，最新关于外语学习无聊感的研究采用了较为复杂的横断面和纵向研究设计，旨在改进外语学习无聊感（FLLB）的测量，并探讨无聊感与整体或特定技能（词汇和语法、听力、阅读和写作）的二语成绩（基于校内课程的考试成绩）和水平考试（剑桥英语考试）成绩的关系。该研究共包括三个子研究：在子研究 1 中，在中国中学和大学 EFL 学习者中开发并验证了《外语学习无聊感量表——短表》，该量表展示了良好的心理测量特性（即结构效度、标准效度、聚合效度、辨别效度、预测效度、可靠性以及时间和群体之间的测量不变性）。在子研究 2 中，结构方程模型结果显示，FLLB 对整体或特定技二语成绩和水平均有一致的适度负面影响。子研究 3 是一项为期 12 个月、跨越三个学期的纵向调查，交叉滞后面板模型的结果显示，二语成绩对后续的 FLLB 有负面预测作用，而 FLLB 对后续的二语成绩没有预测作用（Li et al.，2024）。

从此项研究的设计中可以洞悉二语情感研究的到目前为止的细腻度：首先，针对目前截面设计普遍而纵向研究严重不足的情况，从实际研究问题出发，在进行研究设计时做到了截面与纵向研究的结合，这也符合该领域"动态转向"的宏观趋势（Li et al.，2023）。其次，研究对象既有中国大学生也有中学生，并且在衡量二语成绩时既考虑了整体成绩，也纳入了特定技能成绩，因为根据 Li 等（2023）的研究，情感具有二语技能特定性（L2 skill specificity），强调听、说、读、写等不同语言技能情境下的情感体验与各情感交织关系各不相同。这种由于语言任务不同而引发的情感体验不同来自于各语言技能任务在语言目标（language objectives）、认知需求（cognitive need）、可视程度（visibility）、可重复性（recursiveness）、持续（evanescence）、时间约束（time constraint）、自定学习进度（self‐paced learning）与互动程度（interactiveness）等方面均有差异，此研究中的设计正是对这一呼吁的及时、有效、恰当的回应。

除了"外语无聊"这一情感新成员加入二语学界，并在过去几年间成为二语情感研究"外语情感"这一术语中重要的组成部分，还有其他情感，如羞愧和内疚（Teimouri，2018；Sullins et al.，2024）、倦怠（Zhang et al.，2024）、自豪（Khajavy and Lüftenegger，2024）也渐渐进入二语习得研究者的视野，可见情感研究范围的不断拓展和所关注内容的日渐丰富。但这些情感方面的话题还尚未获得全面关注和纵深研究，是日后情感研究的尚待开辟的新领地。

在对外语情感做开拓性的研究时，有领军学者指出，应努力跨越对情感理解过于粗略和概括的鸿沟，例如，到目前为止，对于特质情感（trait emotion）和情境情感（state emotion）这两种在持续时间上有明显差异的情感，目前仍在不予区分（Li et al.，2023），或者说，特质情感是目前学者们主要青睐的研究领域，如上文提到的二语习得领域被广泛和深入研究的二语情感"三侠客"，按照研究时间的先后顺序分别是外语课堂焦虑、外语愉悦和外语学习无聊。因为这些特质情感相对稳定，对它们的考察多选用李克特式量表。

情景情感，即是在特定情境中产生和结束的短暂、动态情感，具有较强的情境依赖性。与特质情感所受到的关注相比，学术界对情境情感的考察极少。在2024年新近出版的论文集《基于任务的语言学习与教学中的个体差异》中，Li和Dewaele所贡献的文章考察了情景情感的一种形式：任务情感（task emotion），确切地说是特定任务中的外语愉悦。研究概念化并测量了特定任务中的愉悦感（task-specific enjoyment），并探讨了特定任务中的愉悦感与整体外语愉悦感（general foreign language enjoyment）的关系。研究首先基于一项二语口语任务后获得的访谈数据，开发了一份包含23个项目的《任务愉悦感量表》，其次对两组中国大学EFL学习者进行了量表验证。探索性因子分析揭示了三个维度：自我、任务特征和社交。进一步的验证性因子最终分析确立了一个代表以上三个维度、共10个项目的《任务愉悦感量表》。研究分析显示：任务愉悦感（情境情感）、外语愉悦感（特质情感）及其各维度之间存在不同程度的正相关关系（见图4-1），它们相互转化，共同作用，最终影响二语学习：任务愉悦感可能是外语愉悦感的基础，在语言任务中不断感受到的情境愉悦很可能转变为一种持久的特质愉悦，使学习者可能将持久的外语愉悦感带入特定任务中，从而促成任务愉悦感的短暂体验，并与任务完成情况相关联，对二语表现产生更长期的影响。无论是特定任务愉悦感还是整体的外语愉悦感都至关重要，因此，二语教师实施教学时，应始终致力于一个主要的非语言目标——尽可能使二语任务和学习充满乐趣。

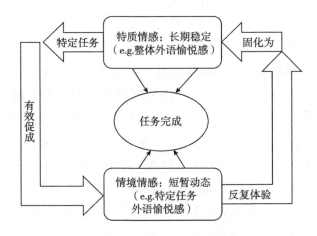

图4-1 特质情感与情境情感的关系

三、个人成就型情感和社交价值型情感

第二节的论述将情感置于存续稳定性维度下进行了细分，并引用了最新研究成果说明特质情感和情境情感的关系。此外，从情感关注的内容上，还可以把情感划分为个人成就型情感和社交价值型情感。从当前的研究视角来看，第二语言习得的情感研究主要集中在学业成绩情感上，也就是与第二语言学习过程或成果直接相关的个人成就型情感，这与外语作为一门工具性语言在学校教授且学习者和教师具有较为明显的工具性动机有很大关系。这就直接导致了对其他类型情感研究的忽视，如社交情感，也就是人际交往过程中的产生的情感，尤其是嫉妒、尴尬、共情、羞愧、自豪等自我意识情感（self-conscious emotion）（Li et al.，2023）。

以"自豪"这种在人际交往中产生的自我意识情感为例，二语习得领域对自豪的研究始于 2016 年（Ross，2016），研究对象为在澳大利亚将英语作为第二语言（ESL）学习的大学生，研究者对这些大学生进行访谈，收集定性数据，以此确认了自豪感在语言学习中的关键作用，并发现自豪感对二语学习体验有显著影响，学习者对自身语言技能的自豪感可以促进第二语言交流意愿。研究在国际样本中发现了不同的文化解释，说明自豪感可能具有不同文化内涵，因此 Ross 呼吁在英语作为外语（EFL）环境下进行更多研究。

但此呼吁并未得到广泛的回应，对于自豪感的研究在二语习得领域一直不温不火，涉及自豪感的研究多与其他积极情感一起考察。例如，2021 年有一项来自马来西亚的研究，通过阅读和写作技能来分析学习英语作为第二语言时的主导情感，重点关注三种积极情感（愉悦、希望和自豪）和三种消极情感（焦虑、羞愧和无聊）。研究采用了定量研究设计，研究对象并非学生而是马来西亚一所公立大学的 120 名在职教师。结果显示，在学习英语阅读技能时的主导积极情感是自豪感，而在学习英语写作技能时的主导积极情感是希望。因此，研究者建议 ESL 教育者设计并制定一个充满活力的学习环境，激发更多积极情感，这将有助于在 ESL 学习环境中提升学习效果（Mokhtar et al.，2021）。

另一项影响较大的关于二语教师自豪感的研究探讨了自豪感的来源。来自全球不同背景的140名英语教师通过在线调查报告了自豪感来源。调查包括了一系列开放式问题，针对参与者职业自豪感的各个维度进行提问。结果显示，参与者体验职业自豪感有两大主要取向：自我导向和他人导向（self- and other-oriented）。教师的自豪感由社会决定，并与动机、自尊、意义感、能动性和幸福感等关键心理构念相互关联。研究呼吁在语言教育领域概念化自豪感，并利用自豪感来增强教师的幸福感（Mairitsch et al.，2023）。

最新的关于自豪感在第二语言/外语（FL）情境中的研究提出了一个外语自豪感的概念模型，基于以往的理论框架，区分出四种自豪感类型：基于自我的、基于社会比较的、基于表扬的和基于帮助的（Khajavy and Lüftenegger，2024）。为了验证这个模型，研究者进行了两项研究。在第一项研究中，要求参与者回忆在外语学习过程中感到自豪的事件。在第二项研究中，开发并验证了外语自豪感量表（FLPS）。验证性因子分析的结果表明，外语自豪感最好由一个高阶模型来表示，因此研究者进一步通过考察外语自豪感与理论相关构念之间的关系来研究其标准相关效度，发现外语自豪感与动机、情感和结果指标相关联。该研究将自我意识情感——自豪感进行了概念化并开发了自豪感量具，这为未来此类情感的研究打下了坚实的理论和工具基础，也提示此领域的研究者在未来研究中应重视师生互动和生生互动的社交情感。此类情感如何影响教学成效的机制目前尚不明确，但很有可能通过影响交际意愿（willingness to communicate，WTC）（Wang et al.，2024）、互动投入（engagement）等，最终带来二语教学效果的不同。

由于情感研究是积极心理学与二语习得领域结合的最重要部分，因此，上文在介绍其繁荣阶段时，花了大量笔墨描述此阶段情感研究的新进展：从研究话题来看，一方面，情感研究持续繁荣，所研究的主要情感不再局限于认知研究时代的外语焦虑，新的情感如外语愉悦和外语无聊从无到有，再到目前成为情感研究的主流，可以清晰地看到其发展路线。另一方面，随着外语教育界对情感的理解和分类日益精细化，更多地基于特定任务的情境情感（如愧疚）、学业情感以外的社交情感（如自豪感）等也纷纷加入到二语习得情感研究的范畴，相信未来会有更多关于此类情感的纵深研究。

四、情感与动机

更有研究者将情感作为外语学习研究的变量之一，将其与更大范围内的其他因素联系起来，研究情感与其他个体心理因素，如动机（Feng et al.，2022；Yu et al.，2022）、思维（马利红等，2023；Li et al.，2024）的关系等。情感研究如同一个支点，以情感为原点，可以撬动情感预测学习投入（Wang et al.，2024；Yu and Ma，2024）、二语使用（Vasques and Araujo，2024）、交际意愿（Li et al.，2022；Yang et al.，2024）等行为或趋势类变量的研究。

值得注意的是，除了上文提到的常见行为趋势类变量外，近年来又有其他行为趋势类变量被纳入到二语习得心理研究视野中，如学习策略（learning strategy）（Gkonou and Oxford，2019；Lestari and Yudi Wahyudin，2020；Suwarto and Hidayah，2023）、学习自主性（Lenkaitis，2019；Paradowski and Jelińska，2023；Csizér and Albert，2024）和个人投资（personal investment）（Lambert et al.，2023）等。

相比其他几个概念，在二语习得领域，个人投资是上述几个概念中最为非传统的概念。二语领域中的个人投资的概念源于应用语言学研究中的社会文化倾向。应用语言学社会文化学派中的一个重要研究对象是对语言学习者身份（learner identity）的探究，关心的主要议题是学习者在社会文化环境中如何发挥能动性以及如何通过学习者外部的社会结构建构身份的过程（Block，2007；管晶晶，2021）。在引入投资概念之前，语言习得中常常将动机作为研究主题，关注驱动个人学习语言的内在和外在因素，动机通常被视为一种心理构建，强调个人的欲望和目标，但是却忽略了语言学习者与其社会环境之间的复杂关系。通过将重点从单纯的个人动机转向包括社会和身份因素在内的更全面的视角，二语投资的概念为理解语言学习中涉及的复杂性提供了更丰富的理解。

投资的概念最早由 Norton 在 1995 年的引入二语习得领域，以应对传统动机理论的局限性，突出了语言学习的社会和身份相关方面。投资考虑到学习者的身份和社会关系如何影响他们对语言学习的投入，探究的是学习者受社会建构影响产生的学习期望、相关投入及其身份三者之间的关系（管晶晶，2021）。强调学习者之所以在语言上进行投资，是因为他们期望获得更广泛的符号和物质资源，进而增强他们的社会权力和文化资本。学习者对二语学习的投资本质是对其身份的投资，意义在于融入某一想象中的共同体或实现某一想象的身份（Pavlenko and Norton，2007）。投资的概念考虑到学习者的身份如何受到其社会背景的影响，并如何影响他们对语言学习的参与度。投资概念的提出让语言教育研究者更加清晰地认识到，语言学习不仅是一个认知过程，也是一个社会过程，与身份、权力和资源获取问题密切相关。

根据 Norton（2013）对"投资"的定义，投资是"学习者与目标语之间在历史和社会互动中建构的关系，以及学习者对目标语矛盾的态度与愿望"。Norton 在 2013 年出版的专著中，对"学习者身份"也给出了定义，即"一个人如何理解自己与世界的关系，这一关系又是如何跨越时空被建构的，以及这个人如何理解未来的各种可能性"。基于这一理论定位，学术界多使用投资这一理论视角来探索二语学习者身份的实证研究。总的来说，大致有以下两种研究角度：第一，从投资理论的角度出发，研究了在权力关系影响下的社会结构是如何赋予或限制个人在目标语国家进行第二语言学习实践的机会（Norton，2013；Anya，2017；管晶晶，2021）。第二，投资理论的视角与语言选择、学习策略等议题相结合，被用来分析身份认同与投资目标或方法之间的联系，探讨种族、性别、阶级和民族等因素如何影响语言学习者的投资，以及这些因素如何与教育和社会结构互动（Shahri，2018；Han et al.，2019；管晶晶，2021）。投资这一概念被提出 20 年后，二语投资理论被拓展，认为二语投资受身份、资本及意识形态三者交互影响（Darvin and Norton，2015），并发展出了新的二语投资模型。受这一模型及其拓展的而与投资理论启发，一系列新的探讨外语学习者和外语教师身份的研究大量涌现。

更宏观的视角是超越情感这一维度，研究情感与认知之间的关系。情感与认知在大脑中有着紧密联系的对应区域，它们共同作用于个体的行为表现（Buzsáki，2009），这是神经科学界（neuroscience）已有的共识。早在十多年前，二语习得研究领域还刚刚涉足情感研究，其时二语习得研究领域认知方面的领军专家便明确指出情感和认知的紧密关系，以及二者共同作用于二语学习这一观点（Swain，2013）。过去的十多年间，虽然二语习得认知和情感的研究一直在不断发展，它们之间的密切关系在理论上一直被反复提及（Calafato，2024；Hwang et al.，2024），但却并未有涉及二者的交互交织的实证研究（Li and Li，2024）。因此，有学者建议，未来二语习得研究中应该加大对认知和情感在外语学习中的交互作用，考虑将时间、环境、技术背景和学习模式作为变量（Li et al.，2023）。

例如，即将在《现代外语》发表的文章，报告了一项探究认知能力与情感对二语写作水平协同预测作用的研究（Li B. and Li C.，2024）。在海斯（1996）的认知—情感写作模型（cognition-affect model of writing）和积极心理学运动的背景下，研究探讨了认知能力和情感如何影响二语写作能力。来自中国一所初中的 1036 名英语作为外语（EFL）学习者参与了认知能力测试（工作记忆和语言学能）、情感问卷调查（外语写作愉悦和无聊）和《剑桥通用五级考试 A2》中的写作测试。使用 Mplus8.3 进行路径分析（path analysis），以验证写作能力的潜在直接和间接预测模型。实验结果是，直接模型得到了支持，表明上述量表中测试的认知能力和情感是相互关联并共同直接预测二语写作能力的。研究结果明确了认知—情感模型中的影响路径，并强调了在二语写作教学中，从个体差异的角度充分利用认知和情感之间的协同作用的必要性。此项研究就是在初级英语学习者（特定时间窗口）、测试（特定任务环境）、写作任务（特定技能背景）几种特定组合模式中进行的认知和情感联合作用于二语特定任务的实证研究，体现了"知情合一"的未来研究方向。

此类探究认知与情感关系的研究近期来也将研究对象设定于二语教师（Calafato，2024）。Calafato 报告了一项研究，该研究使用描述性相关混合方法设计，收集了 89 位中学多语言教师的数据，这些外语教师教授的语言包括英语、中文、法语、德语和西班牙语。研究探讨了他们的语言能力、元语言知识、语言保持习惯、自我效能感（认知）和焦虑（情感）之间的关系。结果显示，参与者的元语言知识、焦虑和习得的多语言能力与他们的语言能力呈正相关。此外，拥有高级语言能力的教师在语言保持习惯上无论是在数量上还是质量上都与语言能力较弱的教师有所不同。研究说明若语言教师自身缺乏元语言知识和语言能力，则无法帮助学生发展出高级水平的元语言知识和语言能力。语言教师作为较为成功的外语学习者，其认知和情感于上述研究有类似的结果。研究中对于外语教师的认知水平和情感价值如何影响教学和学生的学习效果尚未给出清晰答案，是未来研究需要突破的一个缺口。

第五章 外语教学与学习者人格特质

一、特质情感智力与二语习得研究

从上文的梳理可以看出，自21世纪10年代末（始于2018年）积极心理学与应用语言学的跨学科发展进入繁荣时期，开出的最茂盛的花朵非外语学习情感的研究莫属。这些研究的研究对象涉及外语教师和外语学习者，而以学习者的研究居多，无论是研究话题还是研究手段都异常丰富，显示出了蓬勃的研究活力。在承认这一点的同时，我们还应该看到，积极心理学三大支柱中另外两大支柱：人格特质和环境因素也应该得到更多重视。抛开人格特质这一较为稳定的个性特征和个体差异来谈情感是极其片面的做法，不利于绘制外语学习过程中错综复杂、各因素交织画卷的全面图景。同时，根据Larsen-Freeman的复杂动态系统理论（CDST），不仅个体内部的稳定人格特质应获得研究重视，个体外部的因素，即积极心理学的第三大支柱——外在环境也应该加强研究和考察。

令人欣喜的是，在繁荣阶段，情感之外的其他积极心理学特质正在陆续受到国内外学者的关注，虽然与情感研究相比显得发展有些迟缓，但已经显示出巨大的潜力。涉及积极心理学第二大支柱的关于人格特质的研究话题在不断扩展，如特质情感智力（trait emotional intelligence）（Li, 2018；Li and Xu, 2019；Li, 2020）、坚毅（grit）（Wei et al., 2019；Teimouri et al., 2020；Wei et al., 2020；Zhao and Danping, 2023）等。涉及这些因素的研究有的将情感作为考察的自变量或者因变量，有的又考察了其他心理因素、外部因素如何与这些人格特质互动，影响二语习得的结果。

情商（Emotional Intelligence，EI）最早由 Payne（1986）提出，后来在 1990 年由 Salovey 和 Mayer 正式命名（Salovey，1990），他们基于情感、智力、美学、人工智能、大脑以及临床心理学研究的证据进行了详细的研究，并将情商定义为"对情感的智能化使用，以及利用情感中包含的信息来做出有效决策"（Ciarrochi and Mayer，2007）。这一概念在某种程度上与 20 世纪 Gardner（1983）提出的多元智力模型中的"人际关系智力"和"自我认识智力"相一致。

在过去的二十年里，情商在人类社会生活各领域引起了广泛的关注。具体到教育领域中，从 21 世纪初就已涌现出大量研究探讨情商与学业成功之间的关系（Stottlemayer，2002；Parker et al.，2004；Parker et al.，2004；Downey et al.，2008）。学术界开始关注情商与第二语言学习之间的关系也始于近二十年前的伊朗（Aghasafari，2006；Bozorgmehr，2008；Pishghadam，2009），先是有研究者在硕士学位论文中分别讨论了情商与外语学习策略以及情商与外语学习成就之间的关系；后有研究者发表论文，报告了如何采用定量研究的方法测量情商与外语学习之间的关系：伊朗四所大学的 508 名二年级学生被要求完成情商量表（EQ-i）的填写。EQ-i 的数据与学生的学业成绩、阅读、听力、口语和写作的分数进行了匹配。将 EQ-i 变量与在不同学业成功水平和不同语言技能分数的群体（成功 vs. 不成功）进行比较时，第二语言学习与情商的几个维度显著相关，研究结果证实了情商在第二语言学习中的重要性不可忽视（Pishghadam，2009）。

情商（EI）是一种感知情感、利用和产生情感来辅助思考、理解情感及情感知识，并通过反思性调节情感来促进情感和智力发展的能力（Mayer and Salovey，1997）。作为一种理论构建，它将所有可能的情感、情感和情感调动、使用技能纳入一个统一的框架（Goleman，2001）。因此，从理论上讲，情商的存在使个体能够识别和调节负面情感，同时产生和利用积极情感来促进思考（Ciarrochi and Mayer，2007）。情商决定了一个人的应对愤怒、挫折的能力和动机水平（Goleman，2005）。

外语学习是一个长期的、充满各种挫折、受到多种情感影响的过程。由于外语学习本质上是在某种社会条件下的语言交互过程，对学习者各项技能的要求，特别是受显性时间限制的"听"和"说"的技能会给外语学习者和外语教师带来极大挑战（MacIntyre and Gardner，1994）。二语学习中产生的挑战与其他学习领域中所经历的有所不同，因为它对学习者施加了社会文化和语言方面的双重要求。具体而言，焦虑、恐惧、压力和愤怒等负面情感会削弱学习者的最佳学习潜力，显著降低他们的语言学习效率。与之形成鲜明对比的是，积极情感是学习者大脑喜爱的因素，使学习者更有可能达到学习的良好状态，从而促进语言学习过程，这些结论早在20世纪90年代中后期学界就已经基本达成共识（Schumann，1994；Arnold and Brown，1999）。具有较高情商的第二语言学习者能够更好地控制冲动、管理压力，并在面临挑战和挫折时保持积极的态度（Pishghadam，2009）。

考虑到外语学习中情感的重要性、复杂性和动态性，而情商又是关于感知、管理、控制情感的能力，因此了解情商与外语学习中情感的关系对于成功习得第二语言至关重要。对于实施外语教学的教师来说，若情商可以预测学习者在各种第二语言学习和使用情境中的反应和情感状态，便可以在教学中实施积极干预，提高学习者情商水平，促进外语学习积极情感和消极情感的合理发展和调配，进而保证外语学习的最终效果。

基于上述理念，最近十年来，随着积极心理学与应用语言学二语习得结合的研究越发迈向成熟阶段，这一跨学科的研究领域开始超越积极心理学中关于情感与外语学习的研究：越来越多的研究开始探究人格特质（personality strength）与二语学习的关系（Shao et al.，2013；Li，2018，2020；Li and Xu，2019；Li et al.，2020；Imamyartha et al.，2023；Wang，2023；Li and Zhang，2024；Wang M. and Wang Y.，2024）。情商，作为人格特质的重要组成部分，因此成为二语习得领域的重要话题。

若要了解实验对象的情商水平，必须开发测量工具和手段，对其进行测量。心理学领域致力于情商测量的研究导致了两种不同的模型（Petrides and Furnham，2001）：能力模型（ability model）和特质模型（trait model）。

能力模型如Mayer-Salovey-Caruso的情感智力量表的情商采用纯粹的认知测量方法，旨在引出测试者在某些情感信息处理任务上的最佳表现。相比之下，特质模型的情商，关注行为倾向和通过自我报告测量的自我感知能力，突出强调了个性变量（personality variables），是一种特质般的属性，指的是一个人对其情感能力的自我感知，强调的是位于人格层次低层的一组情感自我感知。特质情感智力（trait EI）因此也被称为情感自我效能感（emotional self-efficacy）。特质情感智力包括情感自我效能感、情感自我调节、压力管理、同理心和社交技能等个人感知的能力。

特质情商理论将情商视为与情感相关的自我感知和倾向的集合，这样的理论不仅与主流人格理论一致，而且与来自不同领域的多项研究的大量证据相一致，如生活满意度、沉思（rumination）和应对方式（Petrides et al.，2004；Petrides et al.，2007）。在将他们的理论研究扩展到实证研究时，Petrides 和 Furnham（Petrides and Furnham，2001；Petrides et al.，2004）开发了特质情感智力量表（TEIQue），此量表在研究中被反复使用，并被广泛认为是一种高度有效和可靠的工具（Barlow et al.，2010；Freudenthaler et al.，2008；Mavroveli et al.，2008；Mikolajczak et al.，2007；Mikolajczak and Luminet，2008；Swami et al.，2010）。

除了上述量表被反复使用并且其信效度被多次证实，考虑到当代外语学习"所固有的人际交往和沟通性质"（Mercer and Gkonou，2017），所以在二语习得以情感智力为话题的研究中，选择使用特质情商（TEI）及其相应的自我报告测量工具，便成为大多数研究者的选择。笔者研读了多篇涉及情感智力（EI）的影响力较大的国际发表论文（Dewaele et al.，2008；Shao et al.，2013；Li，2018；Li and Xu，2019；Li，2020；Li et al.，2020；李成陈，2020；Imamyartha et al.，2023；Wang，2023；Li and Zhang，2024；Wang M. and Wang Y.，2024），其中对研究对象 EI 值的测量均采用上文提到的测量特质情感智力（Trait EI）的特质情感智力问卷（TEIQue）（Petrides and Furnham，2001；Petrides et al.，2004）。

笔者认为，二语习得领域关于情感智力的研究按照话题来分主要有以下三类：

第一类：特质情感智力（TEI）+其他学习者内部因素→外语成绩的预测作用/影响。

第一类研究是将特质情感智力（TEI）和其他学习者内部因素如 EFL 动机、学习投入、情感（以焦虑、愉悦、厌倦最为常见）作为自变量，考察

TEI 与这些因素交互作用对外语成绩产生的预测作用或者影响，即是将外语成绩作为因变量，并且较为常见的做法是将外语成绩分为自评成绩和标准化考试成绩分别考察。例如，Shao 等（2013）调查了中国杭州三所大学的 510 名学生的特质情感智力（TEI）和英语课堂学习焦虑以及对学业成绩的影响（Shao et al.，2013）。通过使用情感智力量表简版（TEIQue-SF）和外语课堂焦虑量表（FLCAS）收集数据，结果发现，虽然中国大学生普遍的情感智力水平并不低，具体表现为超过 50% 以上的受试情感智力水平达到中等到高水平，但却至少有 30% 以上的学生在英语课上经历过语言焦虑；学生的情感智力、外语焦虑（FLA）、英语考试成绩和自评英语水平之间存在中等到较强的关联；当使用情感智力预测学生英语成绩时，外语焦虑在其中具有显著的部分中介作用；不仅如此，外语焦虑在情感智力与英语自评水平之间也具有显著的部分中介作用（余卫华等，2015），这些研究结果再次强调和证实了情感因素对于英语学习的重要性，其意义与当时该领域研究的发展阶段相吻合。

这一研究发生在十多年前，应用语言学情感研究当时还处于刚刚起步时期，而研究者就已经将特质情感智力作为一个变量来考察其对学生情感和成绩的影响，这在当时是具有开创意义的，作为该研究领域一个地标式的研究，它启发了中国学者后续沿着这一设计思路开拓更多的外语学习情感方面的研究。回顾这项研究也可以看到，当时数据统计的手段较为传统，所采用的大部分是基本的描述性统计、皮尔森相关分析和一系列回归分析，与本书在下文中将要介绍的近年来所使用的统计手段不可同日而语，由此可见，统计方法的进步给外语教育心理学研究带来的新机遇，研究者可以去思考和测量过去难以探测到的变量、关系及数据。统计方法和工具方面的进步也意味着研究者应该主动去学习和拥抱新技术，以便为拓宽个人研究视野、提升研究水平积极赋能。

这一类研究的另一个突出代表是 Li（2020）所做的带有鲜明积极心理学色彩的二语习得研究。研究调查了 1307 名中国高中生的特质情感智力（TEI）、外语学习愉悦（FLE）和英语作为外语（EFL）学习成绩之间的复杂关系。此项研究的最大意义在于将二语习得心理学研究中的情感研究由 Shao 等（2013）关注的消极情感—外语焦虑扩展至积极情感，将外语学习的愉悦情感作为主要研究对象，这是顺应心理学研究大趋势的明智一步。该论文报告的研究脱胎于作者的博士学位论文（Li，2018），但因为将二语习得情感研究扩张至积极情感—外语愉悦，尽管此研究设计并无太多新意，大部分承袭了 Shao（2013）的研究思路，在当时却具有开创式的意义。研究发现，大多数中国高中 EFL 学生报告了中等到高水平的特质情感智力，而外语学习愉悦水平则从低到中等不等；学生的特质情感智力、外语学习愉悦、自我认知的英语成绩和实际英语成绩之间存在小到中等的相关性；特质情感智力通过外语学习愉悦这一中介（mediating effect），间接影响了自评成绩和实际成绩。围绕着外语学习愉悦，Li 又陆续研究并改造了适合于中国外语学习者的外语愉悦量表（Li et al.，2018；李成陈，2020），发表了一系列外语学习愉悦和其他变量对于外语学习效果的研究（Li et al.，2020），一跃成为二语习得积极心理学研究领域的领军人物。

以 Li（2020）的一篇在国内发表的论文为例，可以窥探多产研究者如何在已有研究基础上不断扩展研究话题，加大学术产出：此研究仍然保留上述研究中的研究对象，仍然探究情感智力、情感和英语成绩之间的关系，但此处作者又拿"情感"做起了文章：从研究单个的外语情感——外语愉悦到此研究中将外语焦虑、外语倦怠和外语愉悦三种外语情感一起来研究，在选题方面无疑是一个创新，但实际数据收集却相对简单，只需要给上次的实验对象加测外语焦虑和外语倦怠两种问卷，将三种情感问卷数据与上一研究中已经获得的 TEI 数据和学业成绩数据做统计分析。当然，此项研究的另一个创新是突出和扩展了控制—价值理论作为此类研究的理论基础，突出了包含三种具体情感的"情感家族"在情感智力与英语学习成绩之间起作用的具体机制。

在结束对这一类研究的梳理前，再举一例说明近期此类研究的研究水准和设计。鉴于移动即时通讯（Mobile Instant Messaging，MIM）线上学习近几年的蓬勃发展，有学者将线上学习参与度、学习动机和特质情感智力作为学习者内部因素，考察这些因素对学业成绩的影响（Imamyartha et al.，2023）。研究通过结构方程模型（SEM）分析，探讨了特质情感智力（TEI）、在线学习参与度（OLE）、EFL 学习动机及其在学术英语（EAP）课程中的成绩之间的关联。研究对象为印度尼西亚一所大学的 371 名大一新生，他们参

与了基于小组式移动语言学习（Team‐Based Mobile Language Learning,
TBML）的 EAP 课程，课程通过 Telegram 作为辅助学习应用来进行。学生们
通过在线调查回应了他们对上述变量的课后感知。SEM 分析结果表明，特质
情感智力、在线学习参与度和 EFL 动机之间存在线性关联，是学生学习成绩
的驱动因素且变量之间也存在强相关性。该研究发现部分说明了 TBML 的教
学潜力，但前提是学生的情感智力、参与度和动机需要在不同学习阶段得到
充分提升。

第二类：特质情感智力（TEI）（学习者内部因素）+学习环境（学习者
外部因素）→外语学习者情感的作用/影响。

第二类研究是将特质情感智力（TEI）这一学习者内部因素和学习者外
部因素如课堂环境、师生关系、社会文化因素作为自变量，考察这些内外因
素联合作用对外语学习者情感产生的作用和影响。开启这类研究的是 Dewaele
（2008）的经典研究：该研究考查了特质情感智力和社会生物变量（年龄、
性别、教育水平、已知语言数量、学习开始年龄、学习环境、使用频率、社
交情况、对话对象网络、自我感知的熟练度）对 464 名多语个体在第一语言
中的交际焦虑（CA）和在第二、第三、第四语言中的外语焦虑（FLA）的影
响（Dewaele et al.，2008）。研究者通过网络问卷收集了这些个体在五种不
同情境下（与朋友、同事、陌生人；电话；公共场合）的交谈数据，根据他
们的特质 EI 得分，参与者被分为高、中、低三组。非参数统计分析显示了跨
语言和情境的一致结果：较高的特质 EI 水平对应显著较低的 CA/FLA 得分。
较早开始第二和第三语言学习的参与者也较少遭受 FLA 的困扰。纯课堂语言
教学被发现与较高的 FLA 水平相关，而同时包括课外使用语言的教学则 FLA
相对较低。掌握更多语言、更频繁地使用、更强的语言社交能力、更大的对
话网络以及更高的语言自我感知熟练度也与较低的 CA/FLA 水平相关。此研
究并不是纯粹的二语习得研究，而将一语的交流焦虑纳入考虑范围，可见在
2012 年积极心理学被引入二语习得研究之前，关于语言学习和使用的情感，
最核心的仍然是"焦虑"这一消极情感议题。但该研究中关于特质情感智力
和社会生物变量对于外语焦虑的影响为接下来的二语习得研究提供了研究
思路。

更契合二语习得话题的、关于特质情感智力对于外语积极情感影响的研

究要在上述研究完成后的大约十年间才出现，这期间有一系列研究证实了学习者内部因素（如特质情感智力）（Macintyre，2016）和学习者外部因素（如课堂环境）（Jennings and Greenberg，2009）如何分别成为外语情感的重要预测因素，却很少有研究探讨特质情感智力和课堂环境对外语情感的共同影响。Li 等（2020）的研究探讨了特质情感智力和课堂环境对于 EFL 学习者的情感预测作用，相当于将个人（内部）和环境（外部）因素在塑造二语情感中的共同作用做了通盘考量（Li et al.，2020），这一研究思路可以看作是上文 Dewaele（2008）研究在积极心理学时代的升级版。该研究的研究对象是来自中国的两个样本：1718 名中学生和 1295 名大学生。研究者利用调查问卷获取了两个样本的数据并分别进行了相关和回归分析，结果显示，无论是大学生还是中学生，特质情感智力和课堂环境分别以及共同显著预测外语愉悦和外语焦虑。

这一关注学习者内部因素和外部因素共同作用，对外语情感影响的研究思路至今长盛不衰，但是研究手段，特别是统计方法有进一步的更新。例如，这一领域新近发表的论文报告了一个研究，利用结构方程模型（SEM）作为数据统计手段考察中国 EFL 学习者的外语愉悦如何受特质情感智力与课堂氛围的共同影响（Wang and Wang，2024）。研究验证了一个包含外部因素（如课堂氛围）和内部因素［如特质情感智力（EI）］作用于外语愉悦（FLE）的模型。研究采用方便抽样，共有 346 名中国 EFL 学习者通过响应 FLE、特质 EI 和课堂氛围这三个构念的有效量表参与了研究。SEM 结果表明，课堂氛围和特质 EI 对 FLE 均产生了显著的正面影响。值得注意的是，特质 EI 的影响比课堂氛围更强。这些发现凸显了促进建设性的课堂氛围和培养特质 EI 对于提升 EFL 学生在学习过程中享受的重要性。

第三类：特质情感智力（TEI）作为中介→外语学习者情感或师生/生生关系的影响。

第三类研究是将特质情感智力（TEI）作为一个中介因素去考察。近年来随着二语习得研究不断从其他学科如心理学、教育学和社会学吸收理论和概念，二语习得研究越发显现出跨学科的显著气质。外语学习中的各类概念、关系近几年纷纷被纳入研究版图，而特质情感智力则在这些关系中扮演着不同的角色，如中介这一角色。例如，2023 年发表的一篇文章报告了一项研究，试图探究二语教师对学生的关注（mindfulness）与师生关系质量之间的关系，而特质情感智力被认为作为中介，与教师关注发生协同增效的增进师生关系的作用（Wang，2023）。为验证这一假设，研究招募了 369 名中国英语教师，通过问卷完成数据收集，采用结构方程模型进行数据分析后发现，教师关注与师生关系质量之间存在着强大的直接关联。情感智力在这一关系中作为一个主要的中介因素在情感、意识和人际互动的复杂网络中起着关键作用，这些因素共同构成了有效教学和积极的师生关系。

还有研究者研究了师生关系和外语愉悦情感对 EFL 学生倦怠感的影响，以及情感智力在其中发挥的作用（Li and Zhang，2024）。研究收集了 806 名中国 EFL 学生的体验，运用结构方程模型（SEM），对 EFL 学生中师生关系、学习愉悦和倦怠感之间的关系进行了分析，结果发现积极的师生关系、提升的外语愉悦感和 EFL 学生的低倦怠水平之间存在较强的关联。值得注意的是，研究展示了特质情感智力作为中介因素，如何在师生关系和外语愉悦之间通过复杂的方式影响学生倦怠水平。此研究结果表明，可以采取积极措施提升 EFL 学生的情感智力，以增强其减轻倦怠感的潜力。研究建议实施注重情感智力的教学策略和制度支持，以促进中国 EFL 学生的福祉和学术成功。

二、性格特质与二语习得研究

在积极心理学的背景下，坚毅指的是一种性格特质（trait strength），其特点是对长期目标的坚持和热情（perseverance and passion for long-term goals）。拥有高坚毅水平的人能够在长时间内保持持续的努力和兴趣，即使面对挑战、挫折或进展停滞时也不放弃。坚毅的概念是由心理学家 Angela Duckworth 提出和普及的（Duckworth et al.，2007）。她的研究和后来的书籍《坚毅：激情与坚持的力量》突出了在实现重大成就中坚持不懈的努力和热情的重要性。Duckworth 将坚毅定义为两个主要组成部分：一是坚持不懈的努力（perseverance of effort），即使面对逆境也能继续前行，保持努力。二是始终如一的兴趣（persistency of interests）：能够对长期目标保持承诺，并在较长时间内维持稳定和持久的兴趣。Duckworth 的研究表明，坚毅可能是成功的一个比天赋或智力更强的预测因素。她和同事开发了一个"坚毅量表"来测量个人的坚毅水平，其中包括评估努力和热情组成部分的项目（Duckworth and Quinn，2009）。她的研究表明，无论是个人教育还是职业生涯或是个人事业，坚毅与各领域中的高成就和成功高度相关。在教育领域，坚毅一直是一个热门话题，并且更多地被视为一种社会情感技能（social and emotional skill），许多研究调查了坚毅在不同的动机、情感和成就结果中的作用（Wolters and Hussain，2014；Muenks et al.，2016；Steinmayr et al.，2018）。我国教育学者刘宏刚等认为，坚毅所强调的是"个体在明确目标指引下，通过自我调节等方式达到持久的过程性投入"（刘宏刚等，2021）。

鉴于第二语言学习是一个漫长的过程，语言学习者经常会面临沮丧和失败，展现出坚毅，特别是保持兴趣的一致性和努力的持续性，可以推动语言学习者继续努力实现目标。二语习得领域的研究人员一直在研究坚毅这一构念在二语课堂中的应用，研究兴趣在过去的十年间正在迅速扩展（Feng and Papi，2020；Khajavy et al.，2020），研究对象不仅有二语学习者，也有二语教师（Sudina et al.，2020）。随着近十多年来积极心理学与二语习得领域的持续融合发展，坚毅这一人格特质在二语习得领域越发受到广大外语教学学者的关注（Wei et al.，2019，2020；Teimouri et al.，2020；Elahi et al.，2021；Derakhshan et al.，2022；王毓琦，2022；Fathi et al.，2023；Pawlak et al.，2024；Yang et al.，2024；Yu and Ma，2024）。

20 世纪 20 年代之前关于坚毅的二语习得研究多将坚毅作为一般的积极人格变量，大部分采用普遍领域的坚毅人格（domain-general grit），对于二语学习中的坚毅人格（domain-specific grit/L2 grit）并未有涉及（王毓琦2022）。例如，Wei 等（2019）调查了坚毅精神对中学生外语表现的影响。研究构建了一个中介调节模型，以评估外语愉悦的中介作用和课堂环境在坚毅与外语表现之间的中介作用。研究对象是 800 多名中国中学生，采用了坚毅量表简版、中文版外语愉悦量表和英语课堂环境量表三个量表作为测量工具，并取得了学生随后的期末考试的成绩。通过相关和回归分析评估了坚毅、外语愉悦、课堂环境和外语成绩之间的关系。结果表明，坚毅精神对外语成绩有正向影响，外语愉悦在坚毅与外语成绩之间起中介作用，课堂环境在坚毅与外语愉悦之间起调节作用。

类似的研究还有 Liu 和 Wang（2021）考察了坚毅、积极情感（即愉悦感）、消极情感（即焦虑）、外语表现，以及愉悦感和焦虑如何在坚毅与外语表现之间起中介作用。研究对近 700 名中国高中学生展开了关于上述心理构念的问卷调查，并收集了受试在语言考试中的成绩。结果显示，超过一半的学生在坚毅和外语愉悦感方面达到中高水平，而近一半的学生经历了低中等水平的外语焦虑。研究还发现，外语焦虑的中介效应强于外语愉悦感。

坚毅等一系列人格维度被纳入应用语言学研究，其实质既可以看作是应用语言学对积极心理学第二大支柱——性格特质研究的扩展，也可以理解为心理学中的"人格心理学"被引入应用语言学领域，并显示出人格是外语成就的重要预测因素。

时间来到 2020 年，公共卫生领域危机的突然爆发迫使世界各地的学校将课程转移到线上，被称为紧急远程教学（Emergency Remote Teaching，ERT）。外语学习环境的突然变化为研究人员提供了一个独特的机会，来考察过往研究中发现的学习者个性与课堂情感的关系以及这些因子在传统"面对面"课堂中的预测作用，是否也适用于新的在线环境中，一批以此为主题的研究呈现爆炸性增长，其中较有代表性的是 Li 和 Dewaele（2021）考察了不同年级的中国中学生在外语课堂中的焦虑（FLCA）与学习者内部因素（一般坚毅）和外部因素（在线英语课堂环境）的关系。共有 1526 名中国中学生完成了在线问卷，皮尔森相关分析和回归分析表明，一般坚毅和在线课堂环境可以独立或联合预测 FLCA，研究者据此发现提出了优化在线外语教学的建议。

从上面的回顾可以看出，关于坚毅的研究似乎将要沿着其他心理学因素与二语习得跨界研究的传统道路继续发展下去，但有一股研究力量却不可忽视且暗流涌动：由于坚毅在积极心理学和教育领域作为一个全新的构念出世，时间还过于短暂，是一个尚未成熟的"新物种"，因此，当这一崭新的人格构念被引入应用语言学领域后，这一构念的内部结构在应用语言学领域引发了激烈讨论和争议（Credé et al., 2017；Tabandeh et al., 2018，2020；Teimouri et al., 2021）：有些研究将坚毅人格视作单一整体变量，如上文提到的几个关于坚毅的二语研究均是遵循传统坚毅构念（Wei et al., 2019；Li and Dewaele，2021；Liu and Wang，2021）进行的，而另一部分学者则认为二语坚毅具有双因子结构（Teimouri et al.，2020；Wei et al.，2020；王毓琦，2022）。更有新发表的二语习得研究关于坚毅的论文，在研究之初首先对坚毅的内部结构加以验证，表明研究所选用的坚毅构念的科学性（一般坚毅或二语坚毅），再进行各变量与坚毅关系的研究。

二语坚毅（L2 grit）这一构念最初在 2018 年由 Plonky 等（2018）在提交给二语习得研究大会关于研究方法的论文中出现，在他们开创性的研究中验证了一种测量工具，这种被称为"二语坚毅"的量表被证明适用于英语作为外语（EFL）环境中的伊朗学习者。随后，Plonky 的追随者包括 Teimouri、Sudina 和 Tabandeh 进行了一系列研究，证实了二语坚毅这一构念的科学性。

例如，在关于二语坚毅的一篇里程碑式的文章中，Teimouri 等（2020）引入了二语坚毅的概念，并考察了此概念与 EFL 学习者动机行为和语言成就之间的关系。为此，研究开发并验证了外语习得领域特定的坚毅量表，以测量二语学习者的坚毅程度。研究发现，二语坚毅与学生的语言学习动机和成就呈正相关关系，且超过了一般坚毅的作用。综合来看，此结果与社会心理学研究的结果一致，作者因此建议未来这一领域的研究可以考察二语坚毅与二语发展中较为成熟的个体差异因素（如动机、认知等）之间的关系。

中国学者也在这一时期对上述研究进行了中国情境下的部分复刻（Wei et al.，2020）。研究确认了上述开创性研究中确定的二语坚毅的双重结构，并发现某些社会生物变量（如多语言能力、二语愉悦、年龄和性别）在不同程度上与二语坚毅有关。研究还提出一种更精细的数据分析方法，即在分层回归中为每个预测变量提供一系列效应量。

随后，Teimouri 等（2021）专门对比研究了特定领域（domain‐specific grit）和普遍领域（domain‐general grit）对坚毅的概念化和测量。研究指出，二语坚毅作为一种人格特质，是指对外语学习的坚持和热情的结合体，这一构念可以作为学习者动机行为和外语成就的预测因素，因为越来越多的实证研究结果在各种二语情境中验证了二语坚毅在预测二语成功方面的作用（Wei et al.，2020；Alamer，2021；Chen et al.，2021；Shirvan et al.，2021；Sudina et al.，2021；Sudina and Plonsky，2021）。由于领域特定的坚毅量表

（domain-specific grit）能增强其预测效度和构念效度，并能更好捕捉其在不同领域和不同语言中的差异性影响，因此在对该研究的总结中，研究者主张应以领域特定的方式来概念化和测量坚毅及其对二语结果的潜在影响。至此，二语坚毅已经成为一个在二语研究领域颇有权威的，且具备良好概念建设、测量手段和工具的初具规模的个性特质方面的成熟概念。

虽然二语坚毅这一特定领域的人格特质概念正在逐步建立，但以上述研究思路作为起点，不同文化背景和不同语言习得背景下的类似研究一直络绎不绝。为验证二语坚毅和一般坚毅在不同情景和不同动机条件下的信效度，揭示在不同坚毅体系下各变量间的关系和个体差异因素，近几年此类研究不断涌现。例如，有研究聚焦于二语坚毅的重要个体差异因素（Pawlak et al.，2024），采用混合方法，分别考察了一般坚毅和二语坚毅对 549 名英语专业高年级波兰大学生动机行为的预测效应，以及这些效应在多大程度上受到受试自我感知的语言精通程度这一中介作用的影响。数据采集工具包括坚毅量表（Duckworth et al.，2007）、二语坚毅量表（Teimouri et al.，2020）、动机行为量表（Taguchi et al.，2009）和半结构化访谈。量化分析表明，普通坚毅和二语坚毅显著共同预测了动机行为，其中二语坚毅的效应更为显著，但是，不同语言精通程度的学生之间存在差异。访谈数据的定性分析结果也印证了这一点。

与上述研究思路类似的一个研究分别考察了一般领域（domain-general）和特定领域（domain-specific）的坚毅量表（grit scale）和长期坚毅量表（Long-term grit scale）共四个坚毅量表的潜在结构、心理测量特性和预测效度（Li and Yang，2023）。来自中国六所中学的 700 名以德语为外语的学习者填写了这四个坚毅量表以及一个自我感知的德语熟练度量表。其中 289 名学生参加了后续的德语考试，受试的德语熟练度由他们的德语老师给予评分。结果表明：一般领域坚毅和二语坚毅均表示为单一的一阶结构，具有两个相关但不同的因素，即兴趣的一致性和努力的坚持；一般领域坚毅和二语坚毅均与二语成就呈正相关；当在同一回归模型中结合二语坚毅时，一般领域坚毅完全失去了对二语成就的预测力。这一研究结果呼应了先前研究中的呼吁（Tabandeh et al.，2018；Teimouri et al.，2020；Sudina et al.，2021）：在二语情境下，应优先研究二语特定坚毅而不是一般领域坚毅。

最初建立的坚毅的概念，除了在特定使用领域（如二语习得）方面引起学术界热烈讨论，并引发上述对比性质的研究类别，对一般领域坚毅的另一种批评涉及其在预测各个领域成功结果方面的效能。根据 Duckworth 及其同事（Duckworth et al., 2007; Duckworth and Quinn, 2009）的研究，坚毅在决定学生的成功方面与天赋同样重要。例如，在教育背景下的各种研究结果表明，坚毅的学生通常具有更高的课程成绩（Strayhorn, 2014）、更高的教育愿望（Duckworth et al., 2007）以及更高的教育完成率（Eskreis-Winkler et al., 2014）。

在二语习得研究中，考察特定领域坚毅与二语成就之间关联的研究也显示出令人鼓舞的结果。虽然使用一般领域量表的二语研究结果有些不一致（Wei et al., 2019; Khajavy et al., 2020），但使用特定领域坚毅量表的研究大多发现坚毅是二语学习和教学中的显著积极因素（Teimouri et al., 2020; Sudina et al., 2021; Sudina and Plonsky, 2021）。既然坚毅的力量如此强大，被认为在决定学业成功方面与天赋、学能、才能等认知因素拥有同样重要，甚至具有增量预测效度，那么坚毅与认知因素在预测成功掌握第二语言方面的关系是怎样的？

Tabandeh 和 Teimouri 于 2022 年发表的论文报告了他们对这一问题所进行的研究。研究考察了二语学习者的坚毅和语言能力对其第二语言成就的相对影响，还加入了学生的年龄、第二语言学习经验和性别几个变量来考察这些因素如何影响受试第二语言能力和坚毅水平。共有 236 名 EFL 大学生参与此项研究，学生们首先参加了 Llama 语言能力测试，其次填写了测量其二语学习坚毅程度的问卷。可靠性分析显示，二语坚毅量表具有较高的内部一致性，且未发现二语坚毅和语言能力之间存在显著相关性（$r=0.08$, $p=0.21$）。

相关分析结果表明，二语学习者的二语坚毅和语言学能均与语言成就（根据学生的英语课程成绩，如语法课程、口语课程、实验室课程以及其GPA 来测量）呈现中度正相关，且几乎同等程度相关。多元回归分析结果显示，二语坚毅和语言能力在预测语言成就指标方面具有类似的积极影响，语言学能和坚毅在预测语言成就方面具有相似的积极效果。此外，随着年龄增长和第二语言学习经验的增加，学生的某些语言学能和坚毅力可能会发生变化，但性别在这方面没有起到可靠的作用。

在对这一实验进行报告的论文中，作者使用了《伊索寓言》龟兔赛跑中为人熟悉的兔子与乌龟意向类比语言学习的天赋和二语坚韧（Teimouri et al.，2022）。兔子是天赋的最好代表，这是一种决定学习速度的关键认知因素，而乌龟是坚韧的隐喻，这是一种为实现长期目标而持续努力的关键非认知因素。天赋与努力对成功结果的比较效应长期以来为社会和教育心理学中的毅力研究所关注，也是人类在进行外语学习时亟待解决的、好奇心使然的疑问。这一研究结果表明，那些把二语或者外语学到优秀程度的学习者，有语言学能和坚毅力的双方面加持，我们不能盲目夸大其中任何一方面的功能，或者忽略其中一种因素。具有比普通人多一点的天赋，但同时持续输出不比任何人少的努力，这往往是那些在某些领域获得了终极成功的人们讲述的成功之道。具有语言天赋和付出坚韧不拔的努力在二语习得的成功中缺一不可，这一论断已经在此研究中被证明。

笔者观察到近期国内、国际二语习得期刊中关于坚韧的论文仍在不断出现，表明坚韧仍然是热度颇高的话题。有一些研究考察坚毅和其他因素，包括外在环境因素和内在情感因素对于二语学习者学业成就或者交际意愿（WTC）的影响。如发表在国内期刊的一篇论文报告了二语坚毅对交际意愿的关系探究，并发现了外语愉悦与焦虑两种情感在其中发挥的中介效应（王毓琦，2022）。国外期刊中也有类似的研究发表，如有学者考虑了外部因素（教师支持）和内部因素（"坚毅人格特质+外语愉悦情感"）对二语学习者交流意愿的影响，以及这些因素之间的相互作用（Yang et al.，2024）。来自中国的 619 名大学生参与了此项横断面调查，并使用结构方程模型（SEM）对收集的数据进行了分析。结果表明，坚毅可以直接且正向预测二语交流意愿。教师支持和坚毅可以通过外语愉悦的中介作用影响二语交流意愿。以上两项研究都是此类研究中较为典型的研究范式，其研究发现为积极心理学在二语习得领域提供了实证依据，揭示了各构念之间相互关联的影响机制，为人们理解第二语言学习与各内外因素之间的互动影响关系这一复杂画面，描绘了更细腻的一笔。

既然坚毅已经成为二语习得中如此重要的考量因素，研究者们又开拓思路，将所关注的因果和关联关系前置，即由之前考虑"坚毅因素如何联合其他因素影响外语学习和交际效果"这一环节，提前至"哪些因素影响坚毅的产生和强度"这一更早的一环，将坚毅由之前研究中的自变量转换成了因变量来加大研究，这一类的研究在 2024 年特别盛行。

例如，有研究者调查了调节焦点、学业情感和二语坚毅之间的相互关系。研究基于结构方程模型（SEM）方法，通过学业情感（此研究中涉及了外语愉悦、外语无聊、外语焦虑和希望四种情感）的中介作用，考察调节焦点对二语坚毅的预测效果（Mei et al.，2024）。1043 名来自中国中部一所综合性大学的非英语专业本科生参加了该研究，通过问卷对数据进行了收集，这些问卷均改编自三种已发表的量表。多重回归和多重中介分析结果表明，三个心理构念（调节焦点、学业情感和二语坚毅）彼此相关，调节焦点对二语坚毅具有间接预测作用，且学业情感在此间接作用中起到中介效应。具体来说，外语愉悦和无聊对促进焦点与二语坚毅的关系具有部分中介作用，而希望和焦虑对预防焦点与二语坚毅的关系具有完全中介作用。研究结果为了解中国 EFL 学习者调节焦点和二语坚毅的中介机制提供了启发。类似的研究调查了影响中国大学生二语坚毅的内部预测因素，特别关注的因素包括二语交流意愿、二语焦虑和二语愉悦（Shi and Quan，2024）。研究构建了一个结构方程模型（SEM）来检验三个因素与二语坚毅之间的关系和各因素两两之间的关系，共有 148 名有效问卷调查参与者。研究结果表明，二语交流意愿和二语愉悦均正向且直接预测二语坚毅；而二语焦虑对二语坚毅有直接的负面影响；此外，二语交流意愿、二语焦虑和二语愉悦之间存在显著相关性。该研究与 Mei 等的研究，通过推动对二语坚毅的进一步研究，为教师提供教学启示，帮助外语教师采用适当的教学方法提高学生的二语坚毅水平，进而促进外语学习。

以上两项研究都是将影响二语学习者坚韧的考察因素限定在学习者内部，无论是动机层面的调节焦点，还是情感层面的学业情感、二语焦虑和二语愉悦等都未能与学习者外部环境因素发生联系，考察对二语坚毅的影响。但也有诸多研究填补了这一空白，并且近期对外界环境的考量，特别是师生关系的考察成为此领域新的研究兴趣高地。例如，虽有大量研究揭示了二语坚毅受教师支持的积极影响（Hejazi and Sadoughi，2022；Shen and Guo，2022；Liu and Li，2023；Sadoughi and Hejazi，2023；Wu et al.，2023），但尚未有研究解释教师支持子维度之间的相关性和对二语坚毅的影响。Wu 等

（2024）收集了中国大学 EFL 学习者的二语坚毅和教师支持数据，并通过因子分析和相关分析来探讨二语坚毅子因素和教师支持的子因素之间的关系。研究从二语坚毅中提取了努力坚持（PE）和兴趣一致性（CI）两个因子，从教师支持中提取了学术支持、情感支持和进步支持三个因子进行因子分析，结果显示，二语坚毅和教师支持显著正相关。就子因素而言，只有 PE 与学术支持、PE 与情感支持以及 CI 与情感支持之间的正相关性是显著的。该研究验证了教师支持在培养学习者二语坚毅中的重要性，但同时发现了情感支持和学术支持在激发学习者积极情感和帮助他们发展坚毅特质中的更显著的作用。

三、外部环境与外语教学

与积极心理学第三支柱相关的机构及其个体外因素的相关研究是当下研究的重点：之前的研究所涉及的变量多从学习者内部出发，却忽视了人是与外部环境不可分离的整体。目前，大量二语习得研究开始关注到外语情感与个体外部因素的关系，从个体—环境交互视角综合考察情感诱发机制、情感与认知因素对二语学习者学习效果的预测作用等。

概括来说，笔者认为二语学习者外部的因素主要分为以下三类：第一类是外语教学中的另一个重要主体——教师，诸多教师特征被纳入考察范围中，如教师支持、教师热情、教师的友好型、教师的可预测性和教师人格特质等（Dewaele et al.，2019；Dewaele and Li，2021）。例如，有研究探讨了教师特点对外语学习者情感的作用，发现教师特点对外语愉悦的作用大于其对于外语焦虑的作用效果。第二类是教学发生的场域，如传统课堂环境、线上教学环境、线上线下混合教学环境等。环境类的考量因素还有机构环境和某项语言任务发生的任务环境、学习方式（如合作学习）、课堂氛围甚至家庭环境。例如，Li 等（2020）发现特质情感智力与课堂环境联合预测外语学习情感，而且内外因素的作用强度也存在差异。第三类是学习同伴以及和同伴的互动等（张凯等，2023）。有研究者展示了各种情感、动机变量和自我效能感与语言学习自主性之间的关系，并探讨这些影响在多大程度上在各个学校中同样重要，即是独立于情景的（context independent）（Csizér and Albert，2024）。研究者在匈牙利设计了一项全国性的定量研究，采用系统配额抽样方法（systematic quota sampling），涵盖了来自匈牙利 11 所中学的 1152 名学生。在标准化问卷中使用量表，通过多变量统计技术（multivariate statistical techniques）进行分析，分析聚焦于学校层次的差异。结果显示，在每所学校里，学习者动机是与学习者自主性显著相关的唯一因素，而其他量表的作用仅限于部分学校。研究从一个侧面说明，情感和自我效能感都不是独立于环境存在的，可以引发学习者自主性的因素，而学习动机则显示出不以环境转移的对于外语学习自主性的强大作用。

第六章　外语教学中的教师动机

引言

自 20 世纪 90 年代末以来，教师动机研究得到了长足发展，研究领域不断扩展，各种社会文化背景下教师动机研究文献在过去二十年间显著增加。2008 年世界顶级教育期刊《学习与教学》（*Learning and Instruction*）特别推出了研究教学动机的特刊，是动机研究在教育领域重要的里程碑事件，标志着当代动机理论在教育领域的研究中的得到较为成熟的联结与融合。上述特刊中所呈现研究的重要价值在于向教育研究者展示了如何将动机理论运用在教师职业选择、教育研究和职业承诺等新兴研究领域中，为未来教师动机研究设定了议程并提供了重要推动力。

进入 21 世纪以来，诸多西方国家，如美国、澳大利亚以及英国、德国和挪威等一些欧洲国家，越发显现出教师短缺问题，这一客观社会现象也转变为一股强大的推动力，将增强教师动机的议题提上日程，解决教师动机不足等问题的必要性日益显著（Kyriacou and Kunc，2007；Weiss，1999）。因此，近二十年间，教师教学动机及其留任动机的研究兴趣呈现增长态势，这些研究揭示了西方社会现有和潜在教师短缺的可能原因：如教师早期流失、教师队伍老龄化、高需求与低回报的不平衡、有限的职业机会、较低的工作保障和低声望（OECD，2005；Richardson and Watt，2005，2006；Sinclair，2008；Sinclair，Dowson and Mcinerney，2006；Watt and Richardson，2007；Watt et al.，2012）。

即使抛开以上学术发展和社会现象的推动因素，教师动机研究本身的重要性也不言而喻：教师动机作为教师心理的重要组成部分和关键因素，与教育中的多个变量密切相关，如学生动机、教育改革、教学实践以及教师的心理满足和幸福感。对教师动机的研究可以为教学管理者提供工作思路，为教育政策的制定，如怎样吸引潜在教师人群选择教师职业、帮助教师在从事教学工作的漫长过程中保持教学热情等提供理论和实践方面的助益。

笔者对近年来教师动机研究，特别是外语教师动机研究的综述研究进行了整合，如 Richardson 和 Watt（2010）在师范生中进行的"影响教学选择因素"（FIT-Choice，Factors Influencing Teaching Choice）研究项目，Han 和 Yin（2016）对不同理论视角下教师动机研究的分类和综述以及 Hiver 和 Kim 等（2018）在主流教育背景下对教师动机研究的探讨。在接下来的章节中，笔者将对教师动机研究的发展进行批判性回顾：首先，基于对现有文献的理解，对教师动机的定义进行梳理；其次，从关系视角总结职前教师选择教学职业的动机和在职教师留任的动机研究内容，重点明确了教师动机与教学效果，如学生学业成绩、教师心理健康和幸福感的关系；最后，对于外语教师动机研究的状况做了介绍和总结，提出了外语教师动机研究未来可能发展的方向和研究选题。

一、教师动机定义

与学生动机研究相比，有人将教师动机研究领域描述为仍然"处于起步阶段"（Urdan，2014）。鉴于与学生动机研究相比相对后发的态势，越来越多的教师动机学术研究正在通过重新构建最初应用于学生动机领域的社会认知动机理论来更好地理解教师动机这一复杂的、动态发展的概念。被重新利用和调整，并以实证研究探索教师动机的最突出、最富有成效的动机理论有：自我效能感（self-efficacy）（Tschannen-Moran and Woolfolk Hoy，2001）、成就目标理论（achievement-goal theory）（Butler，2012）、自我决定理论（self-determination theory)（Roth et al.，2007）和期望价值理论（expectancy-value theory）（Watt et al.，2012）。自我效能感被定义为个体对自身能力的信念或信心，即执行完成特定任务所需行动的信心（Bandura，1997，2012）。成就目标理论关注个体执行任务的目的，以及在从事该活动时对能力的定位和认知（Elliot and McGregor，2001）。自我决定理论的基础是，当基本心理需求（即自主性、能力和关系）作为人际动态和社会环境的功能得以满足时，个体会发展出适应性、成长导向的倾向——内化和内在动机（Deci and Ryan，2000，2012）。期望价值理论强调，个体对任务的努力和坚持取决于他们对成功的期望、对自己能力的信念以及他们对参与该任务机会的重视程度（Wigfield and Eccles，2000）。

作为心理学和教育领域研究最多的话题之一，动机一般被视为一种由内而发的推动个体做事的能量或驱动力。动机所天然具有的复杂性使学术界对动机的理解并未达成共识（Dörnyei and Ushioda，2011）。因此，研究人员在研究焦点的选择性上应用了一系列动机理论。例如，Williams 和 Burden（1997）区分了动机的两个方面：一是启动动机（initiating motivation），涉及做事的原因和最终决定采取行动；二是持续动机（sustaining motivation），指的是持续或坚持做某事的努力。Dörnyei 和 Ushioda（2001，2011）确定了动机定义的两个维度，获得了此领域大多数研究人员的支持：人类行为的方向性（direction）和强度（magnitude）。动机的这一定义决定了人们选择做某事的原因、维持活动时长的意愿以及执行该活动的努力程度。

教师动机方面，Sinclair（2008）从吸引（attraction）、留存（retention）和专注度（concentration）三个方面进行了定义，即动机决定了"吸引个体从事教学的因素、个体在初始教师教育课程中的学习时长和在随后教学职业中保持的时长，以及个体对课程和教学职业的投入程度"。Dörnyei 和 Ushioda（2011）根据他们对动机的概念的理解，强调了教师动机的两个维度，即选择教学这一职业的动机和留在该职业中的动机。他们通过对文献的回顾归纳出了教师动机中四个具有鲜明特色的组成成分：一是与教学固有兴趣密切相关的显著内在动机；二是与外部条件和约束影响相关的社会环境影响；三是时间维度上特点，即是对终身承诺的强调；四是来自负面影响的抑制动机的因素（demotivating factors）。Dörnyei 和 Ushioda（2011）确定的第二个维度更全面的包括了教学职业的坚持和努力，这与 Sinclair 定义中的第二个和第三个维度即留存和专注度相吻合。综合以上观点，笔者认为教师动机包括以下四个因素：一是源于个体内在价值；二是选择教学并留存在教学领域的原因；三是动机受多种环境因素影响；四是动机强度几种体现在为教学所做的努力上。

以上讨论包含了两个方面的内容：一是借鉴于学生动机研究的、教师动机常涉及的理论框架；二是主流动机概念中包含的、被大部分研究者认可的教师动机因素。可以看出，目前教师动机研究尚未统一到一个较为综合的理论框架之下，但此概念包含的基本要素已经基本达成共识。为了探讨每个理论框架所揭示的动机的不同方面，突出不同理论的互补性以及其局限性，笔者借鉴 Pintrich（2003）在主流教师教育动机研究中所建议的四个支撑起教师动机研究的关注点，作为组织串联起教师动机实证研究的主线。这四个研究关注点分别是：一是个体活动选择，为什么个体选择某一行动而非另一行动，即是激励个体进入教学职业的因素；二是个体在活动中的持续性，教师动机如何与教师发展相关联；三是个体活动水平，即个体在该活动中的参与程度，考察激励教师课堂表现的因素；四是个体在活动中的具体表现产生的不同效果，即教师动机如何影响课堂实践的动态。在接下来的章节中，笔者将围绕这四个问题，对教师动机方面的代表性研究进行介绍和梳理。

二、影响教师动机的图素

（一）选择教师职业的动机研究

毋庸置疑，教学对学生素质的提高和全社会成就的提升至关重要（Hanushek，2011），而教师又是高质量教学的实施者。因此，努力吸引和留住高质量教师已经成为教育政策制定者和教师教育者的重要议题（Richardson and Watt，2016）。教师的职业动机是他们进行专业投入并做出高效教学承诺的核心，因此近年来关于教师动机如何在教师职业选择和职业维持中发挥作用的运作机制研究正在不断加强。

综观这一类型的文献，研究者们揭示出诸多影响职前教师教学动机的因素，分析整理后笔者认为，这些影响职前教师教学动机和教学职业选择的因素主要可以分为以下三个方面：教师个体内部因素（内在动机）、教学工作固有的性质（利他动机）和社会文化外在因素（外在动机）。

1. 教师个体内部因素

从自我决定理论的角度来看，成为教师的动力源于内在（自主）或外在（控制）因素（Roth，2014），这些内在和外在因素共同存在于自我决定连续体上。外在动机是最不受自我决定的形式，即外部调节，其次是内摄调节（即外部控制力量在某种程度上被内化）和认同调节（即当活动的个人价值被内化时，就达到了认同调节），而整合调节则发生在当活动的执行成为表达个人身份核心方式之时（详情可见前文中关于自我决定理论的详细论述）。OECD（2005）发布的报告验证了与儿童和青少年一起工作的愿望、潜在的智力满足感以及为社会贡献的愿望通常是职前教师选择进入教学的首要原因。

研究同时发现，教育水平和个人特征的差异会影响选择进入教学职业的原因。Watt 和 Richardson（2008）在一项纵向研究中，对来自澳大利亚三所大学的、即将入职小学和中学的教师候选人（N=510）的职业计划、满意度水平、人口特征、认知和动机进行了调查。通过聚类分析，对教师类型进行了分类，识别出三种不同类型：高度投入的坚持者、高度投入的转换者和低投入的放弃者。对这三种类型被试在选择教学作为职业的动机、对职业的看法和职业意图的差异进行了对比，并分析了三类被试的不同人口特征。

2. 教学工作固有的性质

除个体内在原因外，教学的亲社会性或利他价值也往往是吸引个体进入这一职业的原因（Richardson and Watt，2014）。这包括对学习者的爱、热情和奉献，以及对社会贡献或减少社会不平等的个人或道德承诺。期望价值模型的研究认为，除对教学任务赋予价值外，个人在进入这一职业之前会评估工作量和工作要求，并将这些与他们成为有效教师的期望进行权衡（Watt et al.，2012）。Richardson 和 Watt（2006）在澳大利亚进行的大规模研究正是基于期望价值框架的职前教师动机研究中最具代表性的研究之一。他们对职前教师教学动机的兴趣来源于英国、美国、澳大利亚等国呈现出的教师短缺问题的不断加剧（OECD，2005）。Richardson 和 Watt（2006）进行了一个三阶段的历史综合研究，被试是三所澳大利亚大学中的同一批职前教师候选人，三个时间点选择刚进入教师教育之时、毕业于教师教育课程之时和毕业两年之时。基于期望价值理论，他们（Watt and Richardson，2006，2007）开发了 FIT-Choice 模型（见图 6-1），作为对影响职前教师选择从事教学因素调查的指导系统。

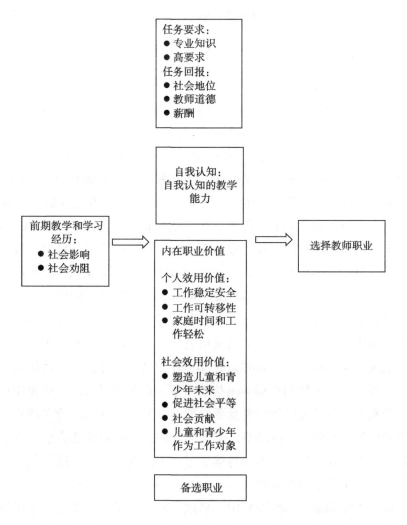

图 6-1　关于教师职业选择因素（FIT-Choice）的理论框架

资料来源：Watt 和 Richardson（2007）。

在 FIT-Choice 框架中，第一部分是被试对前期先前经验的认知，第二部分是该模型的主体部分，包括了任务认知、自我认知、职业价值认知和备选职业四个部分作职业选择的背景。其中，任务需求构念包括专业知识和高要求，而社会地位、教师道德和薪酬则构成了任务回报构念。模型中的职业价值认知构念包括内在价值、个人效用价值和社会效用价值。选择教学职业作为一个结果变量出现在模型第三部分。在近年发表的后续研究中，笔者注意到 FIT-Choice 模型被应用于多项关于职前教师职业选择的实证研究中，表现出良好的理论解释能力（Eren，2024；Wang et al.，2024；Westphal et al.，2024），也为不同样本和跨文化环境的比较研究提供了一种综合理论方案。

3. 社会文化外在因素

越来越多的证据表明，社会文化背景在塑造个人最初的教学动机方面发挥着重要作用，这些教学动机影响教师在职业中的表现、努力和坚持（Alexander et al.，2014）。虽然在许多情况下内在因素是主要推动力，但其他国家的教师则更多地提到外在动机，包括薪酬、工作保障和职业地位（Lu and Geng，2022；Spittle et al.，2022）。在发达国家，内在动机和利他动机对于在课堂上获得满意和持久的职业生涯至关重要（Karavas，2010；Rezaei，2024）。然而，早期的动机无法预测将教学作为职业的动机维持情况，最初对教学的热情会减弱（Morris and Mo，2023），这一现象与一些研究揭示的教师高流失率的问题（Watt et al.，2012；Tran and Moskovsky，2024）密切相关。

同时，职业选择的动机可能受到不同社会文化背景下混合因素的影响，关于发展中国家教师职业选择的动机研究呈现出不同的研究结果：例如，在斯洛文尼亚（Kyriacou and Coulthard，2000），更多的外在动机被认为是职前教师的重要动机。正如 FIT-Choice 模型所示，在某些国家，薪资和职业地位等外在动机被认为是选择教学更重要的原因。另一项近期的研究调查了印度尼西亚职前教师的职业选择动机，却表明，职前教师对成就需求有强烈的倾向，强调个人成长、学术卓越和持续学习，职前教师致力于提高他们的教学技能，并对学生产生积极影响（Ayuningtyas and Santosa，2024）。

在面向中国职前教师的研究中，早期研究揭示了内在动机是中国教师教学动机的主要因素（汤闻励，2011），但近期研究不仅揭示出外部因素的重要性，如针对专业和学位的选择、学习经历和国家就业形势等（Morris and

Mo，2023），更重要的是这些研究反映了中国社会文化背景下诸多外部因素错综交织带来的教学动机的多样性和复杂性（Zhang et al.，2019；Gu et al.，2021）。Gu（2021）的研究明确表明了不同社会和文化背景对于教师教学职业选择重要性：研究比较了以中文作为第二/外语（CSL/CFL）教学的本土和非本土职前教师的教学动机。参与者既包括母语为中文的职前CSL/CFL教师，也包括母语为非中文的教师。研究结果揭示本土和非本土教师具有相似的FIT-Choice模型中的六因子教师动机，两组在跨文化价值、内在价值、利他价值和作为备选职业的动机类型的重要性评分方面无显著差异，但在外在价值和社会影响的评分上存在显著差异。因此，在职前教师动机中，社会文化背景在决定谁成为教师、为什么成为教师和成为怎样的教师方面发挥着重要作用。

（二）保持教师职业动机研究

根据不同的理论基础，这一小节梳理常见理论视角下（自我效能感、成就目标理论、关系目标和自我决定论）对教师保持职业动机的研究。

教师是能思考、有情感的自主个体，社会认知理论强调个体能动性能够对行为做出决策并加以控制的重要性，因此，理解教师动机的一种有效方式是考察教师对帮助学生提高学习能力的信心和水平（Zee and Koomen，2016），由此引出自我效能感这一构念。教师的自我效能感是他们对自己的判断，即他们在多大程度上能够有效吸引学生并帮助提升学习能力（Klassen et al.，2011）。对个人教学能力的积极评价对教师的动机至关重要，这些积极的自我效能感与教师的热情和信心、对教学的承诺、工作满意度、教学努力和坚持有关（Klassen and Tze，2014）。虽然社会认知理论认为自我效能感一旦建立就相对稳定（Bandura，1997），但教师职业的延续性为教师目标和自我效能感提供了诸多变化的可能。例如，由于教师需要不断克服新的挑战、障碍、限制和困难，教师的能动性及其对实现教学结果的能力期望处于动态发展中（Skaalvik and Skaalvik，2010）。

成就目标理论中的目标追求（goal pursuit）概念提供了另一种观察教师在课堂上寻求实现目标的方法（Retelsdorf et al.，2010）。在教学中，教师可能受到以下几种目标的激励：掌握目标（mastery goals），即渴望专业发展和提高教学技能；表现趋近目标（performance-approach goals），即渴望展示卓越的教学能力；表现回避目标（performance-avoidance goals），即渴望通过避免低质量教学来避免失败的表现；或工作回避目标（work-avoidance goals），即渴望尽可能少的完成工作。

教学的另一个独特维度涉及教师如何将他人的目标纳入自己的一系列专业目标中，Butler（2012）在关系目标（relational goals）的范畴探索了这一维度。这项研究将关系追求（relational strivings，即实现与学生的关爱关系）和掌握追求（mastery strivings，即发展能力）视为两种不同的教师动机目标，每种目标对教师行为有不同的影响（Butler，2007）。更关注关系目标通常与教师对学生的社会情感支持有关，而教师的掌握目标往往更多促进认知激励性教学和学生更高的学习兴趣。虽然两种动机目标对教师行为图标勾选不同，Butler 后续研究证明关系目标也与教师的个人成就感和能力感密切相关（Butler and Shibaz，2014）。一般而言，教师对掌握和关系目标的双重认可与更多的教学乐趣和更大的工作投入相关，并且预示着更多使用掌握导向的教学实践（如鼓励学生的批判性思维）以及情感上的可用性和支持性（Becker et al.，2014；Soenens et al.，2012）。由于教学是一项有明确目标的工作，它本质上是目标导向的。这些目标有时可能针对个人愿望，有时又可能与更具人际关系的导向有关。

自我决定理论则认为，教师动机的持续性源于通过教学活动满足心理需求（Roth，2014）。因此，根据自我决定理论，个体必须感到自主，了解个人的优势和劣势，理解如何满足自己的需求，感到有能力并与周围的人建立联系（Deci and Ryan，2000，2012）。自主动机对激励教师行为至关重要，因为教育的性质使从业者倾向于探索和吸收新知识，寻求新奇和挑战。对于教师来说，如果他们享受教学过程并热情投入到教学任务中，行使自主和选择，就可能实现个人成就感和满意度，并充分发挥他们的能力（Roth et al.，2007）。当然，教师在教学过程中能否体验到需求的满足在很大程度上取决于课堂环境和更广泛的教育环境。例如，关于教师自主动机的前因研究强调，角色模糊、对高风险考试成绩的过分重视、外部问责制和学校管理的强制性会削弱教师的自主动机，因为这些压力代表了控制形式的动机（Reeve and Su，2014）。

从以上代表性研究中可以看出，对在职教师动机研究的一个重要传统是探索影响教师动机的各种因素（Han and Yin，2016）。同时，20 世纪末在多个发达国家开始出现的教师流失问题引发研究者在教师动机减退这个范畴内进行了一系列研究，成为教师职业保持动机研究中的一个重要子领域。

Dörnyei 和 Ushioda（2011）指出，动机减退和积极动机被相关负面因素抵消有密切联系。他们根据研究结果提出了五类动机减退因素，包括压力、教师自主权的抑制、自我效能感匮乏、职业结构缺陷、教学内容重复和有限的智力发展潜力。

不可避免的是，教师动机减退与学生的素质、态度、能力等因素紧密关联，研究表明，学生被认为是教师动机减退的主要因素之一。Kiziltepe（2008）研究了伊斯坦布尔某公立大学教师动机减退的原因。研究对象为 300 名年龄在 33~65 岁的教师（男性 112 人，女性 188 人），他们被问及关于职业动机及失去动机倾向的两道开放性问题。经过对研究对象回答内容的主题分析，动机减退因素被分类归纳为五个方面：学生因素、经济因素、职业结构性特征、科研要求及工作条件。进一步研究揭示出，学生是大学教师获得动力和失去动力的最主要来源，而职业特征、经济因素和科研要求则是次要的动机减退因素。

三、教师动机与教学效果

长期以来，教学所具有的社会目标被长期忽视，学术界多将注意力放在对教学作为认知过程的研究上（Zembylas，2003）。社会情境视角挑战了这一观点，并提供证据表明动机、认知和情绪总是被情境化，并且从根本上是相互依存的，这种观点对教师动机的主要影响是关注课堂环境和教师动机的共同构成的特性对教学效果的影响（Radel，et al.，2010）。教学效果被具化为以下四个因素，用以开展与教师动机关系的研究：教学风格、教师教学方法、教学实践和教学行为（Han et al.，2015；Daumiller et al.，2023；Oberhauser and Hertel，2023）。研究显示，教师对教学的热情、目标和职业自主感通过教学实践来塑造学生的感知和行为。

Lazarides 等（2022）在德国通过纵向研究检验了教师的激励信念与学生报告的教师教学实践之间的相互关系。纵向多层模型揭示了教师激励信念到学生兴趣的不同路径：通过学生感知的课堂管理（时间点 2），从教师自我效能感（时间点 1）到学生兴趣（时间点 3）的"行为管理路径"；通过社会情感支持（时间点 2），从教师参与的自我效能感（时间点 1）到学生兴趣（时间点 3）的"情感支持路径"；通过认知激活（时间点 2），从教师的教育兴趣（时间点 1）到学生兴趣（时间点 3）的"认知教学路径"。研究并未发现教师的激励信念与其教学实践之间的相互关系，但是证实了教师激励信念的不同层面与不同的教学实践相关。

Jimola（2024）的研究考察了尼日利亚英语文学教师采用的教学风格、英语文学学生对教师教学风格的看法和偏好以及教师的教学风格是否能预测学生对英语文学的成就和态度。研究结果显示，英语文学教师主要采用委托者、促进者和榜样的教学风格，而专家和权威风格是最少的。研究发现，教师的教学风格是预测学生在英语文学上的成就和态度的良好指标。

大多数现有的教师研究证据一致强调了教师动机与其教学实践之间的相互联系。例如，更具自主动机的教师报告在教学中更多从掌握目标中获得动力，从而具有更具适应性的教学策略和更好的教学表现（Soenens et al.，2012）。不仅如此，有研究证实自主动机强的教师对所教授科目的价值有更积极的评价，并且对于帮助学生掌握这些科目的学习方法更加重视（Garner，2010）。

四、教师动机与学生动机

教师动机与学生动机的相关性在 20 世纪已被研究确认（Deci et al.，1982），进一步研究发现教师动机通过教师使用的激励策略与学生动机发生关联（Bernaus and Gardner，2008；Fadhilah and Warni，2024）。在教师动机研究的各种动机理论中，自我决定理论（SDT）被广泛用于研究教师动机对学生动机影响的基础框架。

自我决定理论之所以如此广泛地运用于教师动机与学生动机关系这一研究话题，其中一个重要原因是有坚实的实证基础证明 SDT 应用于教师动机研究的科学性。例如，Roth 等（2007）考察了教师在教学中的自主动机体验及其在教师和学生中的相关因素。基于自我决定论，研究假设认为：教师会将SDT 所提出的各种动机（外部动机、内摄动机、认同动机和内在动机）理解为沿着教学自主动机连续体依次分布；教学的自主动机与教师的个人成就感呈正相关，而与情感耗竭呈负相关；教师自我报告的教学自主动机会通过提高教师的自主支持行为来促进学生的学习自主动机。在对 132 名以色列教师及 1255 名学生的样本进行研究后，结果与上述假设一致，证实了个体对环境自主支持或控制的感知决定了外部事件对内在动机和自我决定的影响。

还有研究探索了外在的社会情境条件，如来自上级的压力和学生的压力对于教师动机的影响以及这些影响如何作用于学生动机。Pelletier 等（2002）运用结构方程模型，对上述问题进行了研究，发现教师感受到来自上方的压力（如必须遵循课程、与同事合作以及达到绩效标准）和来自下方的压力（如学生缺乏自我动机）越多，教学中的自我决定性就越低。而教师在教学中的自我决定性越低，对学生的控制就越多。当教师更加支持自主性而较少控制时，学生表现出更高水平的内在动机和自我决定。Taylor 等（2009）进一步分析了社会情境条件（在该研究中限定为"体育教学环境"）如何影响教师对学生的激励策略。研究以自我决定理论为指导框架，对 22 位体育教师的半结构化访谈进行类别内容分析。结果发现，教师们认为，外界对学生评估的重视以及体育课时长限制迫使他们使用一些教学策略，但这些策略与激励学生的最佳方法并不一致，甚至相冲突。教师自身的绩效评估和与其他教师保持一致的压力也影响激励策略的选择。教师对学生的看法影响了策略的制定，使之与他们的信念一致，但往往与经验建议的策略不同。这一系列的研究说明，关注教师信念和教学环境有助于促进适应性的激励策略。情境因素和个人前因预测了教师的心理需求满足，同时反向影响教师的动机策略。

五、外语教师动机研究概况

外语教师动机研究作为教师动机研究在外语学科中下位研究始于 20 世纪 90 年代中期（Pennington，1995）。与上述主流教师动机研究所具备的显著理论发展线索相比，外语教师动机研究倾向于解释语言教学中教师的动机现象，具有鲜明的主题性和描述性。这一方面反映了该领域作为新兴研究领域的现实，另一方面也说明外语教师动机研究的某些方面在理论上尚有所缺乏。笔者认为这一领域的理论突破可能从实践出发，走自下而上生成理论的研究形式。在这一小节中，笔者继续以 Pintrich（2003）在教师动机研究中所建议的两个研究关注点分析外语教师动机研究概况。

（一）外语教师选择从事外语教学的研究

近年来的研究表明，外语教师的职业选择中同样存在突出的内在动机和外在动机。教育环境中的内在因素涉及需求和兴趣的满足、情感回报以及个人成长、智力发展的内心愿望。在语言教学专业中，上述内在动机通常指向个体对语言和教学本身的热爱，这些成为语言教师职业选择的强大动力，实现成长的潜力为语言教师在其理想职业中提供灵感和动力。Wong 等（2014）在香港的研究证实了内在动机在语言教学专业的具体表现和特征。研究调查了在教师过剩的中国香港，教学动机及其结果是否与教师短缺的地区相似。对 132 名职前教师的研究结果表明，利他主义和内在动机是最重要的教学动机，并且与计划的教学投入呈正相关。访谈数据分析显示，利他主义和内在动机可以减少备用职业动机对从业者的负面影响。

L2 教师对语言和教学内在兴趣的另一个来源是先前的学习经历：当个体感知自己具有强大的语言学习能力，并在学习语言的过程中获得正面成就感，这可能成为促使他们进入语言教学职业的主要驱动力（Hayes，2008）。教师早期学习经历还包括观察和感受自己的老师对教学的乐趣和奉献精神，这些因素激励学习者选择 L2 教学职业。Koran（2015）研究了伊拉克外语教师进行职业选择时的动机状况。研究结果表明，激励英语教师进入这一职业的因素包括内在、外在和利他因素，这与原有教师动机文献一致；但研究同时发现，最显著激励教师做出职业决定的是内在和利他因素。从这些研究中可以推断，利他主义和对社会做贡献的愿望是外语教师职业生涯选择的超越性内在动机。

外在因素也影响许多外语教师的工作选择，外在因素涉及外部激励，如物质利益、L2 教师的社会地位和工作保障，这种外部动机在不同国家和地区如中国、希腊等地的外语教师中得到了验证（Karavas，2010；Gao and Xu，2013）。在经济上，许多不利环境下的教育工作者所享受的物质回报，如有保障的薪酬和养老金计划，也是选择该职业的重要理由。以中国学者的一项研究为例，该研究调查了中国英语教师的职业经历，探究了他们在中国内陆地区农村中学的教学动机及其职业承诺的变化。研究揭示了被试受"理想自我"愿景的驱动，如何加入了初始并不喜爱的教学职业。他们随后将教学与其"理想自我"联系起来，但是由于追求英语能力和理想化的职业角色受到现实环境的限制，从而导致了对教学承诺的波动。

总之，以往的外语教师研究已经确定了语言教师职业决策中内在和外在动机的各种影响因素。这些研究大多是描述性的，一般教师职业动机研究中的常见理论基础在这一领域的运用和拓展还有较大的空间。

（二）外语教师动机与教师发展和课堂实践的关系研究

一旦成为外语教师以后，教师的动机受到个人发展因素和情境因素综合作用的影响，这些综合因素可以在宏观和微观的不同层面上影响语言教师的动机（Dörnyei and Ushioda，2011）。宏观情境因素指的是学生家长、当地社区和整个社会的影响，而微观层面更多与实际的教学机构和学校环境有关。

宏观层面，家长和社会的影响可以对外语教师动机发挥增强和减弱的作用。笔者阅读关于外语教师动机的研究后发现，该领域对于 EFL/ESL 教师动机增强或动机减弱因素的研究非常密集。增强外语教师动机的因素常与工作满意度相关联进行了探索，作为研究语言教师动机的开山之作，Pennington 专门针对 ESL（英语作为第二语言）教师，通过工作满意度的视角探讨了教师动机（Pennington，1995），这一研究方向因此成为许多研究者关注的核心领域。后续关于 TESOL 中教师动机与工作满意度的研究普遍发现，ESL 教师从内部奖励中获得的满足感大于外部利益，而教学本身的性质在情感上支持了 ESL 教师的工作。教师总体上对教学内在满意和充实，但对薪酬、工作保障、边缘化和晋升机会等外在因素怀有不满情绪（Kassabgy et al. , 2001）。

多数实证研究验证了教师内在动机对外在动机的主导地位。近期甚至有研究对比了伊拉克公立和私立学校中英语作为外语（EFL）教师的动机和工作满意度水平之间的关系（Abdullah，2023）。研究数据收集采用了定量和定性结合的混合方法：从 93 所学校中随机选取的 200 名 EFL 教师完成了关于教师动机的问卷，并对来自两类学校的 9 名参与者进行了访谈，对访谈内容加以了主题分析。研究结果再一次验证了 EFL 教师主要是受到内在动机的驱动，出于热爱进入并从事这个职业，虽然私立学校的 EFL 教师表现出更高水平的外在动机和工作满意度。性别和教学经验对动机和工作满意度都有积极影响，而年龄与动机并不显著相关，但会影响工作满意度。研究者指出，教师可能作为一个群体强调内在奖励的重要性高于外在奖励，但个体关注存在相当大的差异。

外语教师是否获得学生家长对其努力和成功的认可，这一个因素可能影响外语教师的动机（Zhang，2017）。当家长对教师能力表示怀疑，并对课堂上发生的事情表现出过度关注时，对教师的自主性可能有害，会导致外语教师动机减弱（Kim et al. , 2014）。

微观层面，新任教师经历从职前教师到在职教师的转变过程，同时伴随着认知和情感挑战。新手外语教师可能会发现，实际教学现场与他们想象中有诸多不同，尽管先前已学习如何教和教什么，这种实际经历与计划中教学的差异可能挑战外语教师的动机。例如，有研究采用可能自我理论对日本 4 名新手中学英语教师的教学动机进行了解释性研究。对访谈数据的叙述分析显示，年轻教师不同"可能自我"之间的冲突在他们教学初期对其动机产生了负面影响。新任教师报告了他们的主要困难来源是预期与实际课堂经验之间的差距。这些教师表示他们对采用更多建构主义教学方法感兴趣，但由于学习者在以目标语言进行交互时的外语能力有限，难以在课堂中实施这些方法。然而，这些冲突逐渐在新手教师的心中引发了自我反思，最终帮助他们重塑自我概念并重新获得动机（Kumazawa，2013）。显然，外语教师动机与微观和宏观情境因素紧密相连，不能仅被视为一种内部心理状态。

在课堂之外，学校的氛围可以影响在职外语教师的动机。特别是，与同事的关系被发现具有重要的动机效应（Cowie，2011；Han et al.，2021）。与那些不支持、情感冷漠或对创新教学方法持有模棱两可态度同事的关系可能导致孤立感，从而导致在职教师动机减退。

微观层面上另一个对在职外语教师动机存在潜在影响的重要因素是带有强制性的学校官僚文化。在某些教学环境中，语言教学甚至可能不是外语教师的主要职责：中小学阶段的教师通常花费大量时间处理和应对各类文件、开展学生管理工作并准备课外活动；高校教师则面临压力巨大的科研压力和其他非教学性事务，占据大量精力。已经有研究证明情境变量可以直接导致教师倦怠，也可以通过引发压力源间接导致倦怠，进而加剧教师职业倦怠，一个高度受管控且行政事务繁重的环境可能会阻碍教师在教学方面难以发挥最佳状态（Khani and Mirzaee，2015）。

第七章　外语教学中的教师情感

引言

上文论述清晰地展现出教育领域随社会认知领域主流思想变化而经历的变动。外语教育作为教育的一部分也被夹杂在其中，在不同社会思潮的影响下向着多样的发展方向稳步前进着。毋庸讳言，20世纪70~90年代以来，作为对行为主义思想的大反攻，教育领域对情感这一范畴在很大程度上被忽视了：一方面，感性的情感领域与理性的认知相比，似乎是不值得被拿来用一套科学、理性的手法大费周章来研究，而人类进化所获得的认知能力才是值得关注的对象。另一方面，从客观上来说，情感作为神秘的心理范畴，不仅在概念上具有高度主观性和多样性，而且在观察和测量方面也具有高度的复杂性（Frenzel et al.，2017）。主观和客观方面的双重压力夹击毫无疑问抑制了情感成为教育领域重要研究课题的可能。

这种抑制直到20世纪90年代以来才有所松动，根本原因也发生在哲学和社会学领域：哲学家们开展了对二元论的批判（Boler，1999），这种或情感或理性、非黑即白的"笛卡儿主义"用现代眼光来审视具有明显的缺陷，突出表现在把复杂世界简单化的倾向，但却长期统治社会各个方面。二元论的捆绑和束缚一旦有所松动，教育研究也向着更全面和更人性化的方向发展，因此教育研究从20世纪90年代开始，并且目前仍在经历一场"情感转向"（Zembylas，2005），情感被重新认识和定位，具体到教育界就是将情感提高到与认知平等的地位，并将情感与认知的有机结合视作日常教育生活的重要组成部分（Hargreaves，1998；Yin and Lee，2012）。情感和认知在复杂的教学和学习现实中错综复杂地交织在一起，对任何一方面的忽略都不利于人类看清教与学的复杂、动态画面。教育界终于达成共识：若要达到促进教师发展、提升教学效果的最终目的，对教师的研究必须包括认知和情感，囊括两者的教师研究才是全面的、有效的研究图景（Chen et al.，2023；Han et al.，2024）。

教育领域涉及教师情感的研究开始于 20 世纪 90 年代初期，Hargreaves 和 Tucker（1991）对教师"内疚"情感的研究可以看作此类研究的开山之作。文章分析了内疚这一情感的性质和重要性，讨论了两种类型的内疚：迫害性内疚和抑郁性内疚。研究以小学教师作为研究对象，观察他们的工作和生活，识别出了教学中的四个"内疚陷阱"：对关爱的承诺、教学的开放性、问责和强化，以及完美人设。该研究以教师内疚情感作为突破口，为教师情感研究开启了新纪元。

随后，随着研究的不断深入，情感这一因素在教师和教学中的重要性日渐获得更多认可。Hargreaves 在 20 世纪 90 年代末的撰文中提到，"情感是教学的核心（at the heart of teaching），它们实际上构成了教学最具活力的特质"。优秀的教学充满了积极的情感，任何有过充分教学经历的教师都能够理解，教学不仅仅是了解自己所教授的学科、具备足够的教学能力或掌握教学技巧这些技术性的问题。优秀的教师也绝不是运转良好的高效机器：他们是充满情感、充满激情的人。Hargreaves（1998）在上文中突出了以下四个重要观点：第一，教学是一种情感实践；第二，教与学涉及主体间的相互情感理解；第三，教学是一种情感劳动，要求教学主体压制或发挥某种情感；第四，教师的情感与他们的道德目标及其实现这些目标的能力密不可分。从四个观点的内容来看，它们相互关联并带有社会学和社会心理的成分。它们所蕴含的深意铺就了 21 世纪以来关于教师情感实证研究的几条大路径：对离散的教师情感在教学实践中的探究（内疚、愉悦、愤怒、坚毅、焦虑、厌烦等）；教师情感的前因与后果；教师情感与其他教师心理因素（如自我效能感、能动性等）、外界客观因素（教学改革、教学政策等）之间的关系；教学作为情感劳动所引发的职业倦怠以及教师如何发挥主观能动性进行情感调节，以上这些研究路径引发的研究构成了过去三十年间教师情感研究的主要内容。

教师情感研究史上的一个里程碑式的发表是由 Sutton 和 Wheatley 在 2003 年进行的关于教师情感综述。该综述基于当时有限的教师情感文献概述了教师情感的各个方面，其明确的目的在于从多元成分的视角得出关于教师正面和负面情感的结论。该综述还总结了教师情感所扮演的重要角色，最具指导意义的是，该综述为未来教师情感研究指明了四个明确的方向：第一，管理和纪律；第二，教学策略的采用和使用；第三，学习教学；第四，教师动机。这篇 21 世纪早期对于促进教师情感研究的发展的综述引起了教育界对于教师情感研究的重视，起到了划时代的意义。鉴于当时关于教师情感的研究还相对稀少和匮乏，该综述较为倚重认知和心理学的研究，但是却并未专注于教育领域的研究。此外，作者在文中承认，该综述在很大程度上未能探索有关文化和背景的众多关键问题。例如，在某些文化背景中，将体验正面情感作为教学目标被视为有价值的追求目标，但在其他背景中则可能被视为过于纵容，甚至是有罪的。自该综述以来，教师情感在研究中的重要性稳步上升。

在过去的三十年里，教师情感的研究兴趣不断增长，伴随着教师情感研究的累积，自 21 世纪初 Sutton 和 Wheatley 发表综述文章以来，引发了各种不同形式的关于教师情感的文献综述，以帮助研究者进一步看清研究内容、方法、结论和进一步研究方向。笔者收集了这方面的文献，发现综述大致通过以下几种范式和结构展示教师情感研究状况：一是叙述性综述（narrative reviews）（Sutton and Wheatley, 2003; Zembylas, 2003; Uitto et al., 2015）；二是已发表文献的元分析（meta-analyses of published data）（Wang et al., 2019; Yin et al., 2019）；三是系统性综述（systematic reviews）（Fried et al., 2015; Chen, 2021）。叙述性综述提供了教师情感的一般性概况，包括出版物中的主要主题和研究趋势（Zembylas, 2003; Uitto et al., 2015）。元分析采用定量方法考察教师情感（如情感劳动和情感智力）与教师福祉（如教师满意度和教师倦怠）之间的关系（Mérida-López and Extremera, 2017; Yin et al., 2019）。系统性综述则分类明晰了教师情感研究中的研究主题和研究方法。从宏观视角来看，教师情感的前因（antecedents，如社会文化因素、政治因素）和后果（effects，如情感调节和对教师产生激励作用）是主要的研究主题（Fried et al.，2015）。研究方法方面，尽管常用的定量方法大量存在，但是定性和混合方法在过去十年中经历了显著增长（Chen，2021）。

教师情感具有高度情境化的特性（Pekrun et al.，2017；Frenzel et al.，2021），这意味着教授特定学科或主题通常会引发教师的特定情感，使他们对不同学科甚至不同主题产生截然不同的情感。语言教学与所有教学一样，是一种情感密集的工作实践（Schutz et al.，2009；Cuéllar and Oxford，2018），但应该明确指出的是，语言教师的情感问题特别突出（Afreen and Norton，2024），语言教师情感的特殊性通常由以下四个因素引发：一是受语言政策的塑造（Chen et al.，2020；Erarslan and İlhan，2024）；二是多语环境引发的情感，如二语情感表达（Dewaele，2010）、语言焦虑（Horwitz et al.，1986）；三是语言教学的复杂性，如二语习得中的情感和认知的相互复杂作用（Lantolf，2019）；四是营造引人入胜的语言课堂氛围的压力（Dörnyei and Kubanyiova，2014；Macintyre et al.，2019）。

源于语言教师情感的特殊性，语言教师情感从世纪之交的最后十年至今不断吸引研究人员的日益关注（Xu，2018；Fathi et al.，2023；Yang et al.，2023；Gong et al.，2024；Han et al.，2024；Kirkpatrick et al.，2024）。自2016年以来，一个意外的惊喜来自积极心理学。这一外在动力源在与外语教学与习得结合后，为外语教育研究注入了新的活力和增长点。积极心理学在外语教学与习得研究得到了蓬勃发展，引发了大量关于语言教师情感的研究和丰富的研究成果（Han et al.，2021；Han et al.，2021；Dewaele and Leung，2022；Liu et al.，2024）。在接下来的篇章中，笔者将结合语言教师情感研究的大量研究，在全球背景下盘点语言教师情感的含义、语言教师情感实证研究中研究重点话题、研究方法、理论视角以及研究概念模型。

一、外语教师情感定义

情感本质上与移动有关。情感的拉丁词源是 emovere，意为移动、激发。因此，情感是"伴随着强烈感觉的精神状态，并涉及广泛的身体变化"

（Koestler，1967）。当人们怀有某种情感时，他们会被自己的情感所驱动：可能会感动得流泪、被喜悦征服或陷入绝望（Hopfl and Linstead，1993）。情感是人类动态的一部分，无论是正性情感还是负性情感，所有组织，包括学校，因为拥有充满情感的人而充满了情感。

（一）教师情感的理论视角

情感是复杂且难以定义的（Oatley，2000；Fried et al.，2015；Chen，2021），情感的本质存在持续的争论（Schuman and Scherer，2014）。一方面是由于情感作为一种人类内心世界的神秘因素，其内容必定是复杂的、多层次的；另一方面当采取不同的理论视角观察情感时，对于情感概念中重点内容的强调是完全不同的，不同学者对情感的定义反映了他们不同的理论立场（Oatley，2000）。概括起来，学术界对于情感的理解采用了以下四个理论视角：从最初的心理学视角（psychological perspective）到社会建构主义（social-constructionism）视角（Zembylas，2007）；进入 21 世纪以来，对情感内涵的理解又从建构主义视角转移至互动主义视角（interactionist perspective），甚至有学者提出了整合视角（integrative perspective）（Zembylas，2007；Frenzel et al.，2016）。

心理学视角将情感视为仅在个体头脑中发生的被动状态，心理学视角承认情感是私密的、个体的和生理的现象（Šarić，2015；Alpaslan and Ulubey，2017），并主要关注情感的认知视角（Aragão，2011；Benesch，2012）。由于在心理学视角中教师情感主要局限于个体内心体验，因此，人际和情境因素常被忽视。

在社会建构主义视角中，教师情感并不是个人特征，而主要由教师与学生、同事和学校管理人员间的互动决定。社会建构主义视角认为情感主要不是由个体特征决定的，而是由关系和社会情境决定的（Boldt et al.，2015；Hong et al.，2016；Zembylas，2005）。显然，由于这一定义方法在过分强调人际因素的框架内进行，情感被孤立地描述为一种心理现象。

互动主义视角超越了前两个视角，旨在弥合它们的差异并在批判继承此前两种视角的基础上，强调身体和社会化实践对于情感的形成都是重要的（Savage，2004；Zembylas，2007）。尽管此视角将人本身和人与环境互动都纳入了教师情感的考虑范围，但人与外界互动所发生的社会历史背景往往被忽视。

整合视角源于 1978 年的维果茨基理论，从心理学、社会建构主义和社会历史的视角定义情感，并将情感视为社会认知发展过程的一个整体部分，与思维和行动密切相关，并受文化、历史和制度背景的影响（如 Frenzel et al.，2016；Kozulin et al.，2003）。

（二）教师情感的定义

Zembylas 于 2003 年的综述文章中对于教师情感的概念化提出了发展建议，并提出了两个特别的理论视角，但是并没有对教师情感做出明确的定义。他指出对于教师情感的研究已经经历了两次浪潮：第一次浪潮（1980~1990年）中的研究可看作是教师情感研究的最初尝试。虽然研究者并没有明确采用"情感"这一措辞，但是却已经把研究重心放在教师工作中明显的、具有代表性的负性情感如压力与倦怠（Maslach et al.，1996）、教师应对压力的不同阶段的分析上。这些研究引起了人们对教师情感的注意，起到了以点带面的作用，即把情感研究代入教育研究范畴中。由于实证主义量化方法在当时占据绝对主导地位，所以在方法论上，第一次浪潮中的研究产生了诸多标准化量表对教师的情感因素加以测量。但是很快，这些诞生于第一浪潮中的量表反复出现在不同文化背景中的文化适配性问题，因此显性地折射出了社会文化情境对教师情感因素的影响。于是引发了教师情感研究的第二次浪潮（20 世纪 90 年代中期至 21 世纪初）。可以观察到的是，由于早期的量化研究表现出来的缺陷逐步浮现，第二次浪潮中的研究者不再像上个阶段一样，执着于对个体内部心理现象和情感片段如教师压力与倦怠与其他因素因果关系的描述，转而采取更加整体的理论视角和更有弹性的研究方法论，探讨情感在教师专业和社会情境中发挥的作用以及社会情境如何影响教师情感方面为推进教师情感研究的进步（尹弘飚，2008）。Zembylas（2003）进一步地指出，对于教师情感的概念以及由概念引发的研究方法一直围绕心理学和社会学两大视角，即上文所描述的前两种视角。研究者们应有意识地理解更大系统中所包含的特点，用以丰富教师情感的内涵，特别建议将女性主义和后建构主义的理念纳入到教师情感中，因为这些视角和观念强化了个体内部、个体之间以及个体与外部环境互动这三个方面的联系与动态变化，对于理解教师情感颇有益处。作者同时鼓励该领域的研究者努力克服当时的困境（指对教师情感的狭隘看法），并发展出一套将教师情感、力量关系和意识形态有机融合的教学法指导教师实践。

事实上，上述 Zembylas 的文章正是第三次研究浪潮的号角：自 21 世纪初以来，对教师情感的研究正沿着上述思路发展，女性主义反对对世界的二分法，因而借鉴女性主义的思想实际上是明确了这一问题的答案：教师情感是个人认知还是社会建构？回答是应将教师情感视作这两个部分的有机融合。教师情感研究应该重点去探讨社会如何塑造教师情感的同时，作为有能动性的教师如何利用情感对外部世界产生影响？这种双向互动的建立是第三次研究浪潮的最重要的特点和意义，是对关系视角的拓展。后建构主义对情感研究的影响则表现在横向的视角拓展，有更多的研究者使用宏大的生态学视角研究教师情感议题，各微观、中观、宏观等层面既各成一体又互相影响，构成一个有机的生态系统（Cross et al.，2012；Chen，2017；Sun and Yang，2021；Liu et al.，2022；Han et al.，2023；Nazari et al.，2023）。教师情绪研究的三次浪朝如表 7-1 所示。

表 7-1　教师情绪研究的三次浪潮

次数	时间	主要研究内容	方法论	特点
第一次浪潮	20 世纪 80~90 年代	教师离散情绪研究，如压力与倦怠、教师应对压力的不同阶段研究	实证主义量化方法，编制标准化量表测量教师情感因素	把情感研究带入教育研究范畴中，但局限性明显： 1. 工具局限性：量表过于僵化 2. 理论局限性：未能考虑文化适应性 3. 概念局限性：忽略情感与社会、文化与政治因素的互动
第二次浪潮	20 世纪 90 年代中期至 21 世纪初	教师情感与外部因素的联系；情感在教师专业和社会情境中发挥的作用；社会情境如何影响教师情感	采用整更有弹性的质性研究方法取代问卷调查，成为主流研究方法	进一步发展需要借鉴其他学科的理论与研究方法

续表

次数	时间	主要研究内容	方法论	特点
第三次浪潮	21世纪初至今	超越情感作为单一的个体心理现象或社会文化产物，超越二者界限，考察教师情感在个人层面、人际层面和社会政治方面的互动关系	借鉴女性主义、后结构主义和互动论，使用传统质性研究方法和创新型方法如社会网络分析法、潜在增长曲线模型和Q方法等，并与定量研究形成三角互证的混合型研究方法	承认从社会到个体情感的作用，更强调个人情感的能动性即个人对外部社会的改造；引入生态系统模型作为理论框架，探究教师在各层次生态系统中的情感体验和内外系统之间的互动关系

基于最新的整合视角，目前对教师情感的较为全面的定义如下：教师情感是由社会建构的、个人实施的存在方式，这些方式源于对实现目标的互动过程或维护标准、信念的感知判断，与社会历史背景密不可分（Schutz et al. , 2006）。

（三）外语教师情感的定义

语言教学是一项要求极高的工作，会引发多种情感。教师的情感在他们的职业生涯中起着核心作用（Benesch，2012），并且可以通过重构知识、能力和技能来帮助教师的发展（Johnson and Golombeck，2002）。尽管有大量实证证据表明情感对教师实践的影响（Hargreaves，1998；Day and Leitch，2001；Sutton，2004，2009；Zembylas，2011），但对语言教师情感的关注却不多（Cowie，2011；Benesch，2012；Golombeck，2015）。因此，有必要提高对情感对语言教师个人和职业生活影响的认识。在教师行为塑造方面，情感发挥着关键作用，所谓的"教师行为"包括教师在动态环境中的语言使用（Aragão，2011）。在语言课堂这一特定教学环境中，情感与教师行为和学生行为之间存在复杂的互动（Aragão，2011；Petrides，Pita and Kokkinaki，2007），因此，理解语言教师情感与教学实践之间的复杂关系，可以有效帮助教师从容面对日益复杂的教室环境，更有效地管理教学实践挑战，从而改善教学（Salovey，Mayer，Caruso and Yoo，2009）。

自20世纪90年代以来，语言教师情感的实证研究引起了关注，重点在于揭示非母语语言教师的焦虑、不安或担忧（Horwitz，1990；Reves and

Medgyes，1994；Xu，2018）。在过去三十年中，随着积极心理学在普通教育中的兴起和迅速发展（Jin et al.，2021；Proietti Ergün and Dewaele，2021），语言教师情感的研究早已超越了焦虑这一主题，扩展到更广泛的情感领域，并采用更复杂的研究设计和更严谨的数据收集和分析流程。在主流期刊上关于语言教师情感的出版物增加，表明该主题在应用语言学领域的认可度日益提高（Dewaele et al.，2019）。

迄今为止，从宏观上对语言教师情感实证研究按照研究视角分类，大致可分为以下三类视角：认知视角（Dornyei，2009；Oxford，1996），社会文化视角（Freeman，2004；Johnson，2006），以及语言学视角（Kramsch，2009）。语言教师的情感体验，如语言教学乐趣（Derakhshan et al.，2022），以及他们的情感能力，如情商（Rastegar and Memarpour，2009）和情感调节（Bielak and Mystkowska-Wiertelak，2022），都是该领域常被研究的主题。此外，语言教师情感与其他相关变量之间的关系也被频繁讨论，这些变量包括教育改革（Yip et al.，2022）、教师身份（Yang et al.，2021，2022）和学生学习（Shahidzade et al.，2022）等。

为了应对教师情感研究中概念不清的问题，通过整合当代教师情感文献中呈现的情感定义和描述的视角，2015 年教育学领域的专家 Fried 发表综述文章，并开发了一个用于描绘教师情感的模型（Fried et al.，2015）。在开发教师情感模型的过程中，作者发现许多论文虽然对情感进行了一些描述，但并没有提供一个明晰的定义。基于对大量文献的整理，从情感的定义和描述中作者识别出了情感的五个主要功能（后来的研究将"功能"改称为"效果"或者"结果"）：提供信息、改善情感质量、影响认知、调节作用和激励作用，这些功能和影响在个体内、人际之间以及社会、文化和政治维度上动态运行，每个功能都说明了对教师情感进行研究的重要性。作者识别出影响情感的三个因素［后来的研究将此称为"前件"（antecedents）］：个人特征（如个人信念、价值观、身份构建和人格特质）、对人际互动中接收到信息的评价以及社会、文化和政治因素。

分析中还识别出了情感的复杂性，具体表现在四个方面：情感会随着时间推移而变化（Meyer and Turner，2006；Zembylas，2003c）；情感是个体化和独特的（Damasio，1996；Hargreaves，1998；Zembylas，2003c）；情感依赖情境具有情境特异性（Meyer and Turner, 2006; Schutz et al., 2007），以及情感的成分是多元化的（multi-componental）（Frijda, 1988; Lazarus, 1991; Sutton and Wheatley, 2003; Sutton, 2005; Pekrun and Schutz, 2007）。这些情感的复杂性为指导如何研究教师情感提供了有用的方向，为未来教师情感研究的方法提供了一个有用的指引，具体来说：

由于情感随着时间推移而变化，教师情感研究应该是纵向的，横切面研究在课堂上捕捉到的瞬间情感很有可能不会一直持续，而是处于变化之中，而这种变化可能是对学习、个人发展、学科领域或人员变动等内外部变化因素的反应。同时，教师在职业生涯的不同阶段（新手教师和有经验教师），其情感智力也会有所不同，课堂情感所引发的氛围也可能会因学期或学年内的时间不同而有所变化（如开学初与临近期末考试前夕）。

由于情感是个体化和独特的，对情感的测量（如使用量化的统一规格量表）并不总是准确的。一些质性研究手段，如个案研究（case study）和叙述（narratives）可以帮助研究者捕捉到教师情感的独特品质。当然，这些方法在评估教师情感的某些方面（如情感表达方面）时又显示出局限性，因为情感的独特性要求研究者超越自我回溯报告（self-report）这一研究方法的使用，转而采用观察和生理测量等多种测量手段和研究方法（Sutton and Wheatley, 2003）。

由于情感依赖情境，具有情境特异性，这就启发研究者应对不同情境下的教师进行分门别类的研究，如教授不同学科、处于不同职业阶段、不同学段的教师面对不同的外部情境，势必生发出不同的情感。从根本上说，在对教师情感开展研究时应该从个体视角扩展到包含个体内、人际间和更广泛的社会、文化和政治视角，才有可能将在研究中捕捉到情感的多元化成分特性。

综上所述，要给外语教师情感下一个稳妥的、全面的定义是非常困难的，但是我们可以另辟蹊径，通过对这一领域研究的梳理，全面掌握该领域的研究话题和关注，就可以理解外语教师情感所包含的主要内容。通过上文对教师情感内涵的探究，以及学者们在定义教师情感时的不同视角，根据人类认识事物的一般方法论，我们可以把对外语教师情感的研究内容大致分为两个基本部分：一是对外语教师情感本身的探究和理解；二是外语教师情感与教师内部和外部因素的动态复杂关系。在第五章中，我们将分别对这两个部分的研究做深入的剖析。

二、外语教师情感的本质

对于外语教师情感本质（nature）的研究，笔者认为可以分三个方面来理解，总结起来就是"测—量—感"三个字，这三个研究层次依次递进，使研究不断深入。下面我们分这三个部分来——展开：

（一）测

这一类研究以探究外语教师情感的性质、特点为研究目标。通过上面的分析可以看出，这类研究从教育学视角对教师情感研究的发展历程来看，仍然属于对外语教师个体内部心理现象和情感片段的探究，因此在研究方法上也倾向于使用更加量化的手段，主要表现就是各类量表的验证和使用。当然，若要使用量化手段对外语教师情感进行研究，就必须对情感分类，教师情感被划分为多种方式，可以总结为以下两大类：二分法和多维法。

1. 二分法

许多研究中（如 Koenen et al., 2019；Taxer, Becker-Kurz and Frenzel, 2019）通常将教师的离散情感在文献中分为正面和负面。然而，Sutton 和 Wheatley（2003）认为，这种分类方式可能会导致情感的性质被缩小，而且二分法过于简单，无法捕捉到情感的复杂和动态性质。人类情感之复杂犹如一个光谱，可以从负面情感（如焦虑、生气、羞愧和无聊）渐次过渡到正面情感（如享受、满意、惊讶和自豪）（如 Becker, Keller, Goetz, Frenzel and Taxer, 2015；Burić, Sliskovic and Macuka, 2018），更有学者如 Zembylas（2005）采纳了法国哲学家福柯的系谱学视角，将后结构主义对权力关系和话语实践的分析融入教师情感研究，从而提出了"情感系谱学"的概念。尽管二分法因上述理由受到批评，但教师情感的二分维度已经构成了情感分类研究的基本依据，为其他分类方法的发展提供了分类基础。

2. 多维法

因为前期研究结果普遍支持人类的离散情感是相互关联的（Šarić,

2015）因此最近几年来，学者们致力于通过在模型中创建多个维度来衡量教师的离散情感。目前，已经开发出的影响较大的定量测量工具共有四种。

第一种，为了衡量教师的愉悦、愤怒和焦虑，Frenzel 等（2016）开发了教师情感量表，并以德国和加拿大的教师为样本。教师的情感不仅与他们自身的福祉相关，还影响课堂的运作。鉴于关于教师情感的研究发展缓慢，且缺乏通过自我报告评估情感的量表，在 Frenzel 的研究中，为三种在教学环境中被认为最相关的情感（愉悦、愤怒和焦虑）开发了四项量表（教师情感量表，Teacher Emotion Scale，TES）。研究基于 944 位教师的数据，测试了 TES 的德语和英语版本的可靠性、内部和外部效度以及跨语言等效性，并探索了一般性和特定学生群体变体的实用性。所有量表均被证明具有很高的可靠性，验证性因素分析通过显示三因素模型（愉悦、愤怒和焦虑）优于单因素或两因素（正面与负面情感）模型支持了内部效度。外部验证分析提供了与教师的总体情感、职业倦怠、工作满意度和教师自我效能相关的理论上有意义关系的一致证据。这些发现在多项研究中都表现得非常稳健。此外，研究还发现了与学生对教学行为评价的一致关系。测量不变性的分析显示，英语和德语版本在结构上完全等效，并表现出量表不变性。

第二种，Burić 等（2017）开发了教师情感问卷，以考察克罗地亚教师的快乐、自豪、爱、疲惫、愤怒和绝望状况。情感是教师工作和生活的重要组成部分，但关于教师情感、其前因以及对教师、教学和学生影响的功能性关系的知识仍然相当匮乏。造成这一知识缺口的一个可能原因是教师情感结构缺乏足够的操作化。因此，研究的目的是开发一个基于心理测量学和具有上下文特定性的多维自我报告工具，以评估教师在工作和职业相关背景下体验的具体情感。基于当代情感成分的定义，并结合定性和定量的方法，通过一系列五项实证研究（N1 = 25，N2 = 300，N3 = 315，N4 = 391 和 N5 = 1314），开发了教师情感问卷（Teacher Emotional Questionnaire，TEQ）。该工具包含衡量快乐、自豪、爱、疲劳、愤怒和绝望情感的量表。所有量表都具有适当的心理测量学特征，并在理论上与所考察的标准变量有意义地相关。此外，TEQ 量表在情感的一般性测量上的附加价值也得到了证明。

第三种，基于学生版的学业成就情感问卷，Frenzel、Pekrun 和 Goetz（2010）开发了教师版成就情感问卷（AEQ-T），主要关注德语背景下的愉悦、愤怒和焦虑三种情感。学者们之后在日本和韩国验证了这一工具（Hong et al.，2016），研究的目的是修订和验证 AEQ-T，同时将自豪感和挫折感的测量扩展至问卷内。研究重复了以往关于愤怒、焦虑和愉悦的研究，并在亚洲背景下验证这一扩展后的量表。修订后的 AEQ-T 通过对 150 名日本教师进行探索性因素分析进行测试，然后使用验证性因素分析对 208 名韩国教师进行交叉验证。结果表明，愤怒、焦虑、愉悦和自豪四种情感具有可接受的内部一致性水平和清晰的因素结构。然而，挫折项目的可靠性较低，并与愤怒因素出现交叉负载。该研究提供了将自豪纳入教师情感测量的实证证据，并建议需要更精细地理解和区分愤怒与挫折之间的关系。随后，这一包含五种情感的问卷在伊朗进行了验证，研究了一个全面且本地化的量表，并通过九因素 TAE 模型（二阶层次）和二因素 TAE 模型（三阶层次）来调查教师学术情感量表的效度和可靠性，涵盖焦虑、快乐、愤怒、自豪、希望与绝望、疲惫、羞愧和内疚（Shariatmadari et al.，2019）。通过多阶段随机抽样方法，从总体中选取了 114 名教师作为样本。考虑到问卷项目和样本量，使用偏最小二乘法结构方程建模（SEM-PLS）方法对问卷数据进行分析。通过三项标准：Cronbach's α、复合可靠性（CR）以及通过两种收敛和发散效度标准来衡量问卷的一致性和效度。研究结果表明，所有维度的可靠性和效度均为可接受。标准化系数和显著性系数（t 值）表明，该路径中特定结构之间的相互影响显著，随后研究假设得到证实。此外，所有维度的 R^2 值的贡献在衡量所有教师情感中被评估为中等到高。CVRed 和 CVCom 系数表明，内部模型和外部模型的质量均高于平均水平，且根据 GOF，预测值普遍远高于强影响，这个 TAE 模型在基于协方差的模型中具有高达 97% 的预测力。最后，为了比较二阶和三阶层次的 TAE 模型，评估了拟合度信息测量，二阶层次模型被认为是 TAE 的更佳模型。

第四种，Chen（2016）开发了教师情感量表，调查了香港和中国大陆小学教师的情感体验，并开发了教师情感量表（TEI）。通过对 254 名教师进行的初步研究和 1830 名教师进行的主体研究，使用探索性和验证性因素分析确定了一个包含五个因素的 TEI（Teacher Emotion Inventory，包含快乐、爱、悲伤、愤怒和恐惧）。该模型描绘了小学教师在与学生和同事的积极互动中获得乐趣，得到学校、家庭和公众的认可，但同时也因不公平待遇、同事间的竞争、工作生活的不平衡，以及来自社会、政策和教育变革的压力而体验到负面情感。

虽然是多维度的分类方法，这些测量工具仍然聚焦于教师的离散情感，并在模型中分类为正面和负面情感的极性类别（Chen，2016）。但毋庸置疑的是，随着教师情感研究的发展，教育领域的研究者们已经在以更全面的方式定义和衡量教师情感。虽然教师情感的定义尚未完全发展成熟，但令人鼓舞的是，目前的理解为情感概念提供了多种视角。此外，四种教师情感工具的出现表明我们对教师情感的研究已经有足够的量化研究工具，这些多维度的量具在未来几年中必定能带来多重评估。

（二）量

上一步通过各类量表对"情感"有了简单的探测，但对教师情感的理解尚需深入，研究人员进一步对语言教师的情感能力（capacity）也就是"量"进行研究。这里所谓的"量"是指教师识别、调节和管理自己情绪及他人情绪的能力（Akbari et al.，2017），如情商（如 Rastegar，2009）、情感劳动（如 Bao et al.，2022）和情感调节（Bielak and Mystkowska-Wiertelak，2022）。

Akabari 等（2017）研究了英语作为外语（EFL）教师的情感调节行为，聚焦分析了不同类别的情感调节策略。研究人员对伊朗私立语言机构和公立学校教授英语课程的 18 位 EFL 教师进行了半结构化访谈。所有访谈均以波斯语进行，随后被转录并翻译成英语。研究运用质性的概念内容分析方法，对数据中的情感调节策略进行了详细分析。研究表明，访谈中出现了五个主要策略类别，即教学环境偏好/回避、教学环境调整、注意力方向调整、重新评估和重新启动。这些类别在很大程度上与 Gross（1998）提出的情感调节过程模型相对应，对 Gross 过程模型在外语教师这一特定人群中的适用性做出了验证。

在教学和教师教育的背景下，随着对传统上一直被忽视的情感研究的不断升温，情感研究中的一个方面：对情商（EI）的研究也开始引起重视。心理学和社会学研究已经表明，情商高的个体很可能为情商较低的个体提供情绪管理方面的帮助，具体到外语教学领域，EFL 教师需要经常面对那些对外语学习持有消极情绪的学生，所以评估 EFL 教师的情商具有重要意义。有研究评估了伊朗 EFL 教师的情商与自我效能感之间的关系（Rastegar and Me-marpour，2009）。研究考察了 EFL 教师在情商和自我效能信念方面因性别、年龄和教学经验而产生的差异，并假设教师情商与自我效能感存在双向的正相关关系。数据收集工具包括情商量表（EIS）（Schutte et al.，1998）和教师效能感量表（TSES）（Tschannen-Moran and Woolfolk Hoy，2001），利用 t 检验和 ANOVA 分析发现，不同性别、年龄和教学经验的 EFL 教师在情商和自我效能方面没有显著差异。通过皮尔逊积差相关分析得到的结果显示，可感知情商与自我效能感之间存在显著正相关（r=0.5）。这说明无论教师的教学经验、年龄和性别，都应该在外语教学工作中不断提升个人的情商水平，进而提高教学中的自我效能感，有效避免职业倦怠的发生。

近年来也有中国学者探究外语教师情商和情感调节的状况，并进一步研究了教师情商和情感调节之间的关系（Liu et al.，2023）：研究通过问卷和半结构化访谈调查了中国 474 名初中英语 EFL 教师的情绪智力测试得分和情绪调节状况等数据。运用 SPSS 26.0，通过问卷收集的数据被编码、计算和分析。研究使用了描述性和推论性统计来报告 EFL 教师的情商和情绪调节水平及其之间的相关性。半结构化访谈被录音和转录，随后对数据进行了分析。结果表明，EFL 教师的情商和情绪调节水平之间存在正相关关系。详细统计显示，情商的所有维度与情绪调节的所有维度均呈正相关且显著。结果进一步解释了教师在 EFL 环境中情商和情绪调节之间的关系并提出了发展和提高情商和情绪调节能力的实际意义：教师的情商和情感调节作为应对压力情境的保护因素，在促进教师福祉和教学自我效能感方面能够发挥积极作用，并进一步提升对学生积极情绪和学习效果的正面影响。

语言教学作为一种涉及社交互动的活动，要求教师不仅需要拥有基本的学科知识，更需要有较高的社会情绪智能，才能从容面对教师个人和学习者运用外语时的焦虑，因此教学从根本上说是一种情感劳动（Zembylas，2003）。当把教师情感看作一种社会构建，外语教师在教学中所做出的情感劳动也日益引起研究者的兴趣。以一项研究对象为在新西兰教授汉语的教师情感劳动研究为例（Bao et al.，2022）：新西兰是一个多语言和多元文社会，其官方语言为英语、毛利语和新西兰手语，另一些传统语言（heritage language，如汉语/普通话、法语、德语、日语和韩语等）也在国家教育系统内外教授。过去十年中，由于汉语重要性的迅速增长，越来越多的学生选择汉语作为附加语言（CAL）。研究以新西兰的两个家庭组成的教学项目为基础，探讨了一位 CAL 教师在 47 周内的情感劳动轨迹，以了解她在教授语言时如何管理情绪以及如何平衡机构、两个家庭和个人之间的关系。研究采用叙事探究的方法，数据包括书面和口头叙述。通过归纳和演绎的主题分析，研究发现揭示了她在项目期间对两个家庭中情感劳动的不同理解。对数据的进一步分析揭示了影响她情感劳动的因素及其对家庭教学环境中的影响。

　　针对情感或情感调节策略在语言学习中的应用研究较少，但也有少数正在进行中（Bielak and Mystkowska-Wiertelak，2020）。研究人员正在开发一款名为"语言学习情绪管理"（Managing Your Emotions for Language Learning，MYE）的新型研究工具，该工具基于情景模拟方法（the vignette methodology），旨在调查语言学习者的积极及消极情绪、使用的情绪调节策略，以及语言教师在多种常见语言学习情境中使用的、针对学习者的情绪调节策略。研究人员对教师的跨人际情绪调节策略及其在学习者和教师中感知到的有效性进行了深入调查，收集的数据包括：64 名英语专业学习者使用 MYE 的数据、对 16 名学习者和 9 名教师的半结构化访谈记录。结果揭示了教师的跨人际情绪调节策略依赖于具体情境，具体策略的使用频率在语言学习者和教师之间的感知存在差异，但双方均认为这些策略效果良好。最常被使用的情感调节策略是"认知改变""情境修改""能力提升"三大类，以增强积极情感并减少消极情感。然而，该研究集中于二语教师用于调节学生情感的策略，而不是他们自身的情感。

　　教师情绪研究是外语教师情绪研究的上位研究领域，当研究者们对教师情感采取多维度的分类方法并制定出测量工具时，必然带动外语教师情绪量表的发展和问世。教育环境中充满了各种情感需求，需要有能力的教师去调节和管理这些需求。语言教师情感调节关注的是语言教师实施的情感调节策略。鉴于在语言教师情感调节方面缺乏一个心理测量上可靠的工具，Heydarnejad 开发并验证了专门针对外语教师情感调节策略的量表（Heydarnejad et al.，2021），用于捕捉语言教师在工作场所的情感调节策略。研究分为三个阶段。在第一阶段，基于对现有文献的全面考虑和半结构化访谈的结果，设计了一个由六个组件组成的语言教师情感调节模型。在第二阶段，探索性因素分析（EFA）、验证性因素分析（CFA）以及信度检测的结果确认了该工具的有效性和可靠性。CFA 的结果精炼了该工具的最终版本：语言教师情感调节量表（LTERI）包含 27 个项目，分为六个维度，采用 5 点李克特量表。每个维度评估语言教师在工作场所使用的具体情感调节策略：情境选择、情境修正、注意力部署、再评价、抑制和寻求社会支持。在第三阶段，经过验证的工具 LTERI 被用于伊朗两个不同语言教学环境中，即大学和中学，应用独立样本 t 检验，该阶段的研究结果表明，在这两个环境中，作为 EFL 教师在其职业生活中使用的情感调节策略存在统计上的显著差异。

（三）感

语言教师的情感体验是一个复合体，该复合体包括多种知觉和对物质世界、身体、意图的感知，以及对情绪的思考和反思（Solomon，2008）。外语教学中的积极情感与消极情感，如教学热情，焦虑和愉悦等都曾在教师情感研究中出现。

受公共卫生危机事件的影响和网络技术的提升带来的客观条件的满足，自 21 世纪 20 年代大多数中国大学大规模启动了线上直播教学。面对这种教学模式的重大变化，教师们经历了不同的情感，包括以焦虑、压力和愤怒等为主的负面情感，以及一些正面情感如满意、爱和快乐等。Gu 等（2022）的研究探讨了五名中国 EFL 教师在线上直播教学中的情感体验。通过访谈和案例文档收集数据，研究分析了这些教师情感的成因及其对教师可持续专业发展的影响。研究结果表明，教师情感是通过教师目标与环境的互动产生的，环境包括学生的表现、直播教学的特点以及所在机构的直播教学要求。教师情感对其可持续专业发展的影响包括：加深教师对在线教学的理解，塑造教师身份，并激励教师采取行动。研究据此提出了关于开发教师应对各种情绪策略以及在在线教学中维持其专业发展的建议。

教师的热情也是重要的影响教师行为和教学——学习过程质量的情感因素，有研究考察了伊朗英语教学和教师教育中视觉和意象在提高语言教师热情中的作用（Safdari and Mobashshernia，2021）。研究通过目的抽样招募了 8 名 EFL 教师，并让他们接受了为期六周的基于视觉的干预。通过半结构化访谈收集数据，并进行主题内容分析。研究结果表明，基于视觉的干预在提高

EFL 教师热情方面是有效的。数据的两大主要主题是：对教学职业产生的积极情感的提升，以及教学和工作满意度的增强。该研究结果表明，心理意象和视觉增强在培养教师热情方面的重要性和有效性。

还有研究专门针对线上直播教学中教师产生的焦虑情感进行了研究（Liu et al.，2022）。研究借鉴了 Bronfenbrenner 的生态系统理论和 van Lier' 的给养理论（theory of affordance），通过对 12 名中国高中 EFL 教师的访谈，探讨了高中教师在直播英语教学中所经历的焦虑情感。在宏观、中观和微观层面识别出了六种类型的焦虑：与当时疫情相关的焦虑，学校管理机构提供的技术支持有限，学生家长、技术教学和内容知识（TPACK）不足以及缺乏有效的师生互动。为缓解教师的在线焦虑提出了一些建议，以提高教师在后疫情时代的直播信心和教学质量。

教师的教学愉悦因为与教师的幸福感和表现有积极关系，也引起研究者的兴趣，比较有代表性的是 Thumvichit（2022）使用 Q 方法论来识别、描述和比较高校 EFL 教师在其职业背景下关于教学愉悦的不同观点。研究对 40 名参与者进行了包含 44 条反映外语教师愉悦陈述的 Q 分类，并进行个体因素分析以识别 Q 分类中的常见模式。研究结果显示了三种观点，即课堂参与、职业价值和社会互动。这些叙述表明，这些观点中的独特经验组合构成了每组 EFL 教师的教学愉悦特征。为了增强外语教师教学愉悦，研究者建议 EFL 教师应明确传达对学生行为的期望，在教学时使用积极强化，寻求专业成长的机会，设立职业目标并把握协作机会。

三、外语教师情感的关系视角

第二节从主要从测、量、感三个角度介绍了对教师情感的本质和内容进行的有代表性的实证研究。但是，教师情感作为一个社会建构与教师其他心理变量和外部因素会发生复杂的、动态的关系，理解教师情感与各因素之间的关联因此也成为教师情感研究的重要组成部分。在这一节，根据教师情感因素在关系中所处的不同位置，我们将此类关系视角的教师情感研究分为三个类别分别进行论述：引起教师情感的先行因素、教师情感引发的后置效果以及教师情感作为中介因素的作用。

（一）引起教师情感的先行因素

这一类研究的研究问题细节各异，但都共同探讨了这样一个共同的问题：引发或者影响外语教师特定情感的变量有哪些？为此，基于教师情感是个体心理学建构和社会学建构的结合体，受 Zembylas（2002）对于教师情绪谱系三个维度的分类，研究者从以下三个方面探寻影响教师情感的因素：一是教师个体内部前因，包括语言教师的教育背景、语言能力、教学经验、教学目标和批判性思维能力，这些变量对语言教师情感的影响得到了广泛研究。二是人际关系前因，涵盖了教师与同事、学生和学校上级领导之间的关系。三是教师外部的因素，如文化背景、社会环境和政治改革等构成了影响语言教师情感的情境前因（见表 7-2）。

表 7-2   教师情感谱系的三个维度

个体实现 （个体内水平）	人际互动 （个体间水平）	社会政治脉络 （群体间水平）
教师情感如何构建的历史： ● 情感作为评估 ● 情感与行动准备 ● 表达情感的方式 （心理的、行为的）	教师情感如何在教学中得以利用，及其为教师和学生提供的可能性： ● 情感作为个体间现象 ● 情感与信念和知识之间的联系（认识论方面） ● 情感与价值观（价值论方面） ● 自我身份的观念（本体论方面） ● 教学中情感的历史与系谱	教师情感是关系性的、历史的和社会的： ● 情感法则、规范、权力关系和学校文化 ● 在行动和变革开始时产生情绪体验的可能性 ● 情绪认识论与学校围观政治之间的关系

资料来源：Zembylas（2002）（转引自尹弘飚（2008））。

语言教师个体内原因多样复杂，目前研究多从教师的教育背景、外语水平、过往经历和思维模式等方面开展研究。例如，一项纵向个案研究探讨了两名初出茅庐的母语为英语的教师在英语作为外语环境中的教师身份建构过程（Kocabaş-Gedik and Hart，2020）。研究采用后结构主义的方法，考察了化名为 Emily 和 David 的两位新手教师在土耳其一所大学任教第一年期间所经历的情感劳动和其教师身份建构之间的关系。数据收集共有两个来源：一是通过为期六个月的每周日记。二是半结构化访谈及研究人员的现场笔记。虽然 Emily 和 David 作为新手外语教师在其机构中有着相似的经历，但教育背景、本地语言能力和工作中的支持性话语这三个因素使他们的成长轨迹有所不同。这三个因素导致他们在生活中经历了不同的情感劳动，进而影响了他们在实践共同体中的投入和参与，展示了情感劳动如何与投入、倦怠、实践共同体和教师身份的概念紧密相连。

基于情感劳动的概念，还有研究探讨了一名职前教师对其实习教学经历的情感反应（Song，2021）。访谈、观察和自我反思声明揭示，教师的情感挣扎和紧张情绪一部分源于其对理论理解与英语语言（ELT）现实之间差距的不满，另一部分源于教师感知到的对英语学习者的不公平对待和消极态度。这位老师在课堂内外努力管理自己的情绪，成为她的情感劳动，而她所感知到的对学生消极态度的情感意识和抵抗引发了更深层次的情感反思，从而实现了她的情感和专业成长。研究表明，职前教师对其自身情感与教学关系的理解可能成构建/转变教师身份的催化剂。

也有研究考察影响 EFL 教师情商（EI）和情感劳动（EL）的各种因素。有研究者在韩国一所小学的五年级课堂中进行一个案例研究（Kang，2020）。研究者进行了八次非参与式观察，对教师和学生进行了半结构化访谈，并要求教师撰写关于其课堂教学的反思日志。结果表明，多种因素影响了该教师的情商和情感劳动过程，其中最主要的因素是教师能动性，这种能动性来源于她专注于让学生更好学外语的教学目标。从根本上说，此研究说明了教师秉持的教学目标对于教师能动性的影响，进而影响教师的情商表现和情感劳动。

伊朗学者还关注了教师的批判性思维对于教师情商的影响，以及这两种因素与学生任务参与度之间的关系（Alvandi et al.，2015）。研究者首先收集了 20 名 EFL 高中教师在 Watson-Glaser 批判性思维评估和 Bar-On 情商量表中的得分数据；其次这些教师的 600 名学生通过回答波斯语版的 Tinio 高中学生参与度调参与了研究。研究结果表明，教师的批判性思维技能与学生在任务中的参与度之间存在显著关系，并且教师情商中的维度"个人内在方面"与学生任务参与度中"行为参与"之间存在高度相关性。但是，研究结果并未显示教师情商与学生任务参与度之间，以及教师的批判性思维技能与他们的情商之间有任何有意义的关系。

情感不仅是个人心理倾向，也是受人际关系和社会价值体系影响的社会和文化建构（Zembylas，2004）。对于人际关系作为一种前因如何影响语言教师的情感也有广泛的研究，如 Méndez（2016）在墨西哥进行了一项针对英语教师的定性研究，试图揭示语言教师在过去几十年中因工作多样化而经历的情感变化。这一研究的背景是，为提高墨西哥高等教育教学质量，墨西哥社会推行了新教育制度和评估方案，并带来了教师角色的多样。研究者对十所公立大学的 24 名教师进行了访谈，以了解他们在履行教师、研究员和行政人员等不同角色时所经历的情感。结果显示，外语教师情感的三个主要来源：一是与学生的互动；二是与同事的关系；三是业绩评估方案。

除以上述人际关系外，深度参与社会生活的外语教师还必须面对不同的文化背景和社会政治变革，再一次验证了教师情感属于社会构建这一基础研究共识。

例如，新加坡学者 Pereira（2018）基于新国实施的教育伦理项目，探讨了关怀（caring）作为教学中一种情感实践的文化政治。教育伦理项目的开展依赖于教师与学生之间互相关爱的关系，这就要求教师在情感上有深刻的投入。研究依托于新加坡中学教师参与的另一个大规模研究中关于情感体验的访谈数据，发现关怀伦理不仅基于情感规则（feeling rules）构建"优质教学"的规范性描述，并成为评估教师专业、社交和情感能力的专项规则。作者认为，这一国家项目体现了"动员教师对关怀伦理产生情感依附"的国家意志，是国家机器在意识形态上的努力。在英语教师面对新自由主义教育问责制的过程中，关怀伦理塑造了教师的主体性、信念和实践。

还有研究邀请以色列北部的阿拉伯准英语教师作为研究对象，请他们讲述对塑造其身份产生重要影响的经历。对这些叙述的分析揭示了教育系统和社会强制性权力关系如何激发强烈情感，从而影响他们的职业身份（Hayik and Weiner-Levy，2019）。情感与语言教师身份领域的研究多侧重于教育学方面，但该研究则着重探讨了由于社会文化挑战而产生的情感，以强调情感和文化背景在教师身份构建中重要作用。

对于政治改革对教师情感产生影响的研究也已经形成规模，例如，有研究基于 Richard Lazarus 的社会心理学理论，提出了一个情感认知框架，以理解在改革背景下教师身份如何受到影响（Veen et al.，2005）。为说明该认知框架的实用性，研究呈现了一位热衷于改革的荷兰中文教师的案例。利用作者提出的框架，呈现了该教师在改革伊始对改革的情感——热情，以及当改革在他所在学校开展后对其工作带来的影响，导致其焦虑、愤怒、内疚和羞愧情感。研究显示了其身份和关注点受到影响的多种方式，以及最终导致其改革热情丧失的全过程。研究不仅全面呈现案例研究的全面过程和该框架的使用方法，也强调个体教师的认知—情感过程，有利于详细了解教师所面临的利害关系或他们个人、道德和社会关注点。笔者认为对该框架做出适合中国国情的调整后，可以用来研究我国当前教育政策和改革下对当前和下一代教师可能带来的机遇与职业挑战。

（二）教师情感引发的后置效果

第二类研究主要分析了语言教师情感产生的效果和影响，这种影响大致也分为三个方面：一是语言教师情感对其自身，尤其是对教师幸福感的影响，如教师的工作满意和职业倦怠。二是现有研究还考察了语言教师情感对教师教学的影响，包括教学有效性、教学风格和教学方法。三是语言教师情感对学生学习的影响，包括学生的参与度、语言表现以及提高学生在语言学习中的积极情感的作用。

为了解教师情感劳动与其他变量之间的关系，以便更好了解教师情感对自身的影响，多数研究采用变量中心法来探讨 EFL 教师的情感劳动与结果变量之间的相关性。但是重要但却并未明确解决的问题是，教师在工作场使用多种情感劳动策略的具体状况。一个较为新颖的突破性研究通过对中国365 名高中 EFL 教师进行问卷调查，采用潜在剖面分析（LPA）方法探讨了EFL 教师情感劳动的剖面及其与工作满意度之间的关系（Zhu and Zhou，2022）。以往的研究结果表明主要存在三种情感劳动剖面：亲和型、中性型和情感型，它们分别由表层行为（SA）、深层行为（DA）和自然情感表达（ENFE）的不同组合特征化。那些主要依赖 ENFE 和 DA 的 EFL 教师的剖面展现了最适应的工作满意度模式，而那些无论 ENFE 和 DA 水平如何，报告较高 SA 水平的教师，其工作满意度较低。这些发现为探索情感劳动与 EFL 教师工作满意度之间的关系提供了以人为中心的方法学数据支持。

有研究对语言教师情感对教学的影响做出了初步探讨，如作为对 Ghani-zadeh 和 Moafian（2009）研究的复制性研究，Khodadadys（2012）收集了1704 名 EFL 学习者对"有效英语教师特征问卷"（CEELT）的回答数据，以及这些学习者的 95 名教师在情商量表（EQ-I）上的自我报告。该研究发现，在构成 EQ-I 的五种能力中，即自我认知、人际关系、压力管理、适应能力和总体情绪，只有人际关系不仅与教师效能显著相关，而且与其五个潜在因素（即关系、公平性、资格、促进与考试）以及同情心显著相关。在其余14 个组件中，人际关系能力的社会责任与 CEELT 及其关系、公平与考试因素呈正相关且显著。

教师情感与其工作表现之间的关系也得到了验证。有研究利用量表考察了中国 676 名教师情感与工作表现之间的关系（Chen et al.，2023）。研究使用了两个自评工具，即《教师情感量表》（TEI）和《教师工作表现量表》（TJPI），以检验情感与表现之间的关系。结果显示，TJPI 的角色内表现和角色外表现均与积极情感（如爱和快乐）呈正相关，而角色外表现与消极情感（如恐惧）呈负相关。恐惧是唯一与角色外表现负相关的因素。研究还发现，悲伤受角色外表现的正面影响，而愤怒与角色内表现和角色外表现均无关。

还有研究旨在探索外语教师情商与其教学风格之间的关系，并试图探讨哪些情商组件可以作为英语教师教学风格的预测因素（Mousapour Negari and Khorram，2015）。研究的参与者是来自伊朗的 90 名高中英语教师，使用了Bar-On 情商问卷和 Grasha 教学风格量表（TSI）问卷。结果显示，伊朗英语教师的情商与他们的教学风格之间存在显著的强正相关。研究探讨了可以作为教师教学风格预测因素的情商组件：在五项情商组件中，有四项（人际关系、自我认知、适应能力和压力管理）可以作为教师教学风格的预测因素。

教师情感不仅对自身福祉和教学有影响，对学生影响的各种细节也已经有研究进行了揭示。这类研究的奠基之作是 Frenzel 通过纵向研究，基于其早前提出的"互动伙伴情感传递理论"（Frenzel et al.，2009），提出的连接教师和学生课堂愉悦感的相互影响模型（Frenzel et al.，2017）。为验证该模型，研究者收集了某学年前 6 个月的三波纵向数据进行了测试，数据来自 69名教师（78% 为女性）和他们的 1643 名 5～10 年级学生（57% 为女性），使用多层结构方程模型证实了中介假设。具体来说，学年初（时间点 1［T1］）的教师愉悦感与 4 周后（时间点 2［T2］）学生对教师教学热情的感知呈正相关，后者又与期中时（时间点 3［T3］）学生的愉悦感呈正相关。此外，T1 时学生的愉悦感与 T2 时教师对学生课堂参与度的感知呈正相关，后者又与 T3 时教师的愉悦感呈正相关。该模型表明，教师和学生的愉悦感之间存在正向的相互联系，而这些联系通过他们对彼此课堂行为的观察进行调节。这项研究首次提供了教师和学生之间情感传递的纵向证据，为后期研究教师情感对学生影响的一系列研究提供了坚实的基础。

例如，有研究考察了 EFL 教师的情商，并探寻教师情商与其学生学业成绩之间的可能关系（Pourbahram and Hajizadeh，2018）。研究者从伊朗学术教育、语言文化研究中心随机选取了 20 名 EFL 教师，要求他们填写 Bar-On 情商问卷，以测量其情商。随后，515 名 EFL 学生参与了研究，他们的期末考试成绩被用作学业水平指标。使用 SPSS 分析数据，并使用皮尔逊相关系数来确定这两个变量之间是否存在关系。该研究中收集数据的分析显示，教师的情商与 EFL 学习者的学业成就之间的关系非常微弱且不显著。

学术情感在学生英语课堂学习中发挥重要作用，那么教师的情感是否对学生的学术情感有影响？多数研究仅关注 EFL 环境中的消极情感对学生学术情感的作用，2022 年伊朗的一项研究旨在探讨教师在英语课堂上增强学生积极情感的策略（Shahidzade et al.，2022）。研究采用了探索性顺序混合方法设计：首先，研究者对 11 名高中生进行了半结构化访谈，收集了深入的定性数据。其次，基于访谈的李克特量表问卷被分发给 60 名高中英语教师，获取了定量数据。根据教师的自我报告，"表达对学生未来生活和职业的乐观与希望"是教师使用最频繁的策略，但教师对情感支架策略的看法存在显著差异。此外，根据教师的报告，一些被学生认为是有效策略的措施却是使用频率最低的。研究结果对 EFL 环境中的英语教师具有理论意义和实践意义，可以增强他们对情感支架策略的理解，并帮助他们更适当地运用情感支架策略，充分发挥其在英语课堂上的重要促进作用。

（三）教师情感作为中介因素的作用

第三种研究类型主要关注语言教师情感的中介作用。此类研究主要探讨自变量如自我效能感、情商等与因变量如教师倦怠和教学满意度等之间的关系受到语言教师情感中介作用的影响。

自我效能感、情感调节、自我反思以及教师教学给自身带来的效果（职业倦怠或安宁福祉）是此类研究中较为关注的教师相关个体变量。这一类型的代表性研究是伊朗科学家做出的一项研究，旨在测试伊朗英语作为外语（EFL）教师在反思、自我效能感、职业倦怠和情绪调节方面的结构模型（Fathi et al.，2021）。此外，研究还假设情感调节会在教师反思和自我效能感对职业倦怠的影响中起到中介作用，并检验了这一中介模型。数据收集自238 名伊朗 EFL 教师的问卷结果，参与者对四个调查变量（即教师自我效能感、反思、职业倦怠和情绪调节）的问卷进行作答，采用结构方程模型（SEM）来测试假设的关系。验证性因素分析（CFA）的结果证实了所用问卷和结构模型的适配性。研究结果说明了 EFL 教育中应采取实际措施，了解教师情感状态，因为教师情感状态对他们处理日常教学和改革倡议具有重要意义。根据研究结果，研究者还提出 EFL 教师培训项目应考虑更多实际策略以增强职前教师的效能信念、情绪调节和反思能力。

另一类教师个人变量对教学结果影响的研究是考察情商对教师工作满意度的影响。例如，有研究探讨了巴基斯坦城市卡拉奇的私立教育机构中四种情商对教学的影响并调查了"情感劳动策略"对教师工作满意度的中介作用（Umer et al.，2020）。研究采用了 Smart PLS 3.3 版本对数据进行分析，结果仅支持包括两个直接效应假设和四个间接效应假设。该研究首次研究了情商四个子因素对教师工作满意度的直接影响；虽然大多数研究考察情感劳动策略对情商和其他工作满意度前因的中介作用，而该研究将情感劳动策略对教师满意度的中介作用放在了主要考察对象的位置。结果表明，教育机构管理者应在机构中提供咨询和培训以提高教师的情商；情感劳动策略帮助个人控制和管理情绪，因此教育机构可以鼓励教师采用这些策略。

第八章　外语教学中的教师情感调节

引　言

毋庸置疑，情感是人类生活的一个基本面，虽然长期以来，人们普遍认为情感会干扰人的推理和决策，且古代哲学家大都认为情感是理性思考的杂音，是一种多余的心理能力，20 世纪兴起的认知科学更是让科学家们把注意力放在了认知模型和推理过程上。然而，人类认知研究发展至今，已经认识到人类的理性决策离不开对身体情绪状态的感受。这一论断简单却有力，从根本上颠覆了支配西方几百年的身心二元论。

情感不仅在人类的理性决策过程中发挥重要作用，近几十年来的研究还发现它可能影响个人的其他心理因素，如个性特征和人际关系特征（Seaton and Beaumont，2015；van Kleef and Lelieveld，2022）。情感对个人表现产生的影响可能是正面的，也可能是负面的，这其中的重要因素取决于情感如何被人感知、理解和调节（Lipnevich et al.，2021；Wood et al.，2022）。因此，人类若要在提升幸福感和实现目标之间达到平衡，情感调节①是一项的重要心理技能。

情感调节作为一个研究领域在 20 世纪 90 年代出现，该领域的建立和发

---

① "情感调节"译自英文"emotion regulation"，目前国内更常见的译法是"情绪调节"，为与前文保持一致，本书沿用"情感调节"这一术语。

展有两个坚实的基础：基础之一是诞生于 20 世纪 60 年代、由弗洛伊德提出的心理防御理论（Freud，1964）。随之而来的 20 世纪七八十年代是人类物质文明急剧积累、工业文明高速发展和爬坡的时期，这一时期人类心理压力的陡然上升又促进了压力应对（Lazarus and Folkman，1984）方面的研究，成为情感调节研究发展的第二个基础。情感调节的研究表明，人们可以主动调节情感，而不是只能被动成为情绪的受害者。后现代主义兴盛时期，又有研究表明，情感不仅可以被调节，还可以在充分发挥人类主观能动性的前提下被利用，这一点在前文对教师情感研究的介绍中已经多次提及。

外语教师的情感调节受其上位研究领域——教师情感调节的极大影响，而教师情感调节研究又是情感调节研究在教育领域的拓展和应用。所以，要厘清外语教师情感调节研究的历史脉络和未来发展方向，必须对一般情感调节研究的基础理论框架和方法有较为深入的了解；特别要明晰在面对教育、学校、学生和教师的独特问题时，教师情感调节研究如何借鉴心理学和社会学等情感调节理论框架，进行跨学科研究议题的开发拓展和研究方法的创新，进而对外语教师情感调节研究的发展趋势做出较为全面和准确的判断。

从图 8-1 可以看出，教师情感调节研究具有跨学科的鲜明特色，其发展必须建立在不同学科互相借鉴、多学科相融合的基础上。教师情感调节研究兴起于 20 世纪 90 年代，而外语教师情感调节的研究则要到 21 世纪 20 年代才姗姗来迟，至今仍然处于新兴的初期发展阶段。幸运的是，外语教师情感调节研究的发展深深植根于已经有三十多年历史的情感调节和教师情感调节研究，并博采众家之长：心理学、社会学、组织与管理学和应用语言学等相对成熟的学科领域为其源源不断地提供了研究理论框架和方法，因此，教师情感调节特别是外语教师情感调节研究呈现出多学科融合发展的显著特性。面对教育领域和外语教学领域不断涌现的新思路和新问题，外语教师情感调节研究作为新兴事物拥有较大的创新力和发展驱动力，并持续表现出丰富的研究潜力。

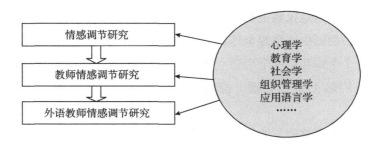

图8-1　外语教师情感调节研究上位领域与多学科融合发展的特点

　　纵观教师情感调节研究三十多年的发展历史，可清晰地看到不同学科赋予该领域多样的理论视角，其理论发展脉络较为清晰。从较为宏观的视角观察，笔者认为教师情感调节研究发展至今，共出现了三个主要的研究视角，即个体取向的心理学视角、建构取向的社会学视角和交织自裁取向的组织管理视角。值得注意的是，每个视角与情感调节研究结合后，都各自产生了新的理论贡献，分别是情感调节理论、情绪劳动理论和情绪组织管理理论。

一、心理学视角下的外语教师情感调节：
情感调节过程模型

　　正如前文所述，对于教师情感的关注始于心理学研究，并已经形成了三次教师情感研究的浪潮（见前文关于教师情感定义的讨论）。在第一次浪潮中，心理学研究者将情感的产生和发展作为个体心理概念开展微观分析（Nias，1996），早期研究中尚难以发现使用"情感"一词来理论化的概括教师职业体验，而是将研究重点放在具有代表性的几个负面情感，如对压力（stress）和倦怠（burnout）等现象进行讨论，除了关于"疲劳""挫折"和"紧张情绪"的讨论外，研究人员并未将教师情感视为学校文化的一部分（Zembylas，2003），也未将情绪调节作为重要的话题。由于将上述教师情感因素视作教学活动中的负面因素，因此谈论的视角通常是如何对其进行控制、管理或操纵，目的是找到更有效的、帮助教师控制自身情感的策略。情感在当时研究者的视野中被视为个体的、心理的表征，孤立于他人和外在环境而存在，而每个个体都是一个个独立的情绪调节者。这一时期的教师情感调节研究被学者们贴上了"心理—控制"取向的标签（尹弘飚，2007；周洲，2023）。

从心理学对情感调节的研究脉络来看，根据斯坦福大学心理学专家、情感调节顶尖学者 Gross（1998b）的梳理，最早可以溯源至 20 世纪 60 年代弗洛伊德精神分析学派对于焦虑调节的研究。精神分析学派否定情感的积极作用，对个体情感调节的视角是心理—控制取向，因此研究焦点是对于情感产生不良影响的应对方法和策略。

20 世纪 80 年代，Folkman 和 Lazarus 的研究又将情绪调节向前推进了一步，他们在对情感调节策略进行研究后，提出了"应对"（coping）这一概念：个体为管理压力情境的内外部需求，所作出的认知和行为努力的动态过程（Lazarus，1984），并按照应对策略所发生的不同时间节点，将其分为两类："问题导向型应对"（problem-focused coping）应对策略和"情绪导向型应对"（emotion-focused coping）应对策略。问题导向型应对涉及直接解决导致压力的问题，旨在减少或消除压力，包括收集信息、制订行动计划以及采取措施解决问题。当个体认为情境可控或可改变时，这种方法通常更为有效。情绪导向型应对是指管理对压力的情感反应，而不是改变压力源。当个体认为情境超出控制时，常会使用这种策略，如寻求社会支持、进行放松练习、正面重新审视情境，以及使用分心或回避来减轻情感困扰。Folkman 和 Lazarus（1988）还强调了应对所发生的情境的重要性，指出个体选择应对策略受特定情境及其评估的影响，并指出应对与情境的交互性质，即应对持续受到个体与环境互动的影响。因此他们主张，有效地应对不一定是使用某种特定的策略，而是根据具体情境和不断变化的需求灵活适应地选择合适的应对机制。

20 世纪 90 年代，Gross（1998a）在前期研究成果的基础上做出了两项重大理论贡献：一是进一步区分了情感调节策略；二是提出了"情感调节过程模型"（process model of emotion regulation），情感调节被定义为人们用以控制或表达其感受的不同过程，极大推动了对个体如何管理和调节情感的理解，并仍然在当今情感调节心理机制研究中发挥着重要作用。Gross 对情感调节策略的区分如下：一是在情绪完全发展之前使用的前因聚焦策略（antecedent-focused strategies，如注意力重新定向、认知重新评估）；二是在情绪完全发展之后实施的反应聚焦策略（response-focused strategies，如抑制、发泄）。他同时强调了不同策略的重要性并在研究中对两种策略的有效性做出了比较和评估：认知重新评估（reappraisal）通常比抑制（suppression）与更积极的结果相关，因此重新评估这一策略会给个体带来更好的心理健康和社会功能，而抑制可能带来负面的情绪和社会后果。

不仅如此，Gross 在进一步的研究中证实了情感调节过程对情境的依赖，随即对过程模型进行了更为精细的描摹和扩展，该模型因此得以囊括情感生成过程中的一系列步骤，并确定了个体可以干预、用以调节情绪的相应节点。情绪调节过程模型认为，情绪的生成和调节通过情境选择（situation selection）、情境修改（situation modification）、注意力再分配（attentional deployment）、认知改变/认知再评估（cognitive change/cognitive reappraisal）和反应调节（response modulation）五个过程来完成（见图 8-2）。

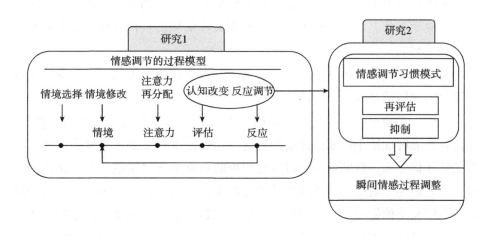

图 8-2 Gross 情感调节框架

资料来源：Chang 和 Taxer（2021）。

情境选择是指个体可以选择可能引发期望情感的环境或情境，避免可能引发不良情绪的情境。情境选择是情绪生成初始时发生的情绪调节过程，当个体有意识地选择一种情境以期待某些后续情绪时，便使用了这种策略。例如，在教育场景下，教师可以通过有意选择与他们个人兴趣和偏好相符的活动来增强其积极情绪，也可以避免可能会引发负面情绪的某些课堂活动，就是对这种策略的使用。

情境修改是指个体改变情境以改变情感的影响。如果认为某种情境可能引发特定不利情绪，个体可能通过情境修改来改变情境，进而改变预期的情感体验。在这种情况下，教师可以使用这种策略，通过改变课堂环境来创造积极的情绪氛围。例如，如果教师预见某个课堂活动可能导致学生对课堂进程的扰乱，他们可以主动调整学生座次安排以尽量减少潜在的冲突，当然这必须建立在对学生和课堂有一定了解，进而产生一定把控的基础之上。

注意力再分配是指将注意力从情境的某些方面转移，以影响最终情绪的产生。这可能包括注意力的分散或专注等策略。注意力再分配这一策略的使用一般发生在情境已确定且无法修改时，这一策略的使用可以改变注意力焦点以改变情感体验。教师通过将注意力重新定位到课堂情境中的积极方面，正是使用这种策略的表现。例如，如果课堂教学被干扰，而教师短时间内无法让学生平静下来，教师可以将注意力转移到那些遵循指示、并高效完成任务的其他学生身上，这样做可以避免过多关注情境的负性方面，减少教师的焦虑和愤怒的情感。

认知改变或认识再评估是改变对情境的评估或思考方式，以改变该情景所蕴含的深层情感含义。所谓"意义都是人赋予的"其实有其深刻的心理学实验证据。教师可以带着更加积极的心理态势对情景进行再次评估和解释，使情景的威胁性减小而积极性增加。这一策略在本质上是个体试图改变情境意义的评估过程，教师可以通过以更积极的角度重构对情境的思考来使用这种策略。例如，对于一些持续扰乱课堂的学生，拥有积极情感调节经验的教师不会轻易给他们贴上"不守纪律、应受惩罚"的固定标签，而是利用认知再评估的策略，重构观念，关注这些学生的优点，认可他们任何可能的努力。以上四种策略均属于前文提到的"前因聚焦策略"指的是个体试图在情感完全生成之前通过改变情境而做出的努力。

反应调节是指个体影响情感的生理、体验或行为反应，如个体试图改变面部、行为或生理反应来改变情绪。反应调节与前四种调节策略不同之处在于，它是在情感体验之后进行的情感调节，属于"反应聚焦策略"。"抑制"是一种典型的反应调节策略，发生在情绪生成之后，个体试图通过抑制，阻止自然情感的流露。教师在课堂上努力展示适宜的情绪，正是使用这种策略的表现。例如，当教师感到愤怒，可能会通过深呼吸或者暂时离开促发愤怒的情境，冷静下来后再去处理不利的课堂情境。这种方法可以在一定程度上帮助教师控制情绪，防止教师粗暴表达愤怒或采取激烈的行为（Gross, 1998b，2007，2015）。

Gross 提出的情感调节过程模型在理解个体如何管理情感体验方面是一个关键框架，它提供了一种结构化的方法来分析情绪调节可能发生的不同阶段，便于研究者对情感如何受到影响和控制进行细致的理解。首先，过程模型中关于情感生成序列的一系列阶段的提出，代表了个体可以干预、调节情绪的节点。其次，该模型作为研究不同策略如何影响情绪结果的一个综合框架，提供了探索情绪调节过程的详细方法论。这一模型发挥了桥梁作用：将情感调节整合到更广泛的心理学理论中，将其与认知、发展、社会和临床心理学相联系。最后，该模型在临床应用和生活实际应用中也具有指导意义。在临床环境中，该模型对于开发增强患者情绪健康的干预措施发挥着至关重要的作用，例如，教导焦虑或抑郁患者有效进行情绪调节策略的运用。

情绪调节过程模型在心理学研究和实践中具有很大的影响力并被广泛应用，但它也存在一些局限性。一是该模型在为理解情绪调节提供结构化框架的同时，很可能简化了情感在现实生活中生成和调节的复杂性和动态性，情感及其调节常常涉及更复杂的交互，而线性模型是难以捕捉到的。该模型主要关注有意识的情绪调节策略，可能忽略了更多自动的、无意识的过程，这些过程在情绪体验中也扮演着重要角色。二是文化方面的考虑，该模型主要源于西方的心理学研究，可能未完全考虑文化差异如何影响情绪调节策略。不同文化可能对哪些策略可接受或有效有着不同的规范和实践。三是该模型未明确考虑更广泛的情境因素，如社会动态或情境限制，对情绪调节策略选择和有效性的影响，这一类研究在日后成为重要的领域，即情感与社会结构因素角力和协商以及其中涉及的情感调节（Jin J. et al., 2021；Ding et al., 2022）。此外，该模型对个体差异的关注不够，没有深入探讨人格、遗传倾向或过去经验等个体差异如何影响人们调节情绪的方式。这一不足在以

Grandey 为代表的后续研究中得以详细探讨（Grandey，2000；Grandey and Melloy，2017）。四是该模型虽然在概念上很有力，但在多样化人群和情感情境中的验证还需要更多的实证研究。但值得注意的是，心理学常采用的实验室研究方法使被研究者处于一种非自然的情境中进行情绪调节，该情境缺乏对真实生活中情绪调节过程的人际和环境因素的充分考量。真实生活中情绪的产生与调节往往与他人相关，这对教师情绪调节来说尤其如此。尽管存在这些局限性，情感调节过程模型仍然是推进情感调节研究的重要基础框架。随着新研究和理论发展的出现，它正在被继续被细化和扩展。

二、社会视角下的外语教师情感调节：情感劳动与职业倦怠

社会学视角下的情感调节研究是跨学科研究的典范，社会学视角的加入极大扩展了先前主要在心理学领域深入探讨的情感调节议题，使教师情感调节研究获得了更宏大的研究视角。其历史发展脉络大致如下：

社会学家 Hochschild 于 1983 年出版了经典著作《被驯服的心灵：情感的商业化》（*The Managed Heart：Commercialization of Human Feeling*）。书中提出了"情感劳动"的概念，探讨了情感如何作为工作职责的一部分被管理和调节，尤其是在服务导向型的工作中。Hochschild 将情感劳动描述为"管理情感和表达方式的过程，以满足工作的情感要求，通常涉及诱导或压抑情感以遵循组织规范"（Hochschild，1983）。这个概念在空乘人员、医疗工作者和客户服务代表等职业中特别相关，因为这些职业要求员工表现出同理心、专注、愉快、友好或冷静等情感，以营造企业所期望的情绪或氛围。情感劳动对工作人员的心理健康和真实感有重大影响，因为它可能导致个人情感失调、倦怠和对真实感受的疏离感。Hochschild 的理论创新为理解工作中隐藏的情感成本奠定了基础，由此引发了社会学、心理学和组织研究领域的关于职业环境中情感调节的研究和讨论。

20 世纪 90 年代中期一直延续到 21 世纪，社会科学研究领域刮起了"情

感革命"的风暴，情感劳动作为一种应对方法，以处理不断增加的工作人际需求而受到显著关注。"应对"被定义为"不断变化的认知和行为努力，旨在管理被评估为对个人资源形成压力或超出资源的具体外部和/或内部需求"。情感劳动则是一个更为宏观的概念，涉及实施花费心理资源的策略（即情绪调节）以满足明确的（如情感展示规则）或隐含的（如互动期望、工作动机）情感要求，目的是实现所服务组织的目标（Grandey and Sayre，2019）。由此可见，情感劳动和情绪调节超越了应对的概念，因为这两个过程不仅在消极或具挑战性的情境中发生，而且还会在看起来符合社会规范的情景和职业中导致消极情感。

社会科学领域中的教育研究也受到了"情感革命"浪潮的洗礼，突出表现在 1996 年英国《剑桥教育学报》关于教师情感议题专刊的发表。有学者认为这标志着教师情感研究的诞生（尹弘飚，2008）。不仅如此，美国《教学与教师教育》又分别在 2000 年和 2005 年两次陆续出版关于教师情感议题的专刊，将教师情感研究由教育研究的边缘位置一步步推进至更重要的位置。在此期间，学术界达成了这样的共识：情感绝不是孤立的个体心理现象，而是社会文化建构（Sutton and Wheatley，2003；尹弘飚，2007，2008），因此，教师情感与社会政治、文化、权力的关系成为研究热点。

随着研究视角向社会学方面的转变，教师情感研究的重点这发生了转移：从探究教师个体心理过程，转向发现和挖掘控制教师情感表达和调节教师行为的隐性社会规则，即所谓情感展示规则的研究。这一视角研究不断发展的结果是，有研究者将情绪劳动定义为促进教师意识觉醒和行动解放的一种途径，以情绪劳动为突破口，探究社会互动中权力关系对教师情感的影响。通过情绪劳动对不合理的组织规则和情绪法则进行反思、行动和变革（Zembylas，2005），教师情感研究因此又具备了批判性的属性。在这一浪潮的推动下，教师情感调节研究也开始关注个体外部的组织规则和社会法则对情绪调节过程的控制与影响（王文岚等，2024）。

社会学视角下对情感调节研究影响最大的理论是情绪劳动理论和情绪调节理论。描述情感劳动的理论始于 Hochschild 的早期研究（Hochschild，1983），后期，Grandey 和其同事们对情感劳动及其情感调节理论做出了整合和发展（Grandey，2000；Grandey and Melloy，2017）。

研究的起点是对服务行业的员工的研究，这些从业人员被期望遵循情感展示规则，表达积极情感并隐藏消极情感，其目的是通过影响顾客来提高与顾客互动的效果，促使他们购买产品、忠于组织或传播积极的口碑。这可能导致情感劳动，因为个人感受可能并不总是与这些情感需求一致。在教育场景中，可以想象一名教师在进行日常教学过程中经常要面对因为多种原因而引起的教学活动进展不顺利，如学生配合不佳或态度漠然，在这种情境下，教师很自然会感到不满和沮丧，并且将愤怒和失望传达给学生。但是，基于教师对于情绪展示的规则理解，教师必须通过保持积极和富有热情的语气来遵循整合展示规则，即便他们个人可能感到沮丧或甚至无力解决课堂现状，他们应该隐藏任何消极情绪，以令学生接受的方式回应，从而激发学生学习的动力和兴趣。因此，教师需要通过控制他们的消极情绪并展示积极和关爱的态度来参与情感劳动。同时，教师必须管理自己的情绪，以提高师生互动的有效性，并通过运用与专业相关的能力打消学生顾虑，留下积极印象来说服学生保持对本学科的兴趣和学习动力。

Hochschild 在其著作中提出了情绪劳动的概念："管理自身的感受以产生公开展示的表情和体态"，并讨论了情感劳动的两种策略：表层扮演（surface acting）和深层扮演（deep acting）。前者指故意隐藏自己的真实情感状态或表现虚假或不真实的情感状态（如夸大或低调处理），并通过多种外在情感表现方式（包括语言暗示、姿态和其他非语言行为）来表达实际上并不真实感受到的情感。后者则代表了一种更深层次、更真实的情感劳动方法，通过注意力调配等技巧来改变内在感受，这包括将注意力转移到引发所需情感的事物上，或者通过不同的评估或判断情境来改变其情感影响的认知改变。

为了说明这两种策略的区别，仍然以教师在课堂场景中所使用的情绪劳动策略为例：教师甲和教师乙都遭遇了课堂活动进行不顺利的状况，教师甲内心对学生感到恼火，因为这是这位教师花费巨大心力、精心设计的课堂活动。然而，经过职业生涯的磨炼，教师甲习惯于使用表层行为：当与学生互动时，他/她隐藏起沮丧和恼怒的情绪，采用友好、热情的鼓励语气，以确保学生尽快地以饱满的热情参与到课堂中来，毕竟课堂时间有限，且教学任务必须按时完成。教师甲内心中可能仍然感到非常不满，但表面上，他/她表现出冷静和同情的态度，以防止情况变得更糟。相反，教师乙使用深层行为作为其情感劳动策略，当看到精心设计的课堂活动不能顺利进行时，教师乙真正站在学生的角度考虑学生对活动索然的深层次原因，如学生目前能力水平不足、干扰因素过多等，教师乙将注意力转向下一次应该如何在课堂活动设计中做得更好的事实，通过重新构建活动进行不顺利的情况，为改进下一步的教学进行认知改变，从而产生真正的同理心和解决问题的动机。这时，教师乙与学生互动的语言和语气传达了真实的同情心和解决问题的真诚意图。

　　一般认为，深层扮演作为一种改变感受情感的策略，更有利于组织结构获得积极的结果，且对于工作人员的心理健康是适应性较强的（adaptive）策略；而仅改变情感外在表达的表层扮演被视为是偏离正轨、效果不佳（maladaptive）的（Grandey，2003）。然而，有元分析发现表明这两种策略与工作绩效之间的关系较弱（Hülsheger R. and Schewe F.，2011），并且暗示深层扮演也可能对个人健康产生不利影响（Grandey and Sayre，2019）。

　　值得注意的是，在情绪劳动策略二分法（表层扮演和深层扮演）问世十年后，有学者提出在表层扮演与深层扮演之外还存在第三种策略，这种策略被美国研究者 Ashforth 和 Humphrey 命名为真实表达（genuine expression）（Ashforth and Humphrey，1993），被英国研究者 Zapf（2002）称为自动情绪调节（automatic emotion regulation）。虽然在上述 Grandey 的概念框架中并未涉及第三种策略，但自问世后，第三种策略的认可度日渐提高，因此以情绪劳动为概念基础的情感调节研究除了以 Grandey 的宏观概念模型为基础外，表层扮演、深层扮演和真实表达三位一体的调节策略体系，也被广泛应用于包括教师在内的各社会群体的情感调节研究。

　　为了验证真实表达这一策略在中国文化背景下的存在和具体存在形式，中国研究者尹弘飚在中国社会文化环境下对教师的情感调节进行了实证研究（Yin，2012，2016），证实了真实表达策略的存在，并创新了更为细致的"三类七种"情感调节策略框架，即表层扮演策略，包括假装（pretending）与抑制（restraining）；深层扮演策略，包括转移关注（refocusing）、认知重构（reframing）和隔离（separating）；真实表达策略（genuinely expressing），包括释放（releasing）和宣泄（outpouring）（Yin，2016；尹弘飚，2017）。这一研究是教师情感调节研究在中国文化情境中的具体验证，其意义不仅在于将中国文化独特性与教师情感调节、情绪劳动整合于一体进行研究，还在于在原本较为粗糙的三大分类策略的基础上，对情感调节策略进行了再分类，这一分类框架为研究中国教师的情感调节构筑了理论建构。

由于社会学视角下的情感调节关注调节环境，关注个体产生某种情感时所遵守的情绪表达规则，因此对教师情感调节环境的研究促进了另外一个亚领域的研究，即对情感表达规则（emotion display rules）的研究，其本质是挖掘教师情感表达和调节的深层次认知机制。关心学生需要大量的情感理解和情感管理，即上文提及的情感劳动。情感劳动是情感工作的结果，情感表达规则是指导个体有意识或无意识的决定是否表达情感的基本原则（Hochschild, 1983; Isenbarger and Zembylas, 2006; Schutz et al., 2009），涉及对情感的产生感到兴奋，何时适合表达情感，以及指引个体将表现出的情感与真正感受到的情感保持一致，否则将容易产生情感失调（Chang and Davis, 2009）。

在情感表达规则的早期概念中，Ekman 和 Friesen（1969）将其定义为"在特定情况下管理某种情感外在表现形式的需要"。Diefendorff 和 Greguras（2009）表示，许多组织和工作岗位要求个人表达"整合情感"（integrative emotions），即通过表达积极情感和压抑消极情感来实现正面情绪的统一表达。在课堂环境中，表达规则是后天习得到的文化规范，它通过鼓励或抑制教师体验或表达情感来塑造或影响情感的表达（Isenbarger and Zembylas, 2006）。这些文化规范的习得发生在个体与环境互动中、师范生与经验丰富的导师或与学校文化互动中（Meyer, 2009），尤其在教室教学环境中，有些文化可能允许愤怒这一感受的公开表达，而另一些文化则不允许（Schutz et al., 2009）。

教师在与学生的关系中可能会遵循某些表达规则（Chang and Davis, 2009）。表达规则作为一种信念影响着教师在课堂上应感受或不应感受的情绪。在对教师愤怒的研究中，Liljestrom 等（2007）发现，教师倾向于不将他们的情感标记为"愤怒"，而是用"失望"来描述他们与学生之间的关系。同样，Sutton 和 Wheatley（2003）发现教师在谈论"挫折"而不是愤怒时感到更自在。这可能源于教师关于课堂情感表达规则的信念。例如，在 Zembylas（2007）的研究中，一位资深教师描述了她职业生涯中长期坚持的情感表达规则："我阻止自己表达真实感受，因为这样做会被认为是不够专业的。"这种表达规则需要教师付出精力和努力来调节和控制情绪，并可能对教师的福祉产生不利影响。

但有实证研究结果表明，表达愤怒比许多教师认为的危害要小（Taxer and Frenzel，2019）。有研究探究了学生利用教师情绪背后的信息来解释他们失败的原因并形成能力信念的过程。研究者假设在失败的情况下，教师的愤怒可能是有益的。在实验 1 中，参与者分别在教师表现出怜悯与愤怒时，对另一名学生的失败做出判断。在教师表现出怜悯时，参与者理解为教师将失败归因于能力不足，因此参与者也做出了能力不足的归因，并认为失败者确实能力较低。当教师表现出愤怒时，愤怒被解释为教师将失败归因于努力不足，参与者做出了努力不足的归因。实验 2 通过考察学生对自身失败的反应，重复并扩展了这些发现。

此外，不同个体可能对学校的情感表达规则有不同的理解（Yin et al.，2016；Huang et al.，2019）。不同于服务行业工作者，教师从事情感劳动不仅是为了符合规定的情感表达规则，他们还可能将这种努力视为实现教学目标和积极学习成果的工具（Huang et al.，2019；Han et al.，2024）。

情感的认知评估理论表明，情感是由对事件和情境的评价/评估引发的，个体对情境和事件的评估可以区分具体的情感（Roseman and Smith，2001）。换句话说，个体对事件的感受取决于个体在情境背景中如何感知事件。Smith 和 Kirby（2001）认为，评估是基于人们赋予事件的意义。个体对不同事件赋予不同的意义，而我们的情感是由我们对情境赋予的意义、判断和评估所驱动的。例如，在教育场景受到不公对待的情境中，一个学生可能会感到愤怒，而另一个学生则可能感到内疚，这取决于他们对不公对待原因的评估。

源自认知评估理论，情感调节可以描述为一个从有意识、需要努力和控制的调节到无意识、不费力和自动的调节的连续体（continuum）（Gross，2007）。Gross（2002）提出了情感调节的两种形式的框架：认知再评估（reappraisal）和表达抑制（suppression）。通过认知再评估，人们改变对情境的思考以减少其情感影响。通过表达抑制，人们抑制正在进行的情感表达行为。抑制不仅对不愉快的情感影响甚微，而且"消耗认知资源，损害在情感调节期间呈现的信息的记忆"。例如，如果教师在课堂上面对学生扰乱课程秩序、打破教学计划等事件选择抑制情感并假装镇定，那么教师可能在课程进行中会有有限的认知能力，而且不愉快的情感不太可能消失。

虽然认知再评估通常被认为比表达抑制更具适应性（Gross，2015），但在教学环境中，认知再评估的积极效果尚未得到一致证实（Brackett et al.，2010；Chang，2013；Yin et al.，2016）。在某些研究中，这两种情感调节策略可以在情感工作需求与教师福祉之间起到中介作用（Tsouloupas et al.，2010；Yin et al.，2016）：当教师参与认知再评估时，他们报告情感耗竭的程度较低。然而，在课堂管理中，研究者却并未发现认知再评估和表达意在感知到学生不端行为与情感耗竭之间的中介作用（Tsouloupas et al.，2010）。作者推测，在这项对 610 名小学、初中和高中的教师研究中，经验丰富的教师（教龄超过 11 年）所占的高比例（45%）可能削弱了情感调节的潜在间接影响。

在类似背景下，Chang（2013）在研究教师情感调节和应对学生不当行为的倦怠时，未能证实认知再评估的积极效果。对于认知再评估并未能在所有课堂环境中表现出较强适应性这一研究结果，Taxer 和 Gross（2018）认为再评估的变化效果可能与教师的情感调节目标（emotion regulation goals）有关。

在一项关于 123 名英语教师情感调节能力的研究中，Brackett 等（2010）考察了情感调节、教师工作满意度和教师倦怠之间的关系。结果发现，情感调节能力与工作满意度和个人成就感正相关，但与人格解体（depersonalization）和情感耗竭（emotion exhaustion）无关。研究表明，具有较高情感调节能力的教师可能更善于使用多种策略（如自我对话和认知再评估）来产生积极情感，以应对压力和负面情感体验。

教师这一职业天然具备"关怀他人"的内在属性和特点，具有强烈的道德目标感和对年轻人的责任感。这样的社会期望很可能会对教师在工作中的情感管理产生强烈影响。教学的关怀性质使教师能够感受学生的感受，并对学生在课堂上的行为有很高的互动期望（Grandey，2000；Isenbarger and Zembylas，2006）。因此，由于道德目标和责任感，在教学中情感比在其他职业中更为强烈。此外，教学的关怀性质使课堂成为一个独特的空间，在与学生的无数次日常接触中，教师可以体验到广泛的情感；因此，它要求教师能够自如管理或调节情感。

与中小学一样，大学也是复杂的情感场所，教师往往面临教学情感需求。

直到2010年，高等教育中的教师情感研究才逐渐得到关注。一些研究在多个文化背景下进行，包括英国（Bennett，2014）、澳大利亚（Trigwell，2012）和中国（Zhang and Zhu，2008；Zhang et al.，2019）。这些有限的研究为理解大学教师的情感过程与福祉（如倦怠和满意度）及教学行为（如教学风格和教学方法）提供了初步证据。高等教育中关于教师情感的研究和文献在扩大重要心理构念的研究范围、借鉴和使用跨学科研究方法等方面仍然具有较大的工作空间（Zhang et al.，2019）。

情感的感知在不同文化中有所不同（Krone and Morgan，2000），而中国的文化价值观在塑造和调节人们的情感方面发挥着关键作用（Zhang and Zhu，2008）。例如，传统的中国集体主义价值观和相互依存的自我观均强调维护和谐人际关系的重要性，中国人倾向于中和内心感受，以避免负面情绪以及保持颜面。同时，由于传统的中国教学理念赋予教师知识权威和行为典范的双重角色，正所谓"学高为师，身正为范"，中国大学教师与学生之间的互动以教师对学生的人文关怀和密切的师生关系为特征（Han et al.，2016）。

自21世纪初以来，中国高等教育进入快速增长的二十年，我国建成世界上规模最大的高等教育体系，高等教育整体水平进入世界第一方阵。自2010年以来，在经历了量的快速增长后，加快建设高质量高等教育体系的任务更加突出，因此，对于高等学校的教师提出了更高的要求：不仅教学能力需要不断提升，还要求教师增强科研能力并在科研上有所突破。高质量的科研成果是高校发展的重要支撑，教师需要积极参与科研项目，发表高水平的学术论文。2020年以来，各高校更加重视研究的转变以及学生动机的多元化为大学教师带来了繁重的工作量和压力。大学教师面临的工作需求增加，造成了相当大的压力。这些需求可能成为外部刺激，促使教师评估其情境为压力源并采取应对策略，例如，教师可能采用再评估或抑制策略来应对情感需求。同时，若大学教师在不同层次上获得教学支持时，他们可能感到较少压力，并减少对持续情感进行抑制的需要。不同的情感调节策略会产生不同的后果。

三、心理学视角与社会学视角的融合

有建议认为，将情感劳动的研究与情绪调节研究相结合，可以深入了解情感劳动与组织及健康结果之间复杂关系的异质结果。Grandey（2000）的研究推进了这种结合，研究产生的模型运用了情感调节作为指导理论，以理解情感劳动的机制如何可能给个人带来压力，但为组织带来收益。"情绪调节包括负责监控、评估和调整情感反应的外在和内在过程，特别是其强度和时间特征，以实现个人目标。"Grandey 应用了 Gross 的情绪调节过程理论，该理论区分了前因性和反应性情绪调节。前因性策略旨在当情感状态完全发展之前进行修改，而反应性策略则在情感状态出现后进行操控。Grandey 将这两种情绪调节形式与 Hochschild 关于表层行为和深层行为的论述联系起来，将表层行为映射为反应性策略，即不试图改变实际感受，而将深层行为映射为前因性策略，即行为和内在体验都与组织期望保持一致。不同于情感调节，情感劳动总是考虑他人，而情感调节可以在不假设人际目标的情况下发生。Grandey 研究模型的更多细节我们将在下一节讨论，图 8-3 仅展示 Grandey 关于情绪劳动与情感调节两大理论的对应关系：

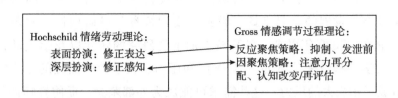

图 8-3　Grandey 关于情绪劳动和情感调节的整合概念

两种形式的情感劳动（表层扮演和深层扮演）都是自我调节策略，需要控制冲动、抑制情绪以及集中注意力，由于这些要求具有明显的生理和认知成本，因此对个体构成挑战。具体来说，表层扮演需要抑制和压制情绪，这可能导致不愉快的非真实感或情感失调（emotional dissonance，当体验和表达的情感不一致时出现的紧张感）；深层扮演可以在短期内通过将内在体验与组织期望协调一致来缓解情感失调，但从长期来看，它可能导致对自身感受的疏离感。表层扮演和深层扮演都可能最终对工作满意度产生负面影响，导致情感耗竭（emotion exhaustion），这是倦怠（burnout）的一个重要方面，并最终导致劳动者停止一切工作努力（work withdrawal）（Brotheridge and Grandey，2002）。另外，Grandey（2003）认为，对工作满意度的负面感受也可能引发情感劳动，因为它阻碍积极情感的真实表达并需要调动情感劳动来应对因工作满意度较低带来的压力。

在 Grandey 团队（2000）试图整合情绪劳动和情感调节的模型中，研究者还加入了可能影响工作中情感调节过程及其结果的两方面因素：一是个体因素；二是组织因素（见图 8-4）。

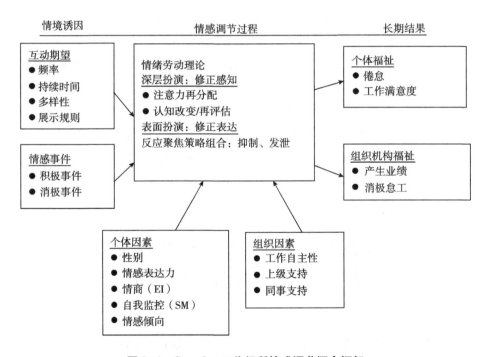

图 8-4　Grandey 工作场所情感调节概念框架

资料来源：Grandey（2000）。

个体因素方面，研究指出，首先，性别可能会影响以上关系的建立，女性在情感劳动方面可能更有经验，也可能更擅长，但她们也因此更有可能调

发展至今，JD-R 理论中共有三个最重要的构建模块：一是具备弹性的双轨理论框架；二是平行双重进程；三是双轨概念的交互作用对工作结果的预测性。

第一，JD-R 理论建立在以下前提上：每种职业都存在特定的与工作压力相关的风险要素，这些要素可以被归类为两个主要类别：工作需求和工作资源。工作需求指的是工作中那些持续需要员工在体力、社交或组织层面付出身体或心理努力的方面（Bakker and Demerouti，2016），因此造成生理和心理成本，例如，较高的工作压力。工作资源可能存在于工作中的物理、心理、社会或组织属性各方面。例如，员工的自主性、社会支持和绩效反馈等。该理论认为，虽然每个职业群体中的某些特定工作需求和资源有水平的变化，其工作需求和资源是独特的，但所有的工作特征都可以使用以上两种不同的类别进行建模，因此，该理论适用于各类工作环境，并且能够根据特定职业的需求进行定制，形成一个适用于多种职业环境的通用框架，无论这些环境的具体需求和资源如何，这是该框架理论弹性的表现。

第二，JD-R 模型提出了一个平行双重过程：健康损害过程和激励过程。该模型主张，工作需求和资源是两个相对独立过程的触发因素：高工作需求可能导致倦怠和健康问题，而工作资源具有激励潜力，可以提高员工动机和参与度，并缓冲工作需求对压力和倦怠的影响。例如，社会支持可以减轻高工作压力的负面影响（见图 8-5）。因此，工作需求通常是疲惫、心理健康问题和重复性劳动损伤等结果的最重要预测因素（Bakker et al.，2003），而工作资源通常是工作乐趣、动机和工作投入的最重要预测因素（Bakker and Demerouti，2007），其根本原因在于，工作需求需要员工付出努力和消耗能量资源，而工作资源则满足基本的心理需求，如自主性、关联性和胜任感的需求（Deci and Ryan，2000；Nahrgang et al.，2010；Bakker，2011；高华瑜，2021）。

第三，双轨概念工作需求和工作资源之间产生交互作用，对工作结果具有预测效应。虽然工作需求和资源启动不同的过程，但它们彼此互相影响（见图 8-5），这构成了 JD-R 理论的第三个构建模块，即工作需求和资源在预测职业幸福感时的相互作用。需求和资源可能对幸福感产生联合影响，并间接影响工作结果，共有两种可能方式：第一种方式是工作资源缓冲工作需

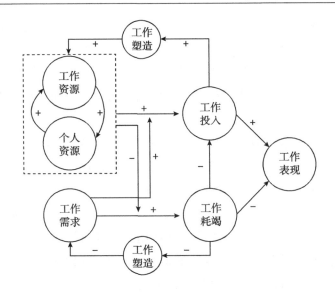

图 8-5　JD-R 模型下的职业幸福感

资料来源：Bakker 等（2014）。

求导致的压力。已有几项研究证实了这一观点（Bakker et al.，2005；Xan-thopoulou et al.，2007）。工作资源多种多样，包括社会支持、绩效反馈和发展机会等，拥有丰富工作资源的员工能够更好应对日常工作需求。第二种方式是工作需求增强工作资源对动机和投入的影响。研究表明，当工作需求高时，工作资源的价值越发凸显，并促进员工对现有任务的投入（Hakanen et al.，2005；Bakker and Demerouti，2007）。

修订后的 JD-R 模型（Bakker and Demerouti，2007；Taris et al.，2017）强调了个人资源（personal resources）在促进员工幸福感和工作投入中的重要作用。个人资源定义为"与自我相关的特征，这些特征通常与适应力相关，并指个人成功控制和影响其环境的能力感"（Hobfoll，2002）。在 JD-R 模型中，各种个人资源被囊括，如外向性、希望、内在动机、需求满足、乐观、适应力、自我效能感和价值取向（Schaufeli and Taris，2014）。个人资源发生作用的角色多种多样：可以作为工作特征与结果之间的中介或调节因素，作为压力和动机的前兆，作为工作特征的前兆或作为工作特征的结果（Taris et al.，2017）。

在教育领域，研究者们使用 JD-R 模型作为理论基础，考察教师工作特征（工作要求、工作资源、社会支持）和教学工作结果，如倦怠、工作参与度、工作满意度之间的关系，教师情感调节一般被作为中介或者调节因素。研究表明，工作资源在预测工作参与度方面尤为重要，而工作需求与倦怠更密切相关。

例如，Huang 等（2019）基于工作需求—资源模型，研究考察了教师的自我监控（self-monitoring）和自我效能感（self-efficacy）在教学情感工作需求、同事信任和教师幸福感之间关系中的中介作用。研究对中国香港的1115 名小学教师进行了问卷调查，结果凸显了自我监控作为个人需求的消极作用和自我效能感作为个人资源的积极作用：自我监控与焦虑和抑郁呈正相关；自我效能感与热情和满足感呈正相关，与焦虑和抑郁呈负相关。同时，研究结果支持了同事信任的有益作用，证实了它与教师的自我效能感和幸福感呈正相关，揭示了情感工作需求在增强教师自我效能感方面的积极一面。此研究是工作需求—资源模型在教育领域的一次应用，此模型中的基础观点和关系在小学教育领域得到了验证。

还有研究针对工作需求—资源模型中工作压力和工作投入的关系，在澳大利亚的大学学者（N=296）中进行了纵向测试。研究考察时长长达三年，确定了工作需求—资源模型中工作需求（工作压力、学术工作量）和工作资源（程序公平性、工作自主性）对心理压力和组织承诺的预测效果，以及工作条件与工作压力结果之间关系的可能的中介因素，此研究扩展了 JD-R 模型在高等教育领域的应用（Boyd et al.，2010）。

涉及中国大陆样本的多项研究也运用了工作需求—资源模型。例如，Han 等（2019）探讨了挑战性工作需求、工作资源、情感耗竭与工作投入之间的关联，并考察了教师效能感作为个人资源在工作需求—资源模型中的中介作用。研究对来自中国大陆 25 所大学的 2758 名大学教师进行的问卷调查结果表明，挑战性工作需求与情感耗竭呈正相关，与工作投入呈负相关。工作资源与工作投入呈正相关，与情感耗竭呈负相关。教师效能感在挑战性工作需求和工作资源对工作投入的影响中起到了中介作用。Han 等（2020）探讨了大学教师情感工作需求、教学支持与幸福感之间的关联，并考察了情感调节策略（即重新评估和压抑）在工作需求—资源（JD-R）模型中的中介作用。对中国大陆 643 名大学教师进行的调查结果表明，情感工作需求和教学支持促进了教师使用重新评估策略，这对他们的幸福感产生了积极影响。重新评估有益于教师的幸福感，而压抑则有害。这些发现支持了情感调节的中介作用，并证明了 JD-R 模型在高等教育背景下的适用性，对于理解不同类型的工作需求和改善大学教师的幸福感具有重要意义。

JD-R 模型也有其固有的局限性。例如，虽然 JD-R 模型具有上文提及的灵活性，但该模型对需求和资源的广泛分类可能无法捕捉某些工作或行业的具体细微差别，因此，对于此模型在不同行业和具体工作类型的应用研究还应该不断扩展和深入。例如，教育领域中各个不同阶段的外语教师工作需求和工作资源、情感调节策略和其他心理维度对外语教师幸福感的影响关系等。此外，该模型未能充分考虑工作需求和资源的动态性质，这些因素可能随时间变化并以不同方式影响结果，且大多数使用 JD-R 模型的研究是横断面研究，纵向研究较为罕见，某种程度上限制了因果推断的能力。

（二）情绪管理理论

组织和管理学视角另外一个具有影响力的理论框架是 Bolton 和 Boyd 于 2003 年提出的情绪管理理论。该理论对 Hochschild 的"情绪劳动"这一概念进行了全面梳理，抛弃了 Hochschild 关于情绪工作（emotional work）与情绪劳动（emotional labor）二分法的理论框架，提出了具有创新意义的情绪管理的"四类型"理论。

Bolton 和 Boyd 将航空公司机舱乘务员作为研究对象，研究了组织中的情感以及组织成员具备的情感管理技能，描绘了这一人群作为熟练的情感管理者的形象，发现机舱乘务员能够根据情境需求调整和综合不同类型的情感工作，不仅如此他们还能够抵制和改变管理层和顾客的需求，这进一步驳斥了 Hochschild 关于情感"异变"（transmutation）的说法。据此，Bolton 和 Boyd 对 Hochschild 论断的关键原则提出了挑战，并进一步提供对情感劳动的深入分析以及组织情感性的替代性概念化。

具体来说，Bolton 和 Boyd 认为 Hochschild 关于组织情感的论述中有两个核心弱点。首先，Hochschild 过于强调情感自我管理在公共和私人表现之间的分界，并倾向于将"公共"和"商业"这两个术语互换使用，从而造成了对"情感工作"和"情感劳动"过于简单的二分法。Hochschild 在后来的研究中进一步强化了这一观点,她认为,"情感工作"指的是人们在私人生活中进行的情感管理;"情感劳动"指的是人们为了获得工资而进行的情感管理(Hochschild,1990)。Hochschild 所持观点的一个基本假设是,组织生活中不可能有"私人"空间,在组织界限内运作时,我们的感情被"异变"(transmutated),因此不再属于自己。其次,基于"转变的感情"成为脱离工人存在的商品化对象,Hochschild 将体力劳动过程与情感劳动过程等同起来。

Bolton 和 Boyd 鲜明指出,如果承认私人的情感管理行为"受到大组织、社会工程和盈利动机的影响"(Hochschild,1983),那么 Hochschild 对"情感系统异变"的强调完全否定了员工在与管理层和客户的关系中发挥"主动和控制力量"的可能性。因此,一种全新的概念框架呼之欲出,用于理解组织中的情感如何通过员工和管理层以多种不同方式进行管理和控制。

研究者在英国对 926 名航空公司机组人员展开半结构化问卷,并与机组工会代表进行了 10 次结构化访谈,收集了定性数据。为了在时间和空间上引入更广泛的视角,数据还来源于作者之一进行的另外两项关于航空公司机组人员的定性研究,数据来源于半结构化问卷和机组人员访谈,总体数据收集跨越三年时间,有利于增加研究分析的深度。

Bolton 和 Boyd 通过这些数据对组织中的情感进行了深入分析,提供了全新的方法来概念化组织情感性、诠释情感调节。机组人员对于组织情感的理解和调节被放置在一个新的类型学框架中,该类型学区分了组织中情感自我管理的四种不同类型:金钱型(pecuniary)、规定型(prescriptive)、展示型(presentational)和慈善型(philanthropic)。

其中两种,"金钱型情感管理"和"展示型情感管理"可以与 Hochschild 提出的"情感劳动"和"情感工作"相对应。它们表示情感在组织中的商业用途,同时承认社会行为者通过一生的"自我呈现"训练(Goffman,1959)将必要的技能带入组织。另外,Bolton 和 Boyd 的研究结果建议,实际上存在另外两种情感管理类型:"规定性"和"慈善性"情感管理。与 Hochschild 的"情感劳动"不同,规定性情感管理对员工何时遵循职业情感规则进行了详细分析,但不一定是出于成本效率。慈善性情感管理表现出组织行为者不仅可以遵循组织规定,还可以在工作场所的社会交换中决定额外无偿付出更多。

对不同类型情感自我管理的研究明确表明，组织中的情感不能简单归为一类。"四类型"理论与传统的"情感劳动"主题有显著差异，其创新点是展示了劳动者如何根据周围环境和执行此类行为的个人动机来选择使用不同的情感规则。这一主张相当于否定了社会学视角下过多强调组织定义情感议程，更多强调了从情感劳动到情感工作的连续体，与Grandey的观点相契合，这标志着与Hochschild的"情感劳动"的重要区别。

在教育研究领域，Bolton情绪管理理论的重大影响表现在，该理论引导研究者将"组织因素对教师情绪管理的影响"这一议题放在更为重要的位置。有学者基于Bolton"四类型"理论，研究了教师情绪管理在公立教育机构和私立教育机构的区别和联系：在公立学校，由于教师多属于国家机构工作人员，教师更倾向于按照体制内的规定，将教师职业规范放在更为重要的位置，但个人层面的情感管理仍然存在，因此，教师情感管理呈现出私人维度和公共维度错综交织的局面，较多使用的是"四类型"理论中的规定型或慈善型的情感管理；私立学校与公立学校的显著不同在于其较强的营利性，因此，私立学校教师的情感管理受到商业利益支配的成分更高，进而使教师更多选择金钱型和展示型情感管理策略（潘冬冬和曾国权，2022）。

五、外语教师情感调节动机研究概况

在外语教育情境中，情感和情感调节也是普遍存在的，对学习者的第二语言/外语熟练程度和教师的教学实践有深远影响（Derakhshan et al.，2023；Hu and Wang，2023；Yu et al.，2022；Zhi et al.，2023）。在积极心理学支持下的外语学习环境中，由于情感是积极心理学关注的三大支柱（情感、人格特质和机构）之一，因此，情感调节作为重要且积极的特质已经被证实为一个（Derakhshan，2022；Y. Wang et al.，2021）。以往关于情感调节的文献主要聚焦于外语学习者（Derakhshan and Zare，2023；Solhi et al.，2023；Theiyab et al.，2023），对于外语教师情感调节的研究略显滞后。但是，作为教与学的核心，外语教师毫无疑问在职业生涯中面临各种情感挑战，因此若要获得全面的职业发展和福祉，高效的情感调节无疑是重要的议题（Wang and Pan，2023；S. Li，2023）。

笔者查阅近年（2020~2023 年）国内外文献发现，近年来针对外语教师情感调节的实证研究不断增多（Fan and Wang，2022；Fathi et al.，2021；Greenier et al.，2021），该领域的研究目前正处于蓬勃发展的上升阶段，但还未形成一个成熟的研究体系。因此，笔者在接下来的篇幅里尝试梳理这一领域细分的研究热点话题和研究方法，以探究该领域的研究现状和未来可能的重点研究方向和研究话题。

正如前文所述，从心理学的视角来看，情感调节指的是"个体影响其拥有何种情感、何时拥有这些情感，以及如何体验和表达这些情感的过程"（Gross，1998b）。语言教师情感调节的独特之处在于，它存在于以下两种事物的互动关系之中：一是教师的个体认知；二是教师所处的独一无二情境。在近期发表的关于教师情感调节研究的元分析文献中，Han 等（2023）指出，多项研究均揭示出教师情感调节具有高度复杂性且情境化的特点。Yin 等（2019）通过结合 Karasek 和 Theorell（1990）的 JDCS（Job Demands-Control-Support Model）模型，重新审视 Grandey（2000）的概念框架，基于 85 项实证研究，涉及 33248 名教师作为被试，进行了文献元分析研究，得出以下结论：除了个体因素外，工作需求（作为情境提示）、工作控制（自主性）和社会支持（上级和同事的支持）共同影响情感劳动策略的使用及其后果。基于文献，遵循 Grandey（2000）的框架，阐明了教师情感劳动（在 Grandey 框架中，情感劳动意味着情感调节）、其潜在的组织和个人前提因素，以及其对教师幸福感的影响之间的关联（见图 8-6）。

综合上述关系图示和近三年来关于外语教师情感调节的国外文献，笔者认为，外语教师情感调节的研究热点大致可以分为以下四个类别：一是情感调节的具体内容，特别是情感调节策略的提取和解析；二是情感调节后的作用和影响；三是情感调节的前体因素（antecedents），主要是揭示引发并塑造情感调节的各方面因素；四是情感调节的主体对引发情感调节的深层认知基础的理解。

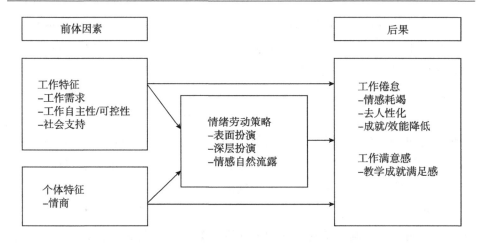

图 8-6 教师情感劳动策略与前因和后果的关系

（一）情感调节的内容

教学是一项在情感上需要努力付出的职业，语言教师在教学中除了有一般教师必须面临的诸多挑战外，另外一项占据心理和认知资源的内容是使用或至少部分使用外语组织和维持课堂，因此，外语教学有其独特的一系列挫折，这些挫折积累起来可能导致外语教师承受巨大压力，并最终导致职业倦怠。在这样的背景下，外语教师情感调节在多重变量的交互影响下，或呈现更为复杂的图景。有研究揭示了语言教师为应对工作压力源时，进行情感调节管理，整个过程中采用了多种情感调节策略（Morris and King，2018）。研究者通过一系列半结构化访谈、课堂观察和相应的刺激回忆环节，讨论了日本一所大学的七位英语作为外语教师的经历。作者讨论了四个显著的主题性挫折：学生冷漠、课堂沉默、师生关系紧张情况下的不当行为和工作条件。结果显示，教师应用了情境依赖的情感调节行为，其成功往往取决于参与者的信心和对压力源的控制水平。因此，参与者在管理普遍的低水平压力源（如冷漠和沉默）方面表现出更多的成功，并且急需更多支持来帮助他们管理更具削弱性的压力源（如学生的不当行为）。

基于上述研究发现，研究者在接下来进行的另外一项研究中，专注于探究二语教师使用的一种特定类型的情感调节：情境依赖的情感调节，即带有工具性目标的有意识地使用情感调节策略，以在教学中实现特定目标或结果。他们采取了更广泛的视角来认识情感调节行为在高度情境化情况下对语言教师和学生结果的全面影响。基于情感调节是一种为实现动态、情境相关目标而开展的激励活动，该研究调查了日本一所大学的 15 位经验丰富的非日本籍，英语作为外语教师的工具性情感调节。通过从 45 次访谈和刺激回忆环节中获取的 30 万字语料库，采用复杂性知情方法（a complexity-informed approach）进行分析，结果展示了情感调节策略如何用于实现一系列涉及身份投射、行为管理、内容参与和关系发展的工具性结果。研究识别了包括再评价、抑制、幽默、发泄、分心和社会支持在内的六种情感调节策略数据，并进一步证明了情感调节受到宏观和内在因素影响的情境依赖性，研究还发现参与者的动机和策略选择直接影响了他们的幸福感（Morris and King，2023）。

基于外语教师情感调节的情境依赖性这一基本共识，不同于上述研究专注于工具性情感调节策略，还有研究人员探索了二语教师在不同语言教学情境中使用不同情感调节策略的类型、用途和效果，识别了二语教师使用的情感调节策略类型及其与情感体验和教学效果的关系。Thumvichit（2023）研究分析了泰国高等院校中，英语作为外语（EFL）教师在应对不同课堂压力源时使用的情感调节（ER）策略。采用 Q 方法论（一种结合定性和定量技术的混合方法，前文有详细介绍），来识别、描述和比较教师对课堂压力源及相应 ER 策略的不同观点。研究者要求 44 位教师完成一项被称为"Q 分类卡片分类"的任务，数据通过个人因子分析进行分析，以捕捉 Q 分类中的共性配置。分析揭示了三个不同的因子，每个因子以独特的压力源和 ER 策略组合为特征。第一组教师通过寻求社会支持来缓解因学生表现不佳而产生的压力。第二组教师和第三组教师分别使用情境修改来管理与自尊和学生参与有关的压力。研究者认为，尽管情境修改似乎对教师和学生都有利，但也存在加剧教师压力的风险。研究最终发现了四种截然不同的情感调节策略类型：适应性、表达性、抑制性和回避性，为 EFL 教师的 ER 策略提供了情境化的见解，有利于更广泛地理解二语教师应对课堂压力源的情感调节策略。

另有研究则考察了二语教师在教学情境中的社交互动和人际关系中如何调节情感，显示出了教师情感调节研究最前沿发展方向：人际取向的情感调节策略研究（王文岚等，2024）。例如，Gkonou 和 Miller（2023）探讨了 50

位在美国、英国、挪威和德国四个国家工作的语言教师的情感调节特性，以期揭示情感调节在教师日常教学实践中的具体表现方式。研究对参与教师进行了深入、个别的半结构化访谈，经过编码和主题分析，揭示了以下三个关键主题：一是情感调节具有很大的潜力，可以促进更紧密的师生联系的建立；二是情感调节是一个高度协作和关系性的过程，它通常是在与他人一起或通过他人帮助下进行的；三是情感调节不仅是与他人一起进行的，而且也是为了他人而进行的。三大关键主题可以细分为六大主要策略，展示了语言教师如何通过（through）情感调节、与（with）他人合作进行情感调节和为他人（for）调节情感，达成实现职业福祉的目标：①寻求同事和朋友的情感支持；②与学生和同事分享积极情感；③通过回避或面对困难人物来管理负面情感；④适应工作场所的情感规范和期望；⑤真诚或策略性表达情感；⑥培养情感意识和同理心。近年来，语言教育中关注协作过程是一个显著的特点，因此，这些在语言教师群体中做出的发现具有很大的潜力，或可以促进教师健康，帮助其建立适应性更强的人际关系。

（二）情感调节的影响

这一研究线讨论了二语教师使用不同情感调节策略对其幸福感和专业发展的益处和成本。语言教师的情感调节可以缓解职业倦怠、无聊和焦虑，并改善教师的积极心理结果和专业发展（Wu et al.，2023）。情感调节作为一种积极特征，可以保护个体，免受消极构念的影响，尤其是职业倦怠和其他不良情绪，如无聊和焦虑，这在二语教师中很常见。职业倦怠作为一种心理综合征，由长期暴露于教学职业中的慢性人际压力源导致。

Shen（2022）在一项研究中考察了情感调节策略在缓解二语教师倦怠和负面情绪（包括焦虑）中的作用。教师的情感被明确地、概念化地呈现为教育系统的一部分，它影响并受到学习效果的影响，即学习者的自我情感、行为和认知，因为教育者和学习者都参与了学校环境。作者认为，英语作为外语的（EFL）教师在职业中经常经历情感损害，如倦怠、压力、无聊和焦虑，他们需要在处理多样化的、挑战性的课堂环境的同时，调节自己的情感。该研究深入探讨了情感调节策略在减少负面情绪中的作用，特别关注了情感调节的中介作用。研究者呼吁为教师提供情感调节策略，以便在整个学校社区中产生积极的学习和教学效果，如有趣的学习活动、充满活力的学生、充满热情的教育者。

由于教师及其心理因素在教育环境中的成功占有显著的差异份额，大量实证研究调查了教师心理变量之间的关联。为了进一步研究英语作为外语（EFL）环境中个体教师构念之间的相互联系，Bing 等（2022）探讨了情感调节和教师自我效能在预测中国 EFL 环境中教师倦怠中的作用。174 名 EFL 教师完成了一项包含以上三个构念的有效量表的调查，研究采用结构方程模型来检验所研究变量的结构模型。结果显示，教师自我效能解释了倦怠的 20%差异，而情感调节则占教师倦怠差异的 11.2%。总体而言，尽管这两个变量对教师倦怠都有显著的独特贡献，但教师自我效能似乎是比情感调节更强的倦怠预测因素。结果可能对 EFL 教师发展项目有重要影响，二语教师的情感调节通过教师自我效能感的中介作用间接地对教师倦怠产生负面影响，采用更有效情感调节策略的教师可能会有较低的倦怠水平。

由于自我调节情感的能力被视为积极心理学的一个积极特征，因此，探索二语教师情感调节与其职业发展相关的各种积极构念之间的关系成为这类研究的主要路径。其中一个积极构念是幸福感（well-being），多项研究考察了二语教师的情感调节和幸福感如何共同影响他们的工作投入（Greenier et al., 2021；Pan et al., 2023）、教学乐趣（Azari et al., 2022）和职业成功（Fan and Wang, 2022）。此外，一些研究确认了二语教师自我调节对其幸福感的积极预测作用（X. Shen et al., 2022；Xiao and Tian, 2023）。

另一个受到研究人员关注的积极构念是工作投入（engagement），即一种积极的、充实的工作心理状态。有研究探讨了教师情感调节、自我效能信念、工作投入和愤怒之间的关系（Deng et al., 2022）。研究人员向伊朗的 581 名英语作为外语（EFL）教师发放了语言教师情感调节量表（LTERI）、教师效能感量表（TSES）、教师工作投入量表（ETS）和教师愤怒量表（TAS），使用 LISREL 8.80 进行了验证性因子分析（CFA）和结构方程模型（SEM）。结果表明，语言教师的情感调节可以积极且显著地预测教师的自我效能信念和工作投入度。此外，语言教师情感调节对教师愤怒的影响显著为负。也就是说，情感调节实施得越好，教师就越能管理好他们的愤怒，二语教师的情感调节可以显著且积极地预测他们的工作投入。

（三）情感调节的前体因素

语言教学的不同挑战和期望会影响并塑造语言教师的情感调节。具体来说，语言教师的情感调节受到情境话语的影响，此处的"情境话语"可以具体表现为多种不同的形式，例如，教师职业的关爱伦理和机构政策（Bene-sch，2017；Warner and Diao，2022）、教师试图减轻学生学习焦虑的责任（Gkonou and Miller，2019）、价值观教育与备考高风险考试之间的矛盾（Loh and Liew，2016），以及教师评估实践与机构评估文化之间的不协调关系（Derakhshan et al.，2023）等，这些都可能成为触发语言教师进行情感调节的因素。对照 Grandey（2000）的理论模型可知，除个体因素外，互动期望、情感事件和组织因素都有可能成为情境话语的组成部分，触发语言教师开启情感调节机制，而每一种特定的情境话语、各情境话语的交互作用以及情境话语与个体因素的交织互动，则塑造了教师进行情感调节的具体策略，影响了教师情感调节的具体形式与内容。

以讨论外语教师在评估这一活动中进行情感调节的一项研究为例（Dera-khshan et al.，2023），研究通过半结构化访谈调查了 35 位在伊朗以英语为外语进行教学的大学英语教师，探究了被试对以下话题的看法：与评估相关的情感种类、触发因素和调节策略。通过 MAXQDA 软件对数据进行主题分析后发现，伊朗大学教师在其评估实践中经历了消极和积极情感。这些情感主要由教师的评估方法/实践、教学环境和所在部门的评估文化触发。研究结果表明，参与者采取了一些预防性和响应性策略来调节第二语言评估过程中的消极和积极情绪，证实了对大学教师进行情感调节和第二语言评估相互作用的培训非常有必要且具有实用意义。

职业压力是引发情感调节的另一个前因，研究人员也对此进行了研究。Yoosefi 等揭示了情感调节困难，会对二语教师的职业压力产生了直接负面影响，并通过婚姻冲突产生间接影响。本研究以婚姻冲突为中介变量，制定了基于模糊容忍度和情绪调节困难的英语教师职业压力因果模型。研究使用的数据收集工具包括 Philip Al Rice 的工作压力问卷、McLain 的模糊容忍度问卷、Gratz 和 Roemer 的情绪调节困难量表以及 Sanayi 的婚姻冲突问卷。结果表明，模糊容忍度、情感调节困难、婚姻冲突与英语教师职业压力之间关系的因果模型根据不同的拟合指标得到确认，模糊容忍度、情感调节困难和婚姻冲突对英语教师的职业压力有直接影响。其中，模糊容忍度和情感调节困难通过婚姻冲突对英语教师的职业压力产生间接影响。因此，模糊容忍度、情绪调节困难和婚姻冲突在英语教师职业压力中起着重要作用，针对这三个因素进行心理治疗可以有效减少英语教师的职业压力。研究验证了情感调节是二语教师的重要技能，帮助其应对职业情感挑战和压力源，避免或减轻倦怠、无聊和焦虑等负面后果。针对情感调节的心理治疗可能在减少二语教师这些负面情绪或综合征方面有效。

此外，研究人员还探讨了二语教师的情感调节与其他心理因素之间的关系。例如，Namaziandost、Heydarnejad 和 Rezai（2023）探究了反思性教学（Reflective Teaching，RT）、情绪调节（ER）和教学抗干扰免疫力（immunity，即教师试图制定的一种防御机制，以缓冲可能威胁其教学过程中的不愉快干扰）之间的关系。研究关注于以下两个问题：一是伊朗 EFL 教师的 RT 是否与 ER 和教学抗干扰免疫力显著相关；二是他们的 ER 是否与教学抗干扰免疫力显著相关。研究采用便利抽样法从伊朗的非营利语言机构中选取了共384 名 EFL 教师，包括男性（n=182）和女性（n=202）作为被试，并请他们填写英语教师反思量表（ELTRI）、语言教师情绪调节量表（LTERI）和语言教师抗干扰免疫量表（LTII）。路径分析结果表明，外语教师情感调节和抗干扰免疫力有积极且显著的影响，情感调节对抗干扰免疫力也有积极且显著的影响。这些探索性研究表明，二语教师的情感调节是一项关键技能，可以增强他们的积极心理结果和职业发展，这些发现强调了在教师发展项目中融入反思方法、情绪调节策略和抗干扰免疫力等内容的重要性。

（四）情感调节的认知基础

相较于上述大量的对情感调节（ER）策略、效果和前体因素的三方面研究，目前对于教师情感调节的认知原因和个人理解知之甚少（King，2016）（Nazari and Karimpour，2023）。笔者认为，致力于探索教师情感调节深层次认知原因和机制的研究多采取以下三种研究路径，一是普遍且传统的路径，从心理学角度以情感展示规则（emotion display rules）作为切入点进行深入研究（Sutton，2007；Zembylas，2007；Yin et al.，2016；Chang，2020）。二是将教师情感调节的认知基础这一议题放置在组织管理学视角中，利用工作需求—资源（JD-R）、JDCS（Job Demands-Control-Support Model）等模型，探讨工作需求、工作资源、工作掌控等变量的关系，揭示教师情感调节的认知机制（Yin et al.，2019；Han et al.，2020）。三是最前沿研究路径，仍然从心理学这一资源宝库吸收养分，借助心理学经典构念"动机"，将教师情感调节与教师动机理论相结合，引入情感调节目标（Emotion Regulation Motives，ERMs）这一理论概念对教师情感调节的底层机制进行探讨（Morris and King，2023；Han et al.，2024）。上述前两种路径在前文已有较为详细的介绍，此处不再赘述，接下来仅对最前沿的第三种路经进行更深入的探究。

作为一种实现情境化教学目标的积极活动，情感调节动机被定义为"情感可以帮助人们实现的期望结果"（Tamir and Millgram，2017）。语言教师的情绪调节由情绪调节动机（ERMs）驱动，这些动机是教师情绪调节决策背后的认知原因。情绪调节动机是教师通过学习、社会化和文化适应在特定环境中形成的认知，它在教师如何理解情绪管理与社会、文化及历史情境之间搭建了桥梁。关于情绪调节动机的分类，之前的文献区分了享乐动机和工具性动机（Tamir，2016）。享乐动机旨在增加快乐的比例，而工具性动机则不同，针对的是"情绪的潜在益处"（Tamir，2016），具体呈现出行为动机、认知动机、社交动机以及自我实现动机四类。其中，带有行为动机的情感调节用以验证自我形象；认知动机激发的情感调节多用以建立和维护社会关系；社交动机引向的情感调节用以塑造认知和行为，从而优化表现；自我实现动机促发的情感调节多用以获得自主和意义感。

Morris 和 King 于 2023 年调查了日本一所大学 15 位有经验的非日本籍英语外语教师的工具性情绪调节状况。研究收集的语料来自于对被试的 45 次访谈和激发回忆会话，最终形成了 30 万字的语料库，通过复杂性知情的方法进行分析，基于对普通情感调节的分类，教师报告了认知动机、行为管理动机、教学/学术动机和社会动机，形成了对情感调节本质和后果更深入的理解，并将语言教师的情绪调节动机分类为四类：认知动机、行为管理动机、社会动机和教学/学术动机。具体来说，这些动机涉及展示专业精神、呈现真实自我、管理学生的不当行为、提高教学效果以及建立积极关系（Taxer and Gross，2018）。这些发现初步展示了教师情感调节动机的多方面性，并为课堂教学中情绪调节动机的分类提供了见解，为理解情绪调节的机制、个体和情境间的差异以及心理功能和功能障碍提供了重要的启示。

最新发表的关于情感调节动机的研究不仅仅止步于探究教师情感调节底层动机的分类，研究者将研究对象——语言教师置于跨文化的大背景之下，调查教师的情感调节动机（ERMs）及其身份构建状况，研究对象是八位从事对外汉语教学的大学老师。研究通过对国际学生和对外汉语教师的半结构化访谈、课堂观察和文件收集的质性数据分析，识别出了语言教师的三大动机和六种身份：作为指导者和纪律维护者的教师，通过调节情绪来提高教学效果；作为照顾者和观察者的教师，通过调节情绪来处理师生关系；以及作为调解者和捍卫者的教师，通过调节情绪来调和文化差异。这些发现揭示了语言教师情绪调节动机的多面性、学科特异性和矛盾性。

参考文献

[1] Abdullah S. (2023). "EFL teachers motivation and job satisfaction: A comparative study between private and public schools in erbil." International Journal of Membrane Science and Technology 10: 2915–2950.

[2] Afreen A. and B. Norton (2024). "Emotion labor, investment, and volunteer teachers in heritage language education." The Modern Language Journal 108.

[3] Aghasafari M. (2006). On the relationship between emotional intelligence and language learning strategies, allameh tabataba' ii University, Tehran. MA.

[4] Ahmadi–Azad S., et al. (2020). "Effects of teacher's personality traits on EFL learners' foreign language enjoyment." System 95.

[5] Akbari R., et al. (2017). "A Qualitative study of EFL Teachers' emotion regulation behavior in the classroom." Theory and Practice in Language Studies 7: 311.

[6] Alamer A. (2021). "Grit and language learning: Construct validation of grit and its relation to later vocabulary knowledge." Educational Psychology 41 (3): 544–562.

[7] Alarcon G, et al. (2009). "Relationships between personality variables and burnout: A meta–analysis." Work Stress 23: 244–263.

[8] Alpaslan M. M. and O. Ulubey (2017). "Adaptation of the teacher emotion scale into turkish culture." International Periodical for the Languages, Literature and History of Turkish or Turkic 12 (25): 119–130.

[9] Alvandi M., et al. (2015). "The relationship between Iranian EFL teachers' critical thinking skills, their EQ and their students' engagement in the

task. " Theory and Practice in Language Studies 5: 555.

[10] Anya U. (2017). Racialized identities in second language learning: Speaking blackness in Brazil. New York, Routledge.

[11] Aragǎo R. C. (2011). "Beliefs and emotions in foreign language learning. " System 39 (3): 302-313.

[12] Arnold J. and H. D. Brown (1999). Affect in language learning a map of the terrain. Cambridge, Cambridge University Press: 1-24.

[13] Ashforth B. E. and R. H. Humphrey (1993). "Emotional labor in service roles: The influence of identity. " The Academy of Management Review 18 (1): 88-115.

[14] Ayuningtyas H. and S. P. Santosa (2024). "Pre-service english teachers' motivations toward the teaching profession. " Stairs 4: 82-98.

[15] A. Burns, et al. (2015). "Theorizing and studying the language-teaching mind: Mapping research on language teacher cognition. " The Modern Language Journal 99 (3): 585-601.

[16] Bakker, et al. (2003). "Dual processes at work in a call centre: An application ofthe job demands-resources model. " European Journal of Work Organizationl Psychology 12: 393-417.

[17] Bakker A. (2011). "An evidence-based model of work engagement. " Current Directions in Psychological Science 20: 265-269.

[18] Bakker A. , et al. (2005). "Job resources buffer the impact of job demands on burnout. " Journal of Occupational Health Psychology 10: 170-180.

[19] Bakker A. B. , et al. (2014). "Burnout and work engagement: The JD-R approach. " Annual Review of Organizational Psychology and Organizational Behavior 1: 389-411.

[20] Bakker A. B. and E. Demerouti (2007). "The job demands-resources model: State of the Art. " Journal of Managerial Psychology 22: 309-328.

[21] Bakker A. B. and E. Demerouti (2014). "Job demands-resources theory. " Wellbeing: A Complete Reference Guide 3: 37-64.

[22] Bakker A. B. and E. Demerouti (2016). "Job demands-resources theo-

ry: Taking stock and looking forward. " Journal of Occupational Health Psychology 22 (3): 273-285.

[23] Bao C. , et al. (2022). "Emotional labor in teaching Chinese as an additional language in a family-based context in New Zealand: A Chinese teacher's case. " Frontiers in Psychology 13: 1-14.

[24] Bao J. and W. Feng (2022). "Doing research is not beyond my reach": The reconstruction of college English teachers' professional identities through a domestic visiting program. Teaching and Teacher Education 112.

[25] Bao J. and W. Feng (2023). "When teaching and research are misaligned: Unraveling a university EFL teacher's identity tensions and renegotiations. " System 118: 103149.

[26] Baourda V. , et al. (2024). "Feel good-think positive": A positive psychology intervention for enhancing optimism and hope in elementary school students. A Pilot Study. International Journal of Applied Positive Psychology 9: 1105-1125.

[27] Barcelos A. M. F. (2015). "Unveiling the relationship between language learning beliefs, emotions, and identities. " Studies in Second Language Learning and Teaching 5 (2): 301-325.

[28] Barkhuizen G. (2016). Reflections on Language Teacher Identity Research. London, Routledge.

[29] Başöz T. and Ö. Gümüş (2022). "Directed motivational currents in L2: A focus on triggering factors, initial conditions, and (non) defining features. " System 110: 102920.

[30] Benesch S. (2012). Considering emotions in critical English language teaching: Theories and praxis. New York, Routledge.

[31] Bennett L. (2014). "Putting in more: Emotional work in adopting online tools in teaching and learning practices. " Teaching in Higher Education 19: 919-930.

[32] Bernaus M. and R. Gardner (2008). "Teacher motivation strategies, student perceptions, student motivation, and English achievement. " The Modern

Language Journal 92: 387-401.

[33] Bielak J. and A. Mystkowska-Wiertelak (2020). "Language teachers' interpersonal learner-directed emotion-regulation strategies. " Language Teaching Research 26.

[34] Bing H. , et al. (2022). "Self-Efficacy and emotion regulation as predictors of teacher burnout among English as a foreign language teachers: A structural equation modeling approach. " Frontiers in Psychology 13: 900417.

[35] Block D. (2007). "The rise of identity in SLA research, post firth and wagner (1997). " The Modern Language Journal 91: 863-876.

[36] Boler M. (1999). Feeling power: Emotions and education. New York, Routledge.

[37] Bolton S. C. and C. Boyd (2003). "Trolley dolly or skilled emotion manager? moving on from hochschild's managed heart. " Work Employment and Society 17 (2): 289-308.

[38] Boncquet M. , et al. (2024). "The unique importance of motivation and mindsets for students' learning behavior and achievement: An examination at the level of between-student differences and within-student fluctuations. " Journal of Educational Psychology 116 (3): 448-465.

[39] Borg S. (2003). "Teacher cognition in language teaching: A review of research on what language teachers think, know, believe, and do. " Language Teaching 36.

[40] Boudreau C. , et al. (2018). "Enjoyment and anxiety in second language communication: An idiodynamic approach. " Studies in Second Language Learning and Teaching 8: 149.

[41] Boyd C. , et al. (2010). "A longitudinal test of the job demands-resources model among australian university academics. " Applied Psychology 60: 112-140.

[42] Bozorgmehr M. (2008). On the relationship between emotional intelligence and academic success, Khorasgan University, Isfahan. MA.

[43] Brackett M. A. , et al. (2010). "Emotion regulation ability, burnout,

and job satisfcation among British secondary school teachers. " Psychology in the Schools 47: 406-417.

[44] Brotheridge and Grandey (2002). "Emotional labor and burnout: Comparing two perspectives of 'people work. ' " Journal of Vocational Behavior 60 (1): 17-39.

[45] Burić I. , et al. (2017). "A mixed-method approach to the assessment of teachers' emotions: Development and validation of the teacher emotion Questionnaire. " Educational Psychology 38: 1-25.

[46] Buzsáki G. (2009). Rhythms of the Brain. Oxford: Oxford University Press.

[47] Calafato R. (2024). "Language aptitude and its links with metalinguistic knowledge, self-efficacy, anxiety, and language maintenance in multilingual language teachers. " Language Awareness: 1-19.

[48] Carhill-Poza A. (2015). "Opportunities and outcomes: The role of peers in developing the oral academic English proficiency of adolescent English Learners. " The Modern Language Journal 99: 678-695.

[49] Champ R. , et al. (2023). "Seeking connection, autonomy, and emotional feedback: A self-determination theory of self-regulation in Attention-deficit hyperactivity disorder. " Psychological Review 130.

[50] Chang M. L. (2013). "Toward a theoretical model to understand teacher emotions and teacher burnout in the context of student misbehavior: Appraisal, regulation and coping. " Motivation and Emotion 37: 799-817.

[51] Chang M. L. (2020). "Emotion display rules, emotion regulation, and Teacher Burnout. " Frontiers in Education 5: 90.

[52] Chang M. L. and H. A. Davis (2009). "Understanding the role of teacher appraisals in shaping the dynamics of their relationships with students: Deconstructing teachers' judgments of disruptive behavior/students. " Advances in Teacher Emotion Research: The impact on teachers' lives, edited by P. A. Schutz. and M. Zembylas. New York, Springer: 95-127.

[53] Chang M. L. and J. Taxer (2021). "Teacher emotion regulation strate-

gies in response to classroom misbehavior. " Teachers and Teaching 27 (5): 353–369.

[54] Chen J. (2016). "Understanding teacher emotions: The development of a teacher emotion inventory. " Teaching and Teacher Education 55: 68–77.

[55] Chen J. (2017). "Exploring primary teacher emotions in Hong Kong and mainland China: A qualitative perspective. " Educational Practice and Theory 39: 17–37.

[56] Chen J. (2021). "Refining the teacher emotion model: Evidence from a review of literature published between 1985 and 2019. " Cambridge Journal of Education 51 (3): 327–357.

[57] Chen J. , et al. (2023). "Teacher emotions do predict teacher effectiveness: Empirical evidence from Chinese teachers. " Positive Psychology and Positive Education in Aisa: 133–149.

[58] Chen S. , et al. (2022). "Authoring selves in language teaching: A dialogic approach to language teacher psychology. " Frontiers in Psychology 13: 1–14.

[59] Chen X. , et al. (2020). "Agency in meso–level language policy planning in the face of macro-level policy shifts: A case study of multilingual education in a Chinese tertiary institution. " Current Issues in Language Planning 22: 1–21.

[60] Chen X. , et al. (2021). "Grit and motivation for learning English among Japanese university students. " System 96.

[61] Chen X. J. and A. M. Padilla (2022). "Emotions and creativity as predictors of resilience among L3 learners in the Chinese educational context. " Current Psychology 41 (1): 406–416.

[62] Chen Y. and S. Zhao (2022). "Understanding Chinese EFL Learners' acceptance of gamified vocabulary learning apps: An integration of self-determination theory and technology acceptance model. " Sustainability 14: 11288.

[63] Cheung Y. L. , et al. (2014). Advances and current trends in language teacher identity research. London, Routledge.

[64] Chodkiewicz A. and C. Boyle (2017). "Positive psychology school–

based interventions: A reflection on current success and future directions. " Educational Review 5: 60-86.

[65] Christian, et al. (2011). "Work engagement: A quantitative review and test of its relations with task and contextual performance. " Personnel Psychol 64: 89-136.

[66] Chunhong Liu and S. Yu (2021). "Exploring Master's students' emotions and emotion-regulation in supervisory feedback situations: A vignette-based study. " Assessment & Evaluation in Higher Education.

[67] Ciarrochi J. and J. Mayer. (2007). Applying emotional intelligence: A practitioner's guide. New York, Psychology Press, Taylor & Francis.

[68] Costa P. I. D. and B. Norton (2017). "Identity, transdisciplinarity, and the good language teacher (Special Issue) . " The Modern Language Journal 101 (S1).

[69] Cowie N. (2011). "Emotions that experienced English as a Foreign Language (EFL) teachers feel about their students, their colleagues and their work". Teaching and Teacher Education 27 (1): 235-242.

[70] Credé M. , et al. (2017). "Much ado about grit: A metanalytic synthesis of the grit literature. " Journal of Personality and Social Psychology 113 (3): 492-511.

[71] Cross Francis D. and J. Hong (2012). "An ecological examination of teachers' emotions in the school context. " Teaching and Teacher Education 28: 957-967.

[72] Csikszentmihalyi M. (2008). Flow: The psychology of optimal experience. New York, Harper Perennial Modern Classics.

[73] Csizér K. and Á. Albert (2024). "The relationship of emotions, motivation and language learning autonomy: Differences in hungarian secondary schools. " Porta Linguarum Revista Interuniversitaria de Didáctica de las Lenguas Extranjeras: 31-47.

[74] Cuéllar L. and R. Oxford (2018) . "Language Teachers' Emotions: Emerging from the Shadows" Emotions in Second Language Teaching, edited by

Martínez Agudo. Springer, Cham.：53-72.

［75］Darvin R. and B. Norton （2015）. "Identity and a model of Investment in Applied Linguistics. " Annual Review of Applied Linguistics 35：36-56.

［76］Daumiller M. , et al. （2023）. "Teachers' achievement goals and teaching practices：A standardized lesson diary approach. " Teaching and Teacher Education 127：104079.

［77］Day C. and Q. Gu （2014）. Resilient teachers,resilient schools：Building and sustaining quality in testing times. London, Routledge.

［78］Deci E. （1971）. "Effects of externally mediated rewards on intrinsic motivation. " Journal of Personality and Social Psychology 18 （（1））：105-115.

［79］Deci E. , et al. （1982）. "Effects of performance standards on teaching styles：Behavior of controlling teachers. " Journal of Educational Psychology 74：852-859.

［80］Deci E. and R. Ryan （2000）. "The 'What' and 'Why' of goal pursuits：Human needs and the self-determination of behavior. " Psychological Inquiry 11：227-268.

［81］Demerouti E. , et al. （2001）. "The job demands-resources model of burnout. " Journal of Applied Psychology 86：499-512.

［82］Deng J. , et al. （2022）. "Delving into the relationship between teacher emotion regulation, self-efficacy, engagement, and anger：A focus on English as a foreign language teachers. " Frontiers in Psychology 13.

［83］Derakhshan A. , et al. （2022）. "Modeling the contribution of resilience, well-being, and L2 grit to foreign language teaching enjoyment among Iranian English language teachers. " System 109.

［84］Derakhshan A. , et al. （2023）. " 'I never make a permanent decision based on a temporary emotion'：Unveiling EFL teachers' perspectives about Emotions in Assessment. " Applied Linguistics Review 15：2659-2684.

［85］Dewaele J. M. （2010）. Emotions in multiple languages. London, Palgrave Macmillan.

［86］Dewaele J. M. , et al. （2008）. "Effects of trait emotional intelligence and sociobiographical variables on communicative anxiety and foreign language anxiety among adult multilinguals: A review and empirical investigation. " Language Learning 58.

[87] Dewaele J. M. , et al. (2019). "How distinctive is the foreign language enjoyment and foreign language classroom anxiety of kazakh learners of Turkish?" Applied Linguistics Review 13.

[88] Dewaele J. M. , et al. (2019). "The effect of perception of teacher characteristics on spanish EFL learners' anxiety and enjoyment. " Modern Language Journal 103.

[89] Dewaele J. M. and C. Li (2020). "Emotions in second language acquisition: A critical review and research agenda. " Foreign Language World: 34−39.

[90] Dewaele J. M. and C. Li (2021). "Teacher enthusiasm and students' social−behavioral learning engagement: The mediating role of student enjoyment and boredom in Chinese EFL classes. " Language Teaching Research 25 (6): 922−945.

[91] Dewaele J. M. and P. D. MacIntyre (2016). Foreign language enjoyment and foreign language classroom anxiety: The right and left feet of the language learner. Positive Psychology in SLA M. P. D, G. T and M. S, Bristol: Multilingual Matters: 215−236.

[92] Dewaele J. M. and P. Macintyre (2014). "The two faces of Janus? Anxiety and enjoyment in the foreign language classroom. " Studies in Second Language Learning and Teaching (2): 237−274.

[93] Dewaele, Jean−Marc and MacIntyre (2016). Foreign Language Enjoyment and Foreign Language Classroom Anxiety: The Right and Left Feet of the Language Learner. In Peter D. MacIntyre, Tammy Gregersen and Sarah Mercer (Eds.) Positive Psychology in SLA, Bristol, Blue Ridge Summit: Multilingual Matters: 215−236.

[94] Dewaele J. M. and P. P. Y. Leung (2022). "The Effect of proficiency on non−native English as a Foreign Language (EFL) teachers' Self−Efficacy and practice in the EFL classroom. " IAFOR Journal of Education 10: 11−32.

［95］ Dewaele J. M. L. D. （2017）. "The dynamic interactions in foreign language classroom anxiety and foreign language enjoyment of pupils aged 12 to 18: A pseudo-longitudinal investigation. " Journal of the European Second Language Association （1）: 12-22.

［96］ Diefendorff J. M. and G. J. Greguras （2009）. "Contextualizing emotional display rules: Examining the roles of targets and discrete emotions in shaping display rule perceptions. " Journal of Management 35: 880-898.

［97］ Ding X. , et al. （2022）. "Spiral emotion labor and teacher development sustainability: A longitudinal case study of veteran college English lecturers in China. " Sustainability 14: 1455.

［98］ Downey L. A. , et al. （2008）. "Emotional intelligence and scholastic achievement in Australian adolescents. " Australian Journal of Psychology 60 （1）: 10-17.

［99］ Duckworth A. L. , et al. （2007）. "Grit: Perseverance and passion for long-term goals. " Journal of Personality and Social Psychology 92 （6）: 1087-1101.

［100］ Duckworth A. L. and D. Quinn （2009）. "Development and validation of the Short Grit Scale （Grit-S）. " Journal of Personality Assessment 91 （2）: 166-174.

［101］ Dörnyei Z. （2005）. The psychology of the language learner:Individual differences in second language acquisition. Mahwah, NJ, Lawrence Erlbaum.

［102］ Dörnyei Z. and Ushioda E. （2011）. Teaching and researching motivation(2nd ed.). New York,Longman.

［103］ Dörnyei Z. , et al. （2014）. 'Directed motivational currents': Regulating complex dynamic systems through motivational surges. Motivational Dynamics in Language Learning. D. Zoltán, D. M. Peter and H. Alastair. Bristol, Blue Ridge Summit, Multilingual Matters: 95-105.

［104］ Dörnyei Z. and M. Kubanyiova （2014）. Motivating learners,motivating teachers: Building vision in the language classroom. Cambridge, Cambridge University Press.

［105］ Dörnyei Z. and S. Ryan （2015）. The psychology of the language learner revisited, New York, Routledge.

[106] Edwards E. and A. Burns (2024). "Inclusivity and sustainability in language practitioner researcher development: A sociocultural ecological framework. " Language Teaching Research.

[107] Elahi Shirvan M. , et al. (2018). "Longitudinal examination of adult students' self-efficacy and anxiety in the course of general English and their prediction by ideal self-motivation: Latent growth curve modeling. " New Horizons in Adult Education and Human Resource Development 30.

[108] Elahi Shirvan M. , et al. (2021). "A longitudinal study of foreign language enjoyment and L2 Grit: A latent growth curve modeling. " Frontiers in Psychology 12.

[109] Elahi Shirvan M. and N. Talebzadeh (2018). "Exploring the fluctuations of foreign language enjoyment in conversation: An idiodynamic perspective. " Journal of Intercultural Communication Research 47.

[110] Elahi Shirvan M. and N. Talebzadeh (2020). "Tracing the signature dynamics of foreign language classroom anxiety and foreign language enjoyment: A retrodictive qualitative modeling. Eurasian journal of applied linguistics. " Eurasian Journal of Applied Linguistics 6 (1): 23-44.

[111] Elahi Shirvan M. and T. Taherian (2018). "Longitudinal examination of university students' foreign language enjoyment and foreign language classroom anxiety in the course of general English: Latent growth curve modeling. " International Journal of Bilingual Education and Bilingualism 24 (1): 31-49.

[112] Elias M. J. and H. E. Arnold (2006). The educator's guide to emotional intelligence and academic achievement: Social-emotional learning in the classroom. Thousand Oaks, CA, Corwin.

[113] Erarslan A. and B. İlhan (2024). "Language policy, planning, and advocacy in language education. " Policy Development, Curriculum Design, and Administration of Language Education 300-317.

[114] Eren A. (2024). "When the confounding effect of optimism meets the collider effect of motivation: Prospective teachers' moral motives and moral Stances. "

The Journal of Psychology 158: 554-587.

[115] Eskreis-Winkler L. , et al. (2014). "The grit effect: Predicting retention in the military, the workplace, school and marriage. " Frontiers in Psychology 36 (5): 24-36.

[116] Fadhilah A. and S. Warni (2024). "Students' perceptions toward the influence of teachers' attitudes on English learning achievement. " English Learning Innovation 5: 164-174.

[117] Fathi J. , et al. (2021). "Self-efficacy, reflection, and burnout among iranian EFL teachers: The mediating role of emotion regulation. " Iranian Journal of Language Teaching Research 9: 13-37.

[118] Fathi J. , et al. (2023). "Testing a model of EFL teachers' work engagement: The roles of teachers' professional identity, L2 grit, and foreign language teaching enjoyment. " Iral-International Review of Applied Linguistics in Language Teaching 62 (4): 2087-2119.

[119] Feng E. , et al. (2022). "Achievement goals, emotions and willingness to communicate in EFL learning: Combining variable- and person-centered approaches. " Language Teaching Research 3: 1-27.

[120] Feng L. and M. Papi (2020). "Persistence in language learning: The role of grit and future self-guides. " Learning and Individual Differences 81.

[121] Folkman S. and R. S. Lazarus (1988). "Coping as a mediator of emotion. " Journal of Personality and Social Psychology 54 (3): 466-475.

[122] Foroutan Far F. and M. Taghizadeh (2022). "Comparing the effects of digital and non-digital gamification on EFL learners' collocation knowledge, perceptions, and sense of flow. " Computer Assisted Language Learning 37 (7): 2083-2115.

[123] Fraschini N. and H. Park (2021). "Anxiety in language teachers: Exploring the variety of perceptions with Q methodology. " Foreign Language Annals 54.

[124] Fredrickson B. L. (2001). "The role of positive emotions in positive psychology: The broaden-and-build theory of positive emotion. " American Psychologist (3): 218-226.

[125] Fredrickson B. L. (2001). "The role of positive emotions in positive psychology. The broaden – and – build theory of positive emotions." Am Psychol 56 (3): 218-226.

[126] Fredrickson B. L. (2013). "Positive emotions broaden and build." Advances in Experimental Social Psychology 47: 1-53.

[127] Frenzel A., et al. (2009). "Emotional transmission in the classroom: Exploring the relationship between teacher and student enjoyment." Journal of Educational Psychology 101 (3): 705-716.

[128] Frenzel A., et al. (2017). "Emotion transmission in the classroom revisited: A reciprocal effects model of teacher and student enjoyment." Journal of Educational Psychology 110.

[129] Frenzel A., et al. (2010). Achievement emotions questionnaire for teachers(AEQ-teacher) –User's manual. Munich, University of Munich.

[130] Frenzel A., et al. (2016). "Measuring teachers' enjoyment, anger, and anxiety: The Teacher Emotions Scales (TES)." Contemporary Educational Psychology 46: 148-163.

[131] Frenzel A., et al. (2021). "Teacher emotions in the classroom and their implications for students." Educational Psychologist 56 (4): 250-264.

[132] Frenzel A., Pekrun R., and Goetz T. (2007). "Girls and mathematics—A 'hopeless' issue? A control – value approach to gender differences in emotions towards mathematics." European Journal of Psychology of Education 22: 497-514.

[133] Fresacher and Candy (2016). Why and How to Use Positive Psychology Activities in the Second Language Classroom. In Peter D. MacIntyre, Tammy Gregersen and Sarah Mercer (Eds.) Positive Psychology in SLA, Bristol, Blue Ridge Summit: Multilingual Matters: 344-358.

[134] Fried L., et al. (2015). "Teacher emotion research: Introducing a conceptual model to guide future research." Issues in Educational Research 25 (4): 415-441.

[135] Folkman S. (2013). Stress: Appraisal and coping In: Gellman

M. D. , Turner J. R. (eds.) Encyclopedia of Behavioral Medicine. New York: Springer: 1913-1915.

[136] Frenzel A. (2014). Teacher emotions. In R. Pekrun & L. Linnenbrink-Garcia (Eds.), International handbook of emotions in education. Routledge/Taylor & Francis Group: 494-518.

[137] Gabryś-Barker and Gałajda (2016). Positive psychology perspectives on foreign language learning and teaching. Switzerland, Springer.

[138] Gagné M. and E. L. Deci (2005). "Self-determination theory and work motivation. " Journal of Organizational Behavior 26, (4): 331-362.

[139] Gao X. and H. Xu (2013). "The dilemma of being English language teachers: Interpreting teachers' motivation to teach, and professional commitment in China's hinterland regions. " Language Teaching Research 18: 152-168.

[140] Gao Y. , et al. (2022). "Unpacking language teacher beliefs, agency, and resilience in the complex, unprecedented time: A mixed-method study. " Frontiers in Psychology 13.

[141] Gkonou C. and E. Miller (2023). "Relationality in language teacher emotion regulation: Regulating emotions through, with and for others. " System 115: 103046.

[142] Gkonou Cand R. Oxford (2019). "Teacher Education: Formative Assessment, Reflection and Affective Strategy Instruction. " Learning Strategy Instruction in the Language Classroom: Issues and Implementation, edited by Anna Uhl Chamot and Vee Harris, Bristol, Blue Ridge Summit: Multilingual Matters: 213-226.

[143] Gkonou C. and S. Mercer (2017). Understanding emotional and social intelligence among English language teachers. London, British Council.

[144] Goetz T. , & Hall, N. C. (2014) . "Academic boredom. " International handbook of emotions in education, edited by L. Linnenbrink-Garcia. and Reinhard Pekrun. London, Routledge: 321-340.

[145] Goetze J. (2023). "An appraisal-based examination of language teacher emotions in anxiety-provoking classroom situations using vignette methodolo-

gy. " The Modern Language Journal 107.

［146］Goetze J. （2023）. "Vignette methodology in applied linguistics. " Research Methods in Applied Linguistics 2 （3）.

［147］Goleman D. （2001）. "The emotionally intelligence workplace: How to select for, measure, and improve emotional intelligence in individuals, groups, and organizations. " Emotional intelligence: Issues in paradigm building, edited by C. Cherniss and D. Goleman. San Francisco, CA. , Jossey-Bass: 13-26.

［148］Goleman D. （2005）. Emotional intelligence: Why it can matter more than IQ? （2nd ed.). New York, Bantam.

［149］Golombek P. and M. Doran （2014）. "Unifying cognition, emotion, and activity in language teacher professional development. " Teaching and Teacher Education, 39: 102-111.

［150］Gong Y. , et al. （2024）. " 'Finally, it's all in vain': A Chinese as an additional language teacher's agency in navigating the teaching-research nexus in a neoliberal Chinese university. " System 125: 103420.

［151］Grandey A. （2000）. "Emotion regulation in the workplace: A new way to conceptualize emotional labor. " Journal of Occupational Health Psychology 5: 95-110.

［152］Grandey A. A. （2003）. "When 'the show must go on': Surface acting and deep acting as determinants of emotional exhaustion and peer-rated service delivery. " Academy of Management Journal 46 （1）: 86-96.

［153］Grandey A. A. and G. Sayre （2019）. "Emotional labor: Regulating emotions for a wage. " Current Directions in Psychological Science 28 （2）: 131-137.

［154］Grandey A. A. and R. C. Melloy （2017）. "The state of the heart: Emotional labor as emotion regulation reviewed and revised. " Journal of Occupational Health Psychology 22 （3）: 407-422.

［155］Gregersen, et al. （2016）. Positive Psychology Exercises Build Social Capital for Language Learners: Preliminary Evidence" . In Peter D. MacIntyre, Tammy Gregersen and Sarah Mercer （Eds.) Positive Psychology in SLA, Bristol, Blue Ridge Summit: Multilingual Matters: 147-167.

［156］Gross J. J. （1998a）. "Antecedent – and response –focused emotion regulation: Divergent consequences for experience, expression, and physiology. " Journal of Personality and Social Psychology 74 （1）: 224–237.

［157］Gross J. J. （1998b）. "The emerging field of emotion regulation: An integrative review. " Review of General Psychology 2 （3）: 271–299.

［158］Gross J. J. （2002）. "Emotion regulation: Affective, cognitive, and social consequences. " Psychophysiology 39: 281–291.

［159］Gross J. J. （2015）. "The extended process model of emotion regulation: Elaborations, applications, and future directions. " Psychological Inquiry 25 （1）: 130–137.

［160］Gross J. J. and Thompson, R. A. （2007）. "Emotion regulation: Conceptual foundations. " Handbook of emotion regulation, edited by G. J. J. . The Guilford Press 3–24.

［161］Gu H. , et al. （2022）. "Exploring EFL teachers' emotions and the impact on their sustainable professional development in livestream teaching: A Chinese case study. " Sustainability 14.

［162］Gu L. , et al. （2021）. "A comparative study of the motivations to teach Chinese between native and non –native pre –service CSL/CFL teachers. " Frontiers in Psychology 12: 703987.

［163］Hakanen J. J. , et al. （2005）. "How dentists cope with their job demands and stay engaged: The moderating role of job resources. " European Journal of Oral Science 113: 479–487.

［164］Han J. , et al. （2015）. "Exploring the relationship between goal orientations for teaching of tertiary teachers and their teaching approaches in China. " Asia Pacific Education Review 16.

［165］Han J. , et al. （2016）. "The effect of tertiary teachers' goal orientations for teaching on their commitment: The mediating role of teacher engagement. " Educational Psychology 36: 526–547.

［166］Han J. , et al. （2019）. "Challenge job demands and job resources to university teacher well–being: The mediation of teacher efficacy. " Studies in Higher

Education 45: 1171-1185.

[167] Han J., et al. (2020). "Examining the relationships between job characteristics, emotional regulation and university teachers' well-being: The mediation of emotional regulation." Frontiers in Psychology 11.

[168] Han J., et al. (2021). "Does emotional labor matter for university teaching? Examining the antecedents and consequences of university teachers' Emotional labor strategies." Frontiers in Psychology 12: 731099.

[169] Han J., et al. (2021). "Faculty stressors and their relations to teacher efficacy, engagement and teaching satisfaction." Higher Education Research and Development 40: 247-262.

[170] Han J., et al. (2021). "The development of college English teachers' Pedagogical Content Knowledge (PCK): From general English to English for academic purposes." Asia Pacific Education Review 22: 1-13.

[171] Han J., et al. (2023). "Mapping the research on language teacher emotion: A systematic literature review." System 118: 103138.

[172] Han J., et al. (2024). "Bifurcating and balancing: Language teachers' emotion regulation motives and professional identity construction in cross-cultural contexts." International Journal of Applied Linguistics 21.

[173] Han J. and H. Yin (2016). "Teacher motivation: Definition, research development and implications for teachers." Cogent Education 3: 1217819.

[174] Han Y., et al. (2019). "Exploring the language policy and planning/second language acquisition interface: Ecological insights from an Uyghur youth in China." Language Policy 18.

[175] Han Y., et al. (2023). "An ecological examination of teacher emotions in an EFL context." Frontiers in Psychology 14.

[176] Han Y. and F. Hyland (2019). "Academic emotions in written corrective feedback situations." Journal of English for Academic Purposes 38: 1-13.

[177] Hargreaves A. (1998). "The emotional practice of teaching." Teaching and Teacher Education 14 (8): 835-854.

[178] Hargreaves A. and E. Tucker (1991). "Teaching and guilt: Exploring

the feelings of teaching. " Teaching and Teacher Education 7 (5): 491-505.

［179］Hayik R. and N. Weiner-Levy (2019). "Prospective Arab teachers' emotions as mirrors to their identities and culture. " Teaching and Teacher Education 85: 36-44.

［180］He X. , et al. (2022). "Exploring the motivational states of English learning among Chinese EFL learners at tertiary-level: A perspective of directed motivational currents. " Frontiers in Psychology 13.

［181］Hejazi S. Y. and M. Sadoughi (2022). "How does teacher support contribute to learners' grit? The role of learning enjoyment. " Innovation in Language Learning and Teaching 17: 1-14.

［182］Helgesen M. (2006). "ELT and the 'science of happiness' . " The Language Teacher 30: 28-30.

［183］Helgesen and Marc (2016). Happiness in ESL/EFL: Bringing Positive Psychology to the Classroom. In Peter D. MacIntyre, Tammy Gregersen and Sarah Mercer (Eds.) Positive Psychology in SLA, Bristol, Blue Ridge Summit: Multilingual Matters: 305-323.

［184］Heydarnejad T. , et al. (2021). "Measuring language teacher emotion regulation: Development and validation of the Language Teacher Emotion Regulation Inventory at workplace (LTERI). " Frontiers in Psychology 12.

［185］Hiver P. (2013). "The interplay of possible language teacher selves in professional development choices. " Language Teaching Research 17 (2): 210-227.

［186］Hiver P. and Z. Dörnyei (2017). "Language teacher immunity: A double-edged sword. " Applied Linguistics 38 (3): 405-423.

［187］Hobfoll S. (2002). "Social and psychological resources and adaptation. " Review of General Psychology 6: 307-324.

［188］Hobfoll S. E. (2011). "Conservation of resource caravans and engaged settings. " Journal of Occupational and Organizational Psychology 84 (1): 116-122.

［189］Hochschild A. (1983). The managed heart: Commercialization of human feeling. California: University of California Press.

[190] Holmes E. (2005). Teacher well-being: Looking after yourself and your career in the classroom. Abington, Routledge.

[191] Hong J., et al. (2016). "Revising and Validating Achievement Emotions Questionnaire-Teachers (AEQ-T)." International Journal of Educational Psychology 5: 80-107.

[192] Horwitz E. K., et al. (1986). "Foreign language classroom anxiety." The Modern Language Journal 70 (2): 125-132.

[193] Huang S., et al. (2019). "Emotional labor in knowledge-based service relationships: The roles of self-monitoring and display rule perceptions." Frontiers in Psychology 10: 801.

[194] Huang S., et al. (2019). "Job characteristics and teacher well-being: The mediation of teacher self-monitoring and teacher self-efficacy." Educational Psychology 39: 313-331.

[195] Hwang G. J., et al. (2024). "Enhancing EFL learners' speaking skills, foreign language enjoyment, and language-specific grit utilising the affordances of a MALL app: A microgenetic perspective." Computers & Education 214: 105015.

[196] Hülsheger U. R. and Schewe A. F. (2011). "On the costs and benefits of emotional labor: A meta-analysis of three decades of research." Journal of Occup Health Psychol 16 (3): 361-389.

[197] Ibrahim Z. (2020). "Sustained flow: Affective obsession in second language learning." Frontiers in Psychology 10.

[198] Ibrahim Z. and A. Al-Hoorie (2018). "Shared, sustained flow: Triggering motivation with collaborative projects." ELT Journal 73: 51-60.

[199] Imamyartha D., et al. (2023). "The nexus between emotional intelligence, learning engagement, motivation, and achievement in team-based mobile language learning." The JALT CALL Journal 19: 269-298.

[200] Irie K. (2014). "Q methodology for post-social-turn research in SLA." Studies in Second Language Learning and Teaching 1: 13-32.

［201］ Irie K. , et al. （2018）. "Using Q methodology to investigate pre-service EFL teachers' mindsets about teaching competences. " Studies in Second Language Learning and Teaching 8: 575-598.

［202］ Isenbarger L. and M. Zembylas （2006）. "The emotional labour of caring in teaching. " Teaching and Teacher Education 22: 120-134.

［203］ Jennings P. A. and M. T. Greenberg （2009）. "The prosocial classroom: Teacher social and emotional competence in relation to student and classroom outcomes. " Review of Educational Research 79 （1）: 491-525.

［204］ Jiang Y. and J. M. Dewaele. （2019）. "How unique is the foreign language classroom enjoyment and anxiety of Chinese EFL learners?" System （59）: 13-25.

［205］ Jimola F. （2024）. "Teaching with styles: A predictive factor for improved students' learning outcomes in classrooms. " Journal of Elementary and Secondary School 2: 47-58.

［206］ Jin J. , et al. （2021）. "Understanding the ecology of foreign language techer well-being. " Positive psychology in second and foreign language education, edited by K. Budzinska and O. Majchrzak. Cham, Springer: 19-38.

［207］ Jin Y. and L. J. Zhang （2021）. "The dimensions of foreign language classroom enjoyment and their effect on foreign language achievement. " International Journal of Bilingual Education and Bilingualism 24 （7）: 948-962.

［208］ Jodaei H. , et al. （2021）. "The interplay of teacher motivation and learner motivation: A Q method study. " Current Psychology 40.

［209］ Kalaja P. , et al. （2016）. Beliefs,agency and identity in foreign language learning and teaching. Basingstoke, Palgrave-Macmillan.

［210］ Kang D. M. （2020）. "An elementary school EFL teacher's emotional intelligence and emotional labor. " Journal of Language, Identity & Education 21: 1-14.

［211］ Karavas E. （2010）. "How satisfied are greek EFL teachers with their work? Investigating the motivation and job satisfaction levels of greek EFL teachers. " Porta Linguarum: Revista internacional de didáctica de las lenguas extranjeras,

14: 59-78.

[212] Karimi M. N. and M. Norouzi (2019). "Developing and validating three measures of possible language teacher selves." Studies in Educational Evaluation 62: 49-60.

[213] Khajavy G. H., et al. (2020). "A closer look at grit and language mindset as predictors of foreign language achievement." Studies in Second Language Acquisition 43 (2).

[214] Khajavy G. H. and M. Lüftenegger (2024). "Pride in foreign language learning: A conceptual framework and empirical evidence." Innovation in Language Learning and Teaching 6.

[215] Khani R. and A. Mirzaee (2015). "How do self-efficacy, contextual variables and stressors affect teacher burnout in an EFL context?" Educational Psychology 35: 93-109.

[216] Khodadady E. (2012). "Emotional intelligence and its relationship with English teaching effectiveness." Theory and Practice in Language Studies 2.

[217] King J. (2016). " 'It's time, put on the smile, it's time!': The emotional labour of second language teaching within a Japanese university." New Directions in Language Learning Psychology, edited by C. Gkonou, D. Tatzl and S. Mercer. Cham, Springer: 97-112.

[218] Kirkpatrick R., et al. (2024). "A cross-cultural examination of the role of enjoyment and passion in bilingual English teachers' desire for professional development: Evidence from Iran and Kuwait." Journal of Multilingual and Multicultural Development 5: 1-21.

[219] Kiziltepe Z. (2008). "Motivation and demotivation of university teachers." Teachers and Teaching 14: 515-530.

[220] Kocabaş-Gedik P. and D. Hart (2020). " 'It's not like that at all': A poststructuralist case study on language teacher identity and emotional labor." Journal of Language, Identity & Education 20: 1-15.

[221] Koran S. (2015). "Analyzing EFL teachers' initial job motivation and factors effecting their motivation in fezalar educational institutions in iraq." Ad-

vances in Language and Literary Studies 6: 72-80.

[222] Krone K. J. and J. M. Morgan (2000). Emotion metaphors in management: The Chinese experience emotion in organizations. S. Fineman. Thousand Oaks, CA, Sage: 83-100.

[223] Kruk M., et al. (2022). "A longitudinal study of foreign language enjoyment and boredom: A latent growth curve modeling. " Language Teaching Research 12.

[224] Kruk M., et al. (2022). "Potential sources of foreign language learning boredom: A Q methodology study. " Studies in Second Language Learning and Teaching.

[225] Kubanyiova M. (2009). "Possible selves in language teacher development. " Motivation, Language Identity and the L2 Self, edited by Z. Dörnyei and E. Ushioda. Bristol, Multilingual Matters: 314-332.

[226] Kubanyiova M. (2015). "The role of teachers' future self guides in creating L2 development opportunities in teacher-led classroom discourse: Reclaiming the relevance of language teacher cognition. " The Modern Language Journal 99: 565-584.

[227] Kubanyiova M. and A. Feryok (2015). "Language teacher cognition in applied linguistics research: Revisiting the territory, redrawing the boundaries, reclaiming the relevance. " The Modern Language Journal 99: 435-449.

[228] Kumazawa M. (2013). "Gaps too large: Four novice EFL teachers' self-concept and motivation. " Teaching and Teacher Education 33: 45-55.

[229] Kyriacou C. and M. Coulthard (2000). "Undergraduates' views of teaching as a career choice. " Journal of Education for Teaching 26: 117-126.

[230] Lake J. (2013). "Positive L2 self: Linking positive psychology with L2 motivation. " Language Learning Motivation in Japan, edited by T. A. Matthew, S. Dexter Da and F. Terry. Bristol, Blue Ridge Summit, Multilingual Matters: 225-244.

[231] Lambert C., et al. (2023). The role of the learner in task-based language teaching research: Theory and research methods. New York: Routledge.

［232］Lantolf J. P. M. S. （2019）. "On the emotion-cognition dialectic: A sociocultural response to prior " The Modern Language Journal （2）: 528-530.

［233］Lazarides R. , et al. （2022）. "Tracing the signal from teachers to students: How teachers' motivational beliefs longitudinally relate to student interest through student-reported teaching practices. " Journal of Educational Psychology 115.

［234］Lenkaitis C. （2019）. "Technology as a mediating tool: Videoconferencing, L2 learning, and learner autonomy. " Computer Assisted Language Learning 33: 1-27.

［235］Lestari M. and A. Yudi Wahyudin （2020）. "Language learning strategies of undergraduate efl students. " Journal of English Language Teaching and Learning 1: 25-30.

［236］Li B. , et al. （2024）. "A new look at language mindset, achievement goals and L2 emotions: The case of Chinese university students. " Journal of Multilingual and Multicultural Development: 1-17.

［237］Li B. and C. Li （2024）. "Achievement goals and emotions of Chinese EFL students: A control-value theory approach. " System 123: 103335.

［238］Li C. （2018）. A positive psychology perspective on Chinese students' emotional intelligence, classroom emotions, and EFL learning achievement. xiamen: xiamen university. Doctor.

［239］Li C. （2020）. "A positive psychology perspective on chinese EFL students' trait emotional intelligence, foreign language enjoyment and EFL learning achievement. " Journal of Multilingual and Multicultural Development 41: 246-263.

［240］Li C. （2021）. "A control-value theory approach to boredom in english classes among university students in China. " Modern Language Journal 105.

［241］Li C. （2022）. "Foreign language learning boredom and enjoyment: The effects of learner variables and teacher variables. " Language Teaching Research.

［242］Li C. , et al. （2018）. "Understanding Chinese high school students' foreign language enjoyment: Validation of the Chinese version of the foreign language enjoyment scale. " System 76: 183-196.

［243］Li C., et al. （2020）. "The complex relationship between classroom emotions and EFL achievement in China. " Applied Linguistics Review 11: 485-510.

［244］Li C., et al. （2020）. "The predictive effects of classroom environment and trait emotional intelligence on foreign language enjoyment and anxiety. " System 96.

［245］Li C., et al. （2021）. "Tracking the trajectories of international students' pragmatic choices in studying abroad in China: A social network perspective. " Language Culture and Curriculum 34: 398-416.

［246］Li C., et al. （2022）. "Classroom environment and willingness to communicate in English: The mediating role of emotions experienced by university students in China. " Language Teaching Research 8.

［247］Li C., et al. （2022）. "International doctoral students' academic socialisation in China: A social network analysis. " Research Papers in Education 39: 1-23.

［248］Li C., et al. （2024）. "Foreign language learning boredom: Refining its measurement and determining its role in language learning. " Studies in Second Language Acquisition.

［249］Li C. and J. M. Dewaele （2021）. "How do classroom environment and general grit predict foreign language classroom anxiety of Chinese EFL students?" Journal for the Psychology of Language Learning 3: 86-98.

［250］Li C. and J. M. Dewaele （2024）. "Understanding, measuring, and differentiating task enjoyment from foreign language enjoyment. " Individual Differences in Task-Based Language Learning and Teaching, edited by S. Li. Amsterdam, Netherlands, John Benjamins 87-114.

［251］Li C. and J. Xu （2019）. "Trait emotional intelligence and classroom emotions: A positive psychology investigation and intervention among Chinese EFL Learners. " Frontiers in Psychology 10.

［252］Li C. and W. Li （2022）. "Anxiety, enjoyment, and boredom in language learning amongst junior secondary students in rural China: How do they contribute to L2 achievement?" Studies in Second Language Acquisition 45: 1-2.

[253] Li C. and Y. Han (2022). "Learner-internal and learner-external factors for boredom amongst Chinese university EFL students. " Applied Linguistics Review 15.

[254] Li C. and Y. Yang (2023). "Domain-general grit and domain-specific grit: Conceptual structures, measurement, and associations with the achievement of German as a foreign language. " IRAL-International Review of Applied Linguistics in Language Teaching 62 (4): 1513-1537.

[255] Li C. C. , et al. (2021). "Foreign language learning boredom: Conceptualization and measurement. " Applied Linguistics Review 14 (2): 223-249.

[256] Li Y. and L. Zhang (2024). "Exploring the relationships among teacher-student dynamics, learning enjoyment, and burnout in EFL students: The role of emotional intelligence. " Frontiers in Psychology 14: 1329400.

[257] Liljestrom A. , et al. (2007). "There is no place for feeling like this in the workplace: Women teachers' anger in school settings. " Emotions in Education, edited by P. A. Schutz. and R. Pekrun. San Diego, CA, Elsevier Inc. 275-292.

[258] Liu E. and J. Wang (2021). "Examining the relationship between grit and foreign language performance: Enjoyment and anxiety as mediators. " Frontiers in Psychology 12.

[259] Liu H. , et al. (2022). "Exploring livestream English teaching anxiety in the Chinese context: An ecological perspective. " Teaching and Teacher Education 111: 103620.

[260] Liu H. , et al. (2023). "Exploring the relationship between emotional intelligence and emotion regulation: Evidence from junior high school EFL teachers in China. " Forum for Linguistic Studies 5: 1641.

[261] Liu H. and X. Li (2023). "Unravelling students' perceived EFL teacher support. " System 115: 103048.

[262] Liu S. , et al. (2024). "The relationship between language teachers' enthusiasm and job satisfaction: Investigating the mediating role of foreign language teaching enjoyment. " Journal of Multilingual and Multicultural Development:

1-16.

[263] Lu H. (2024). " 'My shawshank redemption': A self-narrative inquiry of an EFL academic's emotions and identities on research journey. " SAGE Open 14.

[264] Lu H. and X. Zhang (2024). " 'I will resume my research work when things settle down': A narrative inquiry of an EFL academic's emotions and identities in research experiences. " Heliyon 10.

[265] Lu X. and Z. Geng (2022). "Faith or path? Profiling the motivations of multilingual Chinese as a foreign language teachers using Q methodology. " Language Teaching Research 29 (3) .

[266] MacIntyre P. , et al. (2016). Positive psychology in SLA. Bristol, Blue Ridge Summit, Multilingual Matters.

[267] MacIntyre P. (2016). So far so good: An overview of positive psychology and its contributions to SLA. In D. Gabryś, D. Galajda (Eds.), Positive Psychology Perspectives on foriegn language learning and teaching, New York: Springer: 3-20.

[268] MacIntyre P. , et al. (2019). "Setting an agenda for positive psychology in SLA: Theory, practice, and research. " The Modern Language Journal 103.

[269] MacIntyre P. and L. Vincze (2017). "Positive and negative emotions underlie motivation for L2 learning. " Studies in Second Language Learning and Teaching 7: 61.

[270] MacIntyre P. and R. C. Gardner (1994). "The subtle effects of language anxiety on cognitive processing in the second language. " Language Learning 44: 283-305.

[271] MacIntyre P. and S. Mercer (2014). "Introducing positive psycho-logy to SLA. " Studies in Second Language Learning and Teaching 4: 153-172.

[272] MacIntyre P. and T. Gregersen (2012). "Emotions that facilitate language learning: The positive-broadening power of the imagination. " Studies in Second Language Learning and Teaching 2: 193-213.

[273] Mairitsch A. , et al. (2023). " 'They are our future': professional

pride in language teachers across the globe. " TESOL Quarterly 58.

[274] Majchrzak O. and P. Ostrogska (2021). Between expectations and a sustainable teaching career:The results of a metaphor study: 159–184.

[275] Marsh H. W. (1992). Self description questionnaire (SDQ) Ⅱ: A theoretical and empirical basis for the measurement of multiple dimensions of adolescent self – concept: An interim test manual and a research monograph. Sydney, University of Western Sydney.

[276] Maslach C. , Jackson S. E. , Leiter M. P. (1997) . Maslach Burnout Inventory: In C. P. Zalaquett and R. J. Wood (Eds.) , Evaluating stress: A book of resources. Scarecrow Education: 191–218.

[277] Mayer J. and Salovey P. (1997) . What is emotional intelligence? In P. Salovey and D. Sluyter (Eds.) , Emotional Development and Emotional Intelligence: Implications for Educators. New York: Basic Books: 3–34.

[278] Mehdizadeh M. , et al. (2023). "Evolution of communities of practice, realignment of possible selves, and repositionings in EFL teacher professional identity development: A longitudinal case study. " Language Learning Journal 52.

[279] Mei Y. , et al. (2024). "How regulatory focus associates with Chinese EFL learners' L2 Grit: The mediating effects of achievement emotions. " SAGE Open 14.

[280] Mendoza N. B. , et al. (2023). "Supporting students' intrinsic motivation for online learning tasks: The effect of need−supportive task instructions on motivation, self – assessment, and task performance. " Computers & Education 193: 104663.

[281] Mercer S. (2016). Psychology for language learning:Spare a thought for the teacher. 22–24 August. 'Individuals in Contexts' (Psychology of Language Learning 2) International Conference, University of Jyväskylä, Finland.

[282] Mercer S. (2018) . " Psychology for language learning: Spare a thought for the teacher. " Language Teaching 51: 1–22.

[283] Mercer S. , et al. (2016). "Helping language teachers to thrive: Using positive psychology to promote teachers' professional well−being. " Positive Psychology

Perspectives on Foreign Language Learning and Teaching, edited by D. Gabryś-Barker and D. Gałajda. Cham, Springer: 213-229.

［284］Mercer S. , et. al（2018）. Language teacher psychology. Bristol, Blue Ridge Summit, Multilingual Matters.

［285］Mercer S. and C. Gkonou（2017）. "Teaching with Heart and Soul." Innovative practices in language teacher education: Spanning the spectrum from intra- to inter-personal professional development, edited by T. S. Gregersen and P. D. MacIntyre. Cham, Springer International Publishing: 103-124.

［286］Meyer D. K.（2009）. Entering the emotional practices of teaching. Advances in Teacher Emotion Research: The Impact on Teachers' Lives P. A. Schutz and M. Zembylas. New York, Springer 73-94.

［287］Mokhtar Z. , et al.（2021）. "With emotions, We learn: Understanding emotions in learning English as a Second Language（ESL）." International Journal of Academic Research in Progressive Education and Development 10.

［288］Moolenaar N.（2012）. "A social network perspective on teacher collaboration in schools: Theory, methodology, and applications." American Journal of Education 119: 7-39.

［289］Moradkhani S. and M. Ebadijalal（2021）. "Professional identity development of iranian EFL teachers: Workplace conflicts and identity fluctuations." Journal of Language, Identity & Education 23: 1-15.

［290］Morbee S. , et al.（2024）. "Coaching dynamics in elite volleyball: The role of a need-supportive and need-thwarting coaching style during competitive games." Psychology of Sport and Exercise 73: 102655.

［291］Morris G. and J. Mo（2023）. "Exploring the employment motivation, job satisfaction and dissatisfaction of university English instructors in public institutions: A Chinese case study analysis." Humanities and Social Sciences Communications 10（717）.

［292］Morris S. and J. King（2018）. "Teacher frustration and emotion regulation in university language teaching." Chinese Journal of Applied Linguistics 41: 433-452.

[293] Morris S. and J. King (2023). "University language teachers' contextually dependent uses of instrumental emotion regulation." System 116 (8).

[294] Mousapour Negari G. and A. Khorram (2015). "The relationship between Iranian EFL teachers' emotional intelligence and their teaching styles." International Journal of Research Studies in Language Learning 4.

[295] Muenks K., et al. (2016). "How true is grit? Assessing its relations to high school and college students' personality characteristics, self-regulation, engagement, and achievement." Journal of Educational Psychology 109.

[296] Méndez-López M. (2016). Emotions of mexican language teachers in tertiary institutions International Technology, Education and Development Conference.

[297] Mérida-López S. and N. Extremera (2017). "Emotional intelligence and teacher burnout: A systematic review." International Journal of Educational Research 85: 121-130.

[298] M. M. Varghese, et al. (2016). "Language teacher identity in (multi) lingual educational contexts (Special Issue)." TESOL Quarterly 50 (3).

[299] Nahrgang J., et al. (2010). "Safety at work: A meta-analytic investigation of the link between job demands, job resources, burnout, engagement, and safety outcomes." The Journal of Applied Psychology 96: 71-94.

[300] Namaziandost E., et al. (2023). "Iranian EFL teachers' reflective teaching, emotion regulation, and immunity: Examining possible relationships." Current Psychology 42: 3.

[301] Nazari M., et al. (2023). "English language teachers' emotion-bearing situations in a professional development course: A critical-ecological perspective." Journal of Multilingual and Multicultural Development 7: 1361-1381.

[302] Nazari M., et al. (2024). "Contributions of significant others to second language teacher well-being: A self-determination theory perspective." IRAL-International Review of Applied Linguistics in Language Teaching 4: 1-20.

[303] Nazari M. and S. Karimpour (2023). "Emotions, perspectives, and English language teacher identity construction: A phenomenographic-narrative

study. " International Journal of Applied Linguistics 33: 1-19.

[304] Nias J. (1996). "Thinking about feeling: The emotions in teaching. " Cambridge Journal of Education 26: 293-306.

[305] Nizielski S. , Hallum, et al. (2012). "Attention to student needs mediates the relationship between teacher emotional intelligence and student misconduct in the classroom. " Journal of Psychoeducational Assessment 30 (4): 320-329.

[306] Norton B. (1995). "Social identity, investment, and language learning " TESOL Quarterly 29: 9-31.

[307] Norton B. (2000). Identity and language learning: Social processes and educational practice. London, Longman.

[308] Norton B. (2013). Identity and language learning: Extending the conversation (2nd Ed.). Bristol, Multilingual Matters.

[309] Noughabi M. A. , et al. (2024). "The effect of positive emotion on foreign language teacher engagement and well-being: A cross-cultural comparison. " Language Teaching Research.

[310] Nunan D. (1988). The Learner – centred curriculum. Cambridge, Cambridge University Press.

[311] Oatley K. (2000). Emotion: Theories. Encyclopedia of psychology. Oxford, Oxford University Press: 167-171.

[312] Oberhauser L. and S. Hertel (2023). "Choosing connection: Relational values as a career choice motivation predict teachers' relational goal setting. " Frontiers in Psychology 14.

[313] Onodera T. (2023). "Are foreign language teaching enjoyment and motivation two sides of the same coin?" Iral-International Review of Applied Linguistics in Language Teaching 63 (1): 759-782.

[314] Oxford R. L. (2016) . Powerfully Positive: Searching for a Model of Language Learner Well-Being. In: Gabryś-Barker D. , Gałajda D. (Eds.) Positive Psychology Perspectives on Foreign Language Learning and Teaching. Second Language Learning and Teaching. Springer, Cham: 21-37.

[315] Oxford R. L. (2016) . Toward a Psychology of Well-Being for Lan-

guage Learners: The "EMPATHICS" Vision. In Peter D. MacIntyre, Tammy Gregersen and Sarah Mercer (Eds.), Positive Psychology in SLA. Bristol, Blue Ridge Summit: Multilingual Matters: 10–88.

[316] Oxford R. and L. Cuélla (2014). "Positive psychology in cross–cultural narratives: Mexican students discover themselves while learning Chinese." Studies in Second Language Learning and Teaching 2: 173–203.

[317] Paradowski M. B. and M. Jelińska (2024). "The predictors of L2 grit and their complex interactions in online foreign language learning: Motivation, self–directed learning, autonomy, curiosity, and language mindsets." Computer Assisted Language Learning 37 (8): 2320–2358.

[318] Parker J., et al. (2004). "Academic achievement in high school: Does emotional intelligence matter?" Personality and Individual Differences 37: 1321–1330.

[319] Parker J., et al. (2004). "Emotional intelligence and academic success: Examining the transition from high school to university." Personality and Individual Differences 36: 163–172.

[320] Patrick B. C., et al. (2000). "'What's everybody so excited about?': The effects of teacher enthusiasm on student intrinsic motivation and vitality." Journal of Experimental Education 68 (3): 1521–1558.

[321] Pavlenko A. and B. Norton (2007). "Imagined communities, identity, and English language learning." International Handbook of English Language Teaching, edited by J. Cummins and C. Davison. Boston Springer: 669–680.

[322] Pawlak M., et al. (2024). "Examining predictive effects of general grit and L2 grit on motivated behavior: The mediating effect of self–perceived proficiency Special ISSue IX, Special iSSue iX." Porta Linguarum Revista Interuniversitaria de Didáctica de las Lenguas Extranjeras: 93–112.

[323] Pekrun R. (2006). "The control–value theory of achievement emotions: Assumptions, corollaries, and implications for educational research and practice." Educational Psychology Review 18: 315–341.

[324] Pekrun R., et al. (2002). "Academic emotions in students' self–

regulated learning and achievement: A program of qualitative and quantitative research. " Educational Psychologist 37 (2): 91-105.

[325] Pekrun R. , et al. (2007). "Chapter 2-the control-value theory of achievement emotions: An integrative approach to emotions in education. " Emotion in education, edited by P. A. schutz and R. pekrun. Burlington, Academic Press: 13-36.

[326] Pekrun R. , Goetz T. , Frenzel A. C. , Barchfeld, P. , and Perry R. P. (2011). "Measuring emotions in students' learning and performance: The Achievement Emotions Questionnaire (AEQ). " Contemporary Educational Psychology 36: 36-48.

[327] Pelletier L. , et al. (2002). "Pressure from above and pressure from below as determinants of teachers' motivation and teaching behaviors. " Journal of Educational Psychology 94: 186-196.

[328] Peng Y. , et al. (2024). "Understanding teacher professional commitment from a positive psychology perspective: A case from myanmar's Chinese language teachers. " The Modern Language Journal 108.

[329] Peng Z. and A. Phakiti (2020). "What a directed motivational current is to language Teachers. " RELC Journal 53 (1): 9-23.

[330] Pereira A. (2018). "Caring to teach: Exploring the affective economies of English teachers in singapore. " Chinese Journal of Applied Linguistics 41: 488-505.

[331] Petrides K. , et al. (2004). "The role of trait emotional intelligence in academic performance and deviant behaviour at school. " Personality and Individual Differences 36 (2): 277-293.

[332] Petrides K. , et al. (2007). "On the criterion and incremental validity of trait emotional intelligence. " Cognition & Emotion-Cognition Emotion 21: 26-55.

[333] Petrides K. and A. Furnham (2001). "Trait emotional intelligence: Psychometric investigation with reference to established trait taxonomies. " European Journal of Personality 15: 425-448.

［334］Piechurska-Kuciel E. （2017）. "L2 or L3? Foreign language enjoy-ment and proficiency. " Multiculturalism, multilingualism and the self: Studies in linguistics and language learning, edited by D. G. G. danuta gabryś-Barker A. , Wojtaszek and P. Zakrajewski Cham, Springer: 97-111.

［335］Piniel K. and Á. Albert （2017）. "L2 motivation and self-efficacy's link to language learners' flow and anti-flow experiences in the classroom. " Stu-dies in Second Language Learning and Teaching 3 （4）: 523-550.

［336］Piniel K. and Á. Albert （2018）. "Advanced learners' foreign lan-guage-related emotions across the four skills. " Studies in Second Language Learn-ing and Teaching 8: 127.

［337］Pishghadam R. （2009）. "A quantitative analysis of the relationship between emotional intelligence and foreign language learning. " Electronic Journal of Foreign Language Teaching 6.

［338］Pourbahram R. and M. Hajizadeh （2018）. "The relationship between EFL instructors' emotional intelligence and learners' academic achievement" Lan-guage Teaching and Educational Research 1, 1 （6）: 42-51.

［339］Proietti E. and J. M. Dewaele （2021）. "Do well-being and resilience predict the foreign language teaching enjoyment of teachers of Italian?" System 99.

［340］Putwain D. W. , Pekrun R. , Nicholson L. J. , Symes W. and S. Becker and Marsh H. W. （2018）. "Control-value appraisals, enjoyment, and boredom in mathematics: A longitudinal latent interaction analysis. " American Edu-cational Research Journal 55: 1339-1368.

［341］Radel R. , et al. （2010）. "Social contagion of motivation between teacher and student: Analyzing underlying processes. " Journal of Educational Psy-chology 102: 577-587.

［342］Rastegar M. and S. Memarpour （2009）. "The relationship between emotional intelligence and self-efficacy among Iranian EFL teachers. " System 37: 700-707.

［343］Resnik P. , et al. （2023）. "How teaching modality affects foreign language enjoyment: A comparison of in-person and online English as a foreign language classes. " IRAL—International Review of Applied Linguistics in Language Teaching 63 (1): 685-707.

［344］Reyes C. , et al. (2012). "Classroom emotional climate, student engagement, and academic achievement. " Journal of Educational Psychology 104: 700-712.

［345］Rezaei M. (2024). "English language teacher motivation in bilingual school contexts: Focus on influencing factors and rewards. " Proceedings of the International Conference on New Trends in Teaching and Education 1.

［346］Richardson P. W. , et al. (2014). Teacher motivation: Theory and practice. London, Routledge.

［347］Rodriguez L. and M. Shepard (2013). "Adult English language learners' perceptions of audience response systems (Clickers) as communication aides: A Q-Methodology study. " TESOL Journal 4.

［348］Roseman I. and C. A. Smith (2001). "Appraisal theory: Overview, assumptions, varieties, controversies. " Appraisal processes in emotion, edited by. K. R. Scherer, A. Schorr and T. Johnstone. New York, Oxford University Press: 3-19.

［349］Ross A. (2016). "Learner perceptions and experiences of pride in second Language Education. " Australian Review of Applied Linguistics 39: 272-291.

［350］Roth G. (2014) . Antecedents and Outcomes of Teachers' Autonomous Motivation: A Self-Determination Theory Analysis. In Paul W. Richardson, Stuart A. Karabenick, Helen M. G. Watt (Eds.) Teacher Motivation. New York: Routledge: 35-51.

［351］Roth G. , et al. (2007). "Autonomous motivation for teaching: How self-determined teaching may lead to self-determined learning. " Journal of Educational Psychology 99 (4): 761-774.

［352］Ryan R. M. , et al. (1985). "A motivational analysis of self-determination and self-regulation in education. " Research on Motivation in Education 2: 13-51.

［353］Sadoughi M. and S. Y. Hejazi (2023). "Teacher support, growth language mindset, and academic engagement: The mediating role of L2 grit. " Studies in Educational Evaluation 771.

[354] Safdari S. and R. Mobashshernia (2021). "The feasibility of increasing efl teachers' enthusiasm through improving their vision. " International Journal of Language Studies 15 (4): 107-126.

[355] Saito K. , et al. (2018). "Motivation, emotion, learning experience, and second language comprehensibility development in classroom settings: A cross-Sectional and longitudinal study. " Language Learning (3): 709-743.

[356] Sak M. (2022). "Dynamicity of language teacher motivation in online EFL classes. " System 111: 102948.

[357] Sak M. and A. Pietluch (2024). "Sources and outcomes of distressing emotions in directed motivational currents. " System 123: 1-10.

[358] Sak M. and N. Gurbuz (2022). "Unpacking the negative side-effects of directed motivational currents in L2: An interpretative phenomenological analysis. " Language Teaching Research.

[359] Salovey P. and J. D. Mayer (1990). "Emotional intelligence. " Imagination Cognition and Personality (3): 185-211.

[360] Schaufeli and Taris (2014). A Critical Review of the Job Demands-Resources Model: Implications for Improving Work and Health. In: Bridging Occupational, Organizational and Public Health. Springer, Dordrecht: 43-68.

[361] Schulte M. , et al. (2004). "Emotional intelligence: Not much more than G and personality. " Personality and Individual Differences 37: 1059-1068.

[362] Schuman V. and K. R. Scherer (2014). "Concepts and structures of emotions. " International handbooks on emotions in education, edited by R. Pekrun and L. Linnenbrink-Garcia. New York, NY, Routledge: 13-35.

[363] Schumann J. (1994). "Where is cognition?" Studies in Second Language Acquisition 16: 231-242.

[364] Schutz P. A. , et al. (2009). "Educational psychology perspectives on Teachers' emotions. " Advances in teacher emotion research: The impact on teachers' lives, edited by P. A. schutz and M. Zembylas, Springer: 3-11.

[365] Seligman M. E. P. and M. Csikszentmihalyi (2000). "Positive psychology: An introduction." American Psychologist 55 (1): 5-14.

[366] Sfard (2008). Thinking as Communication: Human development, the growth of discourses, and mathematizing. Cambridge, Cambridge University Press.

[367] Shahidzade F., et al. (2022). "The correspondence between students' and teachers' views on teachers' emotional scaffolding strategies in english classes in iran." Frontiers in Psychology 13.

[368] Shahri M. N. N. (2018). "Constructing a voice in English as a foreign language: Identity and engagement" TESOL Quarterly 52: 85-109.

[369] Shao G. (2023). "A model of teacher enthusiasm, teacher self-efficacy, grit, and teacher well-being among English as a foreign language teachers." Frontiers in Psychology 14.

[370] Shao K., et al. (2013). "An exploration of chinese EFL students' emotional intelligence and foreign language anxiety." The Modern Language Journal 97.

[371] Shao K., et al. (2013). "The relationship between EFL students' emotional intelligence and writing achievement." Innovation in Language Learning and Teaching 7: 107-124.

[372] Shao K., et al. (2019). "Emotions in classroom language learning: What can we learn from achievement emotion research?" System 86: 102121.

[373] Shao K., et al. (2020). "Control-value appraisals, achievement emotions, and foreign language performance: A latent interaction analysis." Learning and Instruction 69: 101356.

[374] Shariatmadari M., et al. (2019). "The development of Teacher Academic Emotions (TAE) Scale." Journal of Pedagogical Research 3: 60-79.

[375] Shen G. (2022). "Anxiety, boredom, and burnout among EFL teachers: The mediating role of emotion regulation." Frontiers in Psychology 13: 842920.

[376] Shen Y. and H. Guo (2022). "Increasing chinese EFL learners' grit: The role of teacher respect and support." Frontiers in Psychology 13.

[377] Shi H. and S. Quan (2024). "Individual influencing factors of L2 grit:

A structural equation modeling approach. " World Journal of Education 14: 79.

[378] Shulman L. (1986). "Those who understand: Knowledge growth in teaching. " Educational Researcher 15: 4-14.

[379] Skilling K. and G. J. Stylianides (2020). "Using vignettes in educational research: A framework for vignette construction. " International Journal of Research & Method in Education 43 (5): 541-556.

[380] Smith C. A. and L. D. Kirby (2001). "Breaking the tautology: Toward delivering on the promise of appraisal theory. " Appraisal theories of emotion: Theory, Methods, Research, edited by K. R. Scherer, A. Schorr and T. Johnstone. Oxford, Oxford University Press: 121-140.

[381] Snyder C. R. and S. J. Lopez (2009). Oxford handbook of positive psychology. Oxford, Oxford University Press.

[382] Solomon C. (2008). True to our feelings:What our emotions are really telling us. Oxford, Oxford University Press.

[383] Song J. (2021). "Emotional labour and professional development in ELT. " ELT Journal 75.

[384] Spittle S. , et al. (2022). "Confidence and motivation to teach primary physical education: A survey of specialist primary physical education pre-service teachers in australia. " Frontiers in Education 7: 1061099.

[385] Steinmayr R. , et al. (2018). "Does students' grit predict their school achievement above and beyond their personality, motivation, and engagement?" Contemporary Educational Psychology 53.

[386] Stottlemayer B. G. (2002). A conceptual framework for emotional intelligence in education:Factors affecting student achievement, Texas A&M University-Kingsville. PhD.

[387] St. Marie B. , et al. (2020). "Developing and establishing content validity of vignettes for health care education and research. " Western Journal of Nursing Research 43 (7): 677-685.

[388] Sudina E. , et al. (2020). "Development and initial validation of the L2-teacher grit scale. " TESOL Quarterly 55.

［389］Sudina E. , et al. （2021）. "Language-specific grit: Exploring psychometric properties, predictive validity, and differences across contexts. " Innovation in Language Learning and Teaching 15: 334-351.

［390］Sudina E. and L. Plonsky （2021）. "Academic perseverance in foreign language learning: An investigation of language-specific grit and its conceptual correlates. " The Modern Language Journal 105.

［391］Sullins J. , et al. （2024）. "Investigating the impacts of shame-proneness on students' state shame, self-regulation, and learning. " Education Sciences 14: 138.

［392］Sun X. and L. Yang （2021）. "A narrative case study of Chinese senior high school english teachers' emotions: An ecological perspective. " Frontiers in Psychology 12: 792400.

［393］Sutton R. （2007）. "Teachers' anger, frustration, and self-regulation. " Emotion in Education: 259-274.

［394］Sutton R. and K. Wheatley （2003）. "Teachers' emotions and teaching: A review of the literature and directions for future research. " Educational Psychology Review 15.

［395］Suwarto S. and A. Hidayah （2023）. "Analysis of the brain dominance and language learning strategy used by university EFL learners. " Journal of General Education and Humanities 2: 79-90.

［396］Swain M. （2013）. "The inseparability of cognition and emotion in second language learning. " Language Teaching 46: 1-13.

［397］Syahnaz M. , et al. （2023）. "Unpacking the complexities of teacher identity: Narratives of EFL teacher in indonesia. " Language Circle: Journal of Language and Literature 17: 349-356.

［398］Šarić M. （2015）. "Teachers' emotions: A research review from a psychological perspective. " Journal of Contemporary Educational Studies 4: 10-26.

［399］Tabandeh F. , et al. （2018）. "Perseverance and passion in L2 learning: Developing and validating a scale for L2 grit" . Research Methodologyin the Field of Second Language Acquistion and Learning S.

［400］Tabandeh F. , et al. （2020）. The tortoise and the hare：The marathon toward Learning an L2. American Association for Applied Linguistics.

［401］Taguchi T. , et al. （2009）. "The L2 motivational self system among Japanese, Chinese and Iranian learners of English： A comparative study. " Motivation, language identity and the L2 self, edited by Z. Dörnyei and E. Ushioda, Multilingual Matters： 66−97.

［402］Tait M. （2008）. "Resilience as a contributor to novice teacher success, commitment, and retention. " Teacher Education Quarterly 35 （4）： 57−75.

［403］Tamir M. （2016）. "Why do people regulate their emotions? a taxonomy of motives in emotion regulation. " Personality and Social Psychology Review 20.

［404］Tamir and Millgram （2017） . Motivated emotion regulation： Principles, lessons, and implications of a motivational analysis of emotion regulation. In A. J. Elliot （Eds. ）, Advances in motivation science. Elsevier Academic Press： 207−247.

［405］Tao J. , et al. （2020）. "The collective agency of language teachers under the scheme of research excellence： Using a social network approach. " Círculo de Lingüística Aplicada a la Comunicación 84： 13−25.

［406］Tao J. , et al. （2024）. "Teacher emotions and agency enactment in online teaching. " Teaching and Teacher Education 137： 104389.

［407］Tao J. and X. Gao （2021） . Language teacher agency. Cambridge： Cambridge University Press.

［408］Taris TW, et al. （2017）. "Applying occupational health theories to educator stress： Contribution of the job demands−resources model educator stress. " An occupational health perspective, edited by T. M. McIntye, S. E. McIntyre and D. J. Francis, Springer： 237−259.

［409］Taxer J. and A. Frenzel （2019）. "Brief research report： The message behind teacher emotions. " The Journal of Experimental Education 88： 1−10.

［410］Taxer J. L. and J. J. Gross （2018）. "Emotion regulation in teachers： The 'why' and 'how. ' " Teaching and Teacher Education. 74： 180−189.

［411］Taylor I. , et al. （2009）. "The social context as a determinant of teacher motivational strategies in physical education. " Psychology of Sport and Exercise 10: 235-243.

[412] Teimouri Y. (2018). "Differential roles of shame and guilt in L2 learning: How bad is bad?" Modern Language Journal 102.

[413] Teimouri Y. , et al. (2020). "L2 grit: Passion and perseverance for second-language learning. " Language Teaching Research 26 (5): 893-918.

[414] Teimouri Y. , et al. (2021). "On domain-specific conceptualization and measurement of grit in L2 learning. " Journal for the Psychology of Language Learning 3: 156-164.

[415] Teimouri Y. , et al. (2022). "The hare and the tortoise: The race on the course of L2 learning. " Modern Language Journal 106.

[416] Thumvichit A. (2022). "Enjoyment in language teaching: A study into EFL teachers' subjectivities" . International Review of Applied Linguistics in Language Teaching 62 (2): 623-649.

[417] Thumvichit A. (2023). "Understanding emotion-regulation strategies among foreign language teachers in response to classroom stressors: Findings from a Q methodology study. " Social Psychology of Education 26.

[418] Tran L. H. and C. Moskovsky (2024). "Who stays, who leaves, and why? English language teacher attrition at vietnamese universities. " Cogent Education 11: 1-14.

[419] Trigwell K. (2012). " Relations between teachers' emotions in teaching and their approaches to teaching in higher education. " Instructional Science 40: 607-621.

[420] Tsouloupas C. N. , et al. (2010). "Exploring the association between teachers' perceived student misbehaviour and emotional exhaustion: The importance of teacher efficacy beliefs and emotion regulation. " Educational Psychology 30: 173-189.

[421] Tsui A. (2007). "Complexities of identity formation: A narrative inquiry of an EFL teacher. " TESOL Quarterly 41.

[422] Uitto M. , et al. (2015). "Virtual special issue on teachers and emotions in Teaching and Teacher Education (TATE) in 1985-2014. " Teaching and

Teacher Education 50: 124-135.

[423] Umer A. , et al. (2020). "Emotional Intelligence and teaching satisfaction: The mediating role of emotional labor strategies. " Market Forces 15: 24.

[424] Urhahne D. and L. Wijnia (2023). "Theories of motivation in education: An integrative framework. " Educational Psychology Review 35 (2): 45.

[425] Varghese M. , et al. (2005). "Theorizing language teacher identity: Three perspectives and beyond. " Journal of Language Identity: 21-44.

[426] Vasques A. B. and V. Araujo (2024). "Longitudinal study on limiting the use of L1 in L2 learning Estudo longitudinal sobre limitação do uso da L1 em aprendizado de L2 Estudio longitudinal sobre la limitación del uso de la L1 en el aprendizaje de la L2. " Revista Caderno Pedagógico 21: 1-21.

[427] Veen K. , et al. (2005). "One teacher's identity, emotions, and commitment to change: A case study into the cognitive-affective processes of a secondary school teacher in the context of reforms. " Teaching and Teacher Education 21: 917-934.

[428] Wan W. (2014). "Constructing and developing ESL students' beliefs about writing through metaphor: An exploratory study. " Journal of Second Language Writing 23: 53-73.

[429] Wang H. , et al. (2019). "Antecedents and consequences of teachers' emotional labor: A systematic review and meta-analytic investigation. " Educational Psychology Review 31 (3): 663-698.

[430] Wang H. , et al. (2024). "Predictors of second language willingness to communicate among US undergraduate students: Classroom social climate, emotions, and language mindset. " Language Teaching Research 3.

[431] Wang H. , et al. (2024). "Unlocking STEM pathways: A person-centred approach exploring a teacher recruitment intervention. " International Journal of STEM Education 11.

[432] Wang M. and Y. Wang (2024). "A structural equation modeling approach in examining EFL students' foreign language enjoyment, trait emotional intelligence, and classroom climate. " Learning and Motivation 86: 1-12.

［433］ Wang X. （2023）. "Exploring positive teacher-student relationships: The synergy of teacher mindfulness and emotional intelligence. " Frontiers in Psychology 14: 1301786.

［434］ Wang X. , et al. （2024）. "Relationships between self-efficacy and teachers' well-Being in middle school English teachers: The mediating role of teaching satisfaction and resilience. " Behavioral Science 14.

［435］ Wang Y. , et al. （2024）. "Engagement and willingness to communicate in the L2 classroom: Identifying the latent profiles and their relationships with achievement emotions. " Journal of Multilingual and Multicultural Development 7: 1-17.

［436］ Wang Y. L. and M. Kruk （2024）. "Modeling the interaction between teacher credibility, teacher confirmation, and English major students' academic engagement: A sequential mixed-methods approach. " Studies in Second Language Learning and Teaching 14 （2）: 235-265.

［437］ Watt H. , et al. （2012）. "Motivations for choosing teaching as a career: An international comparison using the FIT-Choice scale. " Teaching and Teacher Education 28: 791-805.

［438］ Watt H. and P. Richardson （2007）. "Motivational factors influencing teaching as a career choice: Development and validation of the FIT-choice Scale. " Journal of Experimental Education 75 （3）: 167-202.

［439］ Webre A. C. （2024）. "Substantialising: A descriptive framework for studying sociocultural influences on teacher educators. " European Journal of Teacher Education 7: 1-17.

［440］ Wei H. , et al. （2019）. "Understanding the relationship between grit and foreign language performance among middle school students: The roles of foreign language enjoyment and classroom environment. " Frontiers in Psychology 10.

［441］ Wei R. , et al. （2020）. "Exploring L2 grit in the Chinese EFL context. " System 93: 102295.

［442］ Westphal A. , et al. （2024）. "Who thinks about dropping out and why? Cognitive and affective-motivational profiles of student teachers explain differences in their intention to quit their teaching degree. " Teaching and Teacher Education 150: 104718.

[443] Williams G. C. , et al. (1998). "Supporting autonomy to motivate patients with diabetes for glucose control. " Diabetes Care 21 (10): 1644-1651.

[444] Wolters C. and M. Hussain (2014). "Investigating grit and its relations with college students' self-regulated learning and academic achievement. " Metacognition and Learning 10.

[445] Wong A. , et al. (2014). "Teaching motivations in Hong Kong: Who will choose teaching as a fallback career in a stringent job market?" Teaching and Teacher Education 41: 81-91.

[446] Wu J. , et al. (2024). "Exploring the relationship between Chinese university EFL Learner's L2 grit and teacher support. " Arts, Culture and Language 1.

[447] Wu W. , et al. (2023). "Teachers matter: Exploring the impact of perceived teacher affective support and teacher enjoyment on L2 learner grit and burnout. " System 117: 103096.

[448] Wyatt M. (2016). "Are they becoming more reflective and/or efficacious? A conceptual model mapping how teachers' self-efficacy beliefs might grow. " Educational Review 68 (1): 114-137.

[449] Xanthopoulou D. , et al. (2007). "The role of personal resources in the job demands-resources model. " International Journal of Stress Management 14: 121-141.

[450] Xanthopoulou D. , et al. (2009). "Reciprocal relationships between job resources, personal resources, and work engagement. " Journal of Vocatinal Behaviour 74: 235-244.

[451] Xu Y. (2018). A methodological review of L2 teacher emotion research: Advances, challenges and future directions. Emotions in second language teaching. Springer, Cham: 35-49.

[452] Xu Y. and J. Tao (2023). "The pedagogical and socio-affective dimensions of identity tensions and teacher agency: Case studies of university English teachers teaching online. " Language Teaching Research 2: 1-22.

[453] Yang S. and Y. Peng (2021). " 'I am like a lost child': L2 writers' lin-

guistic metaphors as a window into their writer identity. " Frontiers in Psychology 12.

[454] Yang S. S. , et al. (2023). "Let's get positive: How foreign language teaching enjoyment can create a positive feedback loop. " Studies in Second Language Learning and Teaching 13 (1): 17−38.

[455] Yang Y. , et al. (2024). "Teacher support, grit and L2 willingness to communicate: The mediating effect of foreign language enjoyment. " BMC Psychology 12.

[456] Yin H. (2012). "Adaptation and validation of the teacher emotional labour strategy scale in China. " Educational Psychology 32 (4): 451−465.

[457] Yin H. (2016). "Knife−like mouth and tofu−like heart: Emotion regulation by Chinese teachers in classroom teaching. " Social Psychology of Education 19: 1−22.

[458] Yin H. , et al. (2016). "Work environment characteristics and teacher Well−Being: The mediation of emotion regulation strategies. " International Journal of Environmental Research and Public Health 13: 1−16.

[459] Yin H. , et al. (2019). "The relationships between teachers' emotional labor and their burnout and satisfaction: A meta−analytic review. " Educational Research Review 28: 100283.

[460] Yin H. , et al. (2019). "The relationships between teachers' emotional labor and their burnout and satisfaction: A meta−analytic review. " Educational Research Review: 100283.

[461] Yin H. and J. Lee (2012). "Be passionate, but be rational as well: Emotional rules for Chinese teachers' work. " Teaching and Teacher Education 28: 56−65.

[462] Yoosefi N. , et al. (2022). "Developing causal model of occupational stress for English language teachers based on ambiguity tolerance and difficulty in emotion regulation: The mediating role of marital conflict. " Current Psychology 42: 1−9.

[463] Yu H. , et al. (2022). "Dynamics of language learning motivation and emotions: A parallel−process growth mixture modeling approach. " Frontiers in

Psychology 13.

[464] Yu X. and J. H. Ma (2024). "Modelling the predictive effect of enjoyment on willingness to communicate in a foreign language: The chain mediating role of growth mindset and grit." Journal of Multilingual and Multicultural Development.

[465] Zapf D. (2002). "Emotion work and psychological well-being. A review of the literature and some conceptual considerations." Human Resource Management Review 12 (2): 237-268.

[466] Zembylas M. (2002). "Emotions and elementary school science teaching: Postmodernism in practice." Dissertation Abstracts International 61 (5): 1735.

[467] Zembylas M. (2003). "Caring for teacher emotion: Reflections on Teacher self-development." Studies in Philosophy and Education 22: 103-125.

[468] Zembylas M. (2005). Teaching with Emotion: A postmodern enactment. New York: Information Age Publishing.

[469] Zembylas M. (2005). "Discursive practices, genealogies, and emotional Rules: A poststructuralist view on emotion and identity in teaching." Teaching and Teacher Education 21: 935-948.

[470] Zembylas M. (2007). "Theory and methodology in researching emotions in education." International Journal of Research & Method in Education 30 (1): 57-72.

[471] Zhang L., et al. (2019). "Understanding teachers' motivation for and commitment to teaching: Profiles of Chinese early career, early childhood teachers." Teachers and Teaching 25: 1-25.

[472] Zhang L. F., et al. (2019). "Emotions and teaching styles among academics: The mediating role of research and teaching efficacy." Educational Psychology 39: 370-394.

[473] Zhang L. J., et al. (2023). "Predicting teaching enjoyment from teachers' perceived school climate, self-efficacy, and psychological wellbeing at work: EFL teachers." Perceptual and Motor Skills 130 (5): 2269-2299.

[474] Zhang Q., et al. (2023). "Unpacking EFL teachers' agency enacted in nested ecosystems in developing regions of Southern China." Learning Cul-

ture and Social Interaction 43.

［475］Zhang Q. and W. Zhu（2008）."Exploring emotion in teaching：Emotional labor, burnout, and satisfaction in Chinese higher education."Communication Education 57（1）：105-122.

［476］Zhang X., et al.（2024）."An investigation into academic burnout, enjoyment and engagement in EFL learning among Chinese junior high school students."Frontiers in Psychology 14.

［477］Zhao X. and W. Danping（2023）."Grit, emotions, and their effects on ethnic minority students'English language learning achievements：A structural equation modelling analysis."System 113.

［478］Zhu S. and M. Zhou（2022）."High school English-as-a-foreign-language teachers'emotional labor and job satisfaction：A latent profile analytical approach."Frontiers in Psychology 13.

［479］Zuniga M. and D. Simard（2022）."Exploring the intricate relationship between foreign language anxiety, attention and self-repairs during L2 speech production."System 105.

［480］高华瑜（2021）.农村高中教师职业倦怠影响因素研究.东北师范大学硕士学位论文.

［481］高媛媛，尹洪山（2024）.定向动机流视域下英语专业大学生科研动机变化研究.西安外国语大学学报（1）：69-75.

［482］管晶晶（2021）.二视角下英语学习者的身份建构———一项个案叙事研究.外语教育研究前沿 4（3）：75-83.

［483］韩晔，等（2020）.积极心理学视角下二语写作学习的情绪体验及情绪调节策略研究——以书面纠正性反馈为例.外语界（1）：50-59.

［484］江桂英，李成陈（2017）.积极心理学视角下的二语习得研究述评与展望.外语界（5）：32-39.

［485］姜艳（2020）.影响中国大学生外语愉悦的教师因素研究.外语界（1）：60-68.

［486］李成陈（2018）.积极心理学视角下中国学生情绪智力、课堂情绪及英语学习成绩研究.厦门大学博士学位论文.

［487］李成陈（2020）.情绪智力与英语学业成绩的关系探究.外语界（1）：69-78.

［488］李成陈（2021）.积极心理学视角下的二语习得研究:回顾与展望（2012—2021）.外语教学42（4）：57-63.

［489］李成陈，韩晔（2022）.外语愉悦、焦虑及无聊情绪对网课学习成效的预测作用.现代外语45（2）：207-219.

［490］李成陈，韩晔，李斑斑（2022）.小学外语课堂无聊与外语成绩之间的关系及城乡差异研究.外语教学43（3）：50-55.

［491］李成陈，李嵬（2024）.认知能力与情绪对二语写作水平的协同预测作用.现代外语47（4）：465-477.

［492］李成陈，李嵬，江桂英（2024）.二语学习中的情绪研究：回顾与展望.现代外语47（1）：63-75.

［493］李茹（2016）.国外语言教师认知研究演进、转向及启示.外语界（6）：8.

［494］李嵬（1995）.社会语言学中的"网络分析".国外语言学（2）：45-50.

［495］刘宏刚，等（2021）.二语"坚毅"研究：综述与前瞻外语研究189（5）.

［496］马利红，等（2023）.思辨能力与外语愉悦对外语成绩的影响路径研究.现代外语（5）：676-687.

［497］马利红，等（2023）.思辨倾向与外语愉悦、外语成绩及人口学变量的关系：基于潜在剖面分析.外语与外语教学（5）：113-122+148.

［498］梅勇，等（2024）.国际外语情绪研究可视化分析及启示(2012—2022).福建教育学院学报(4)：119-124.

［499］潘冬冬，曾国权（2022）.情绪管理视角下的教师工作.北京社会科学（2）：64-73.

［500］秦丽莉，姚澜，牛宝贵（2022）.第二语言学习者情感研究述评.外语教育研究前沿5（2）：51-58+92-93.

［501］汤闻励（2011）.大学英语教师教学动机调查与分析.当代外语研究（4）：29-33.

［502］王文岚，等（2024）.教师情绪调节研究:从个体取向到人际取向.华东师范大学学报（教育科学版）（7）.

［503］王毓琦（2022）.二语坚毅与交际意愿的关系探究——外语愉悦与焦虑的中介效应.现代外语46（1）.

［504］夏洋，陈雪梅（2022）.CLI课堂给养感知与无聊情绪的关系研究:控制——价值评价的中介作用.外语教学（3）：44-49.

［505］夏洋，徐忆（2018）.英语专业课堂环境因素对学生消极学业情绪的影响研究.外语与外语教学（3）：65-76.

［506］徐锦芬（2020）.论外语教师心理研究.外语学刊3：56-62.

［507］徐锦芬，杨嘉琪（2024）.英语学习多元互动投入与互动思维的潜在剖面分析.现代外语47（4）：503-515.

［508］薛荷仙，王亚冰（2022）.外语情绪调节策略与外语情绪:基于潜在剖面分析.外语教学（4）：62-68.

［509］杨鲁新，黄飞飞（2022）.高校英语教师国内访学期间身份转变个案研究.外语与外语教学（2）：107-115+148-149.

［510］尹弘飚（2007）.教师情绪:课程改革中亟待正视的一个议题.教育发展研究（6）：44-48.

［511］尹弘飚（2008）.教师情绪研究:发展脉络与概念框架.全球教育展望（4）：77-82.

［512］尹弘飚（2017）.教育实证研究的一般路径:以教师情绪劳动研究为例.华东师范大学学报（教育科学版）（3）.

［513］于涵静，等（2024）.外语愉悦和学习投入的历时发展研究.现代外语47（1）：101-113.

［514］余卫华，等（2015）.情商、外语学习焦虑与英语学习成绩的关系.现代外语38（5）：11.

［515］张凯，李玉，陈凯泉（2023）.情绪体验与互动模式对合作学习情感投入的作用机理.现代外语46（3）：371-383.

［516］周洲（2023）.近十年国外语言教师情感实证研究综述（2013—2022）.外语界215（2）：62-69.